BERND BERBEl

Das Internet-Glüc

C000119156

Schriften zum Öffentlichen Recht

Band 977

Das Internet-Glücksspiel

Ein Beitrag zur systematischen Fortentwicklung
des deutschen Glücksspielrechts

Von

Bernd Berberich

Duncker & Humblot · Berlin

Die Rechtswisenschaftliche Fakultät
der Albert-Ludwigs-Universität zu Freiburg i. Br.
hat diese Arbeit im Jahre 2003
als Dissertation angenommen.

Bibliografische Information Der Deutschen Bibliothek

Die Deutsche Bibliothek verzeichnet diese Publikation in
der Deutschen Nationalbibliografie; detaillierte bibliografische
Daten sind im Internet über <http://dnb.ddb.de> abrufbar.

ISSN 0582-0200
ISBN 3-428-11495-7

Gedruckt auf alterungsbeständigem (säurefreiem) Papier
entsprechend ISO 9706 ⊖

Internet: http://www.duncker-humblot.de

Meinen Eltern

Vorwort

Die vorliegende Arbeit wurde im Sommersemester 2003 von der Juristischen Fakultät der Albert-Ludwigs-Universität Freiburg im Breisgau als Dissertation angenommen. Rechtsprechung und Literatur der Studie sind bis März 2004 berücksichtigt.

An erster Stelle danken möchte ich meinem Doktorvater Herrn Prof. Dr. Andreas Voßkuhle für die sehr angenehme und instruktive Betreuung sowie für die Erstbegutachtung der Arbeit. Ein herzlicher Dank sei ebenfalls Herrn Prof. Dr. Reinhardt Sparwasser ausgesprochen, der zu meiner Freude überaus zügig das Zweitgutachten erstellt hat.

Mein aufrichtiger Dank gebührt all jenen, die mich bei Erstellung der Arbeit unterstützten. Für anregende Gespräche und das Korrekturlesen danke ich insbesondere Herrn RA Dr. Sven Timmerbeil (LL.M.), Herrn RA Dr. Martin Jaschinski, Herrn Gerhard Oschatz, Herrn RA Philipp Melzer und Herrn Dr. Thomas Voß.

Besonders bedanken möchte ich mich bei meiner Schwester Frau RA Beate Hemmer, meinem Schwager Herrn RA Karl-Edmund Hemmer, der Familie Marosi sowie natürlich meinen Eltern Otmar und Maria Berberich, auf deren Rückhalt ich stets vertrauen kann.

Schließlich danke ich meiner Frau Ivonne Marosi für alles Erdenkliche.

Bernd Berberich

Inhaltsübersicht

Inhaltsverzeichnis

3. Teil:

**Die Veranstaltung von Glücksspielen
im Internet unter den Vorgaben
des deutschen Glücksspielrechts**   102

4. Teil:

Zusammenfassung und Ausblick in Leitsätzen 188

Abkürzungsverzeichnis

Die verwendeten Abkürzungen orientieren sich grundsätzlich an *Kirchner, Hildebert/Butz, Cornelie*, Abkürzungsverzeichnis der Rechtssprache, 5. Auflage, Berlin 2003. Auf folgende Abkürzungen wird besonders hingewiesen:

Abs.	Absatz
AfP	Archiv für Presserecht
AG	Amtsgericht/Aktiengesellschaft
AöR	Archiv des öffentlichen Rechts
Art.	Artikel
AT	Allgemeiner Teil
BayObLG	Bayrisches Oberlandesgericht
BayVBl.	Bayrische Verwaltungsblätter
BB	Betriebsberater
BFH	Bundesfinanzhof
BGB	Bürgerliches Gesetzbuch
BGBl.	Bundesgesetzblatt
BGH	Bundesgerichtshof
BGHSt	Bundesgerichtshof in Strafsachen
BGHZ	Entscheidungen des Bundesgerichtshofs in Zivilsachen
BörsG	Börsengesetz
BT	Besonderer Teil/Bundestag
BVerfG	Bundesverfassungsgericht
BVerwG	Bundesverwaltungsgericht
BVerwGE	Entscheidung des Bundesverwaltungsgerichts
BW	Baden-Württemberg
CR	Computer und Recht
CRi	Computer und Recht international
DB	Der Betrieb
DÖV	Die Öffentliche Verwaltung
Drucks.	Drucksache
DStZ	Deutsche Steuer-Zeitung
DuD	Datenschutz und Datensicherung
DVBl.	Deutsches Verwaltungsblatt
EG	Einführungsgesetz
EuGH	Europäischer Gerichtshof
EuR	Europarecht
EuZW	Europäische Zeitschrift für Wirtschaftsrecht
EWS	Europäisches Wirtschafts- und Steuerrecht
f.	folgende Seite
ff.	folgende

Fn.	Fußnote
FS	Festschrift
GA	Goltdammer's Archiv für Strafrecht
GastG	Gaststättengesetz
GewArch	Gewerbearchiv
GewO	Gewerbeordnung
GG	Grundgesetz
GRUR	Gewerblicher Rechtsschutz und Urheberrecht
GVBl.	Gesetz- und Verordnungsblatt
HFR	Höchstrichterliche Finanzrechtsprechung
Hrsg.	Herausgeber
IPR	Internationales Privatrecht
JMBl	Justizministerialblatt
JR	Juristische Rundschau
JuS	Juristische Schulung
JZ	Juristenzeitung
KG	Kammergericht
LG	Landgericht
LKV	Landes- und Kommunalverwaltung
LT	Landtag
MDR	Monatsschrift für Deutsches Recht
MMR	MultiMedia und Recht
MDStV	Mediendienstestaatsvertrag
m. w. N.	mit weiteren Nachweisen
MüKo	Münchner Kommentar
NJW	Neue Juristische Wochenschrift
NJW-RR	Rechtsprechungsreport der Neuen Juristischen Wochenschrift
NStZ	Neue Zeitschrift für Strafrecht
NVwZ	Neue Zeitschrift für Verwaltungsrecht
NWVBl.	Nordrhein-Westfälische Verwaltungsblätter
OLG	Oberlandesgericht
OVG	Oberverwaltungsgericht
RabelsZ	Zeitschrift für ausländisches und internationales Privatrecht
Rdnr.	Randnummer
Rdnrn.	Randnummern
RDV	Recht der Datenverarbeitung
RG	Reichsgericht
RGBl.	Reichsgesetzblatt
RIW	Recht der internationalen Wirtschaft
RWG	Rennwetten- und Lotteriegesetz
S.	Seite
SpuRt	Sport und Recht
StGB	Strafgesetzbuch
StPO	Strafprozessordnung
StV	Strafverteidiger
SZ	Süddeutsche Zeitung
TDG	Teledienstgesetz

TKG	Telekommunikationsgesetz
u. a.	und andere
UWG	Unlauteres Wettbewerbsgesetz
VerwArch.	Verwaltungsarchiv
VGH	Verwaltungsgerichtshof
Vgl.	Vergleiche
Vorbem	Vorbemerkung
WiVerw.	Wirtschaft und Verwaltung
WM	Wertpapier-Mitteilungen
WRP	Wettbewerb in Recht und Praxis
Z. B.	Zum Beispiel
ZBB	Zeitschrift für Bankrecht und Bankwirtschaft
ZG	Zeitschrift für Gesetzgebung
ZIP	Zeitschrift für Wirtschaftsrecht
Zit.	Zitiert
ZRP	Zeitschrift für Rechtspolitik
ZUM	Zeitschrift für Urheber- und Medienrecht

§ 1 Einleitung

A. Problemstellung

Das Glücksspiel übt seit jeher einen besonderen Reiz auf die Menschen aus. Denn neben dem Unterhaltungswert besteht dabei die Aussicht, durch Spielen mit einem relativ geringen finanziellen Einsatz erhebliche materielle Vorteile zu erlangen[1]. Angesichts der Beliebtheit des Glücksspiels kommt diesem eine große wirtschaftliche Bedeutung zu. So beliefen sich die Umsätze auf dem deutschen Glücksspielmarkt im Jahr 2001 auf rund 57,56 Milliarden Euro. Die Zuwachsrate im Vergleich zum vorangegangenen Jahr betrug 2,3 % und lag damit fast viermal so hoch wie der Anstieg des Bruttoinlandsprodukts von 0,6 % im selben Zeitraum[2].

In jüngerer Zeit werden Glückspiele auch mittels Internet veranstaltet (sogenanntes „E-Gambling"). Diese neue Art der Veranstaltung hat in der Vergangenheit große Wachstumsraten verzeichnet, und während beim E-Commerce die wirtschaftliche Entwicklung seit längerem stagniert, sind die Zukunftsprognosen beim E-Gambling ungebrochen positiv[3]. Grund dafür ist nicht zuletzt, dass das Medium Internet sich ideal für die Abwicklung von Glücksspielen eignet. Das Einholen von Informationen über das Glücksspielangebot wie auch der Vertragsschluss erfolgen ausschließlich über das Internet[4]. Ferner gibt es keine Sachleistung, die zu liefern ist und erst nach Vertragsschluss auf Mängel überprüft werden kann. Neben dem Eröffnen einer Gewinnmöglichkeit als Spielleistung sind es vor allem Geldleistungen, die beim Glücksspiel ausgetauscht werden, welche bequem per Kreditkarte online bewirkt werden können. Angesichts der technischen Entwicklungen und der Verbreitung des Internet zum Massenmedium[5] ist die Möglichkeit der Teilnahme an einem Glücksspiel allgegenwärtig, sei es zu Hause, am Arbeitsplatz oder auch auf Reisen. Das Zeitalter des grenzenlosen Glücksspiels scheint angebrochen.

---

[1] *Kummer*, Recht der Glücksspiele S. 9.

[2] Ausführlich dazu in Jahrbuch Sucht 2003 S. 95.

[3] Bereits 1999 sollen schätzungsweise 1,2 Milliarden Dollar für Internet-Glücksspiele ausgegeben worden sein, *Wilske* CRi 2001, 68 (73). Einer Studie von Datamonitor zufolge sollen die Umsätze bis zum Jahr 2004 auf 16 Milliarden Dollar steigen, *Leupold/Bachmann/Pelz* MMR 2000, 648 (648).

[4] Zum Vertragsschluss im Internet siehe *Hoeren*, Grundzüge des Internetrechts S. 181 ff.; *Mehrings* in: *Hoeren/Sieber*, Handbuch Multimediarecht Teil 13; *Gimmy* in: Kröger/Gimmy, Handbuch zum Internetrecht S. 65 ff.; konkret auf den Abschluss eines Spielvertrags im Online-Casino bezogen *Klam*, Die rechtliche Verantwortlichkeit S. 174 ff.

[5] Im Juni 1999 gab es weltweit ca. 179 Millionen Internetnutzer, im Jahr 2005 sollen es weit mehr als 350 Millionen sein, siehe *Kaderali/Schaup* in: Keil/Slawik, Digitale Medien S. 9.

Zu dieser Entwicklung steht die restriktive Haltung des deutschen Gesetzgebers[6] bezüglich der Veranstaltung von Glücksspielen in diametralem Gegensatz. Den sozialschädlichen Wirkungen, die dem Glücksspiel zugeschrieben werden, nämlich die Förderung der Spielsucht, die Gefahr erheblicher Vermögensverluste der betroffenen Kreise und deren damit einhergehende Kriminalisierung, möchte der Staat durch eine Reglementierung des Glücksspielbereichs entgegenwirken. Für viele Glücksspielarten bestehen aus diesem Grund gar staatliche Veranstaltungsmonopole, wenn auch deren Verfassungsmäßigkeit in der Literatur zunehmend bezweifelt wird[7].

Die grenzüberschreitenden Veranstaltungsmöglichkeiten des globalen Raums Internet einerseits und die restriktive staatliche Haltung gegenüber Glücksspielen andererseits werfen erhebliche Probleme auf. Das Veranstalten eines Glücksspiels setzt eine ausdrückliche behördliche Erlaubnis voraus. Wie weit reicht nun aber die Gestattungswirkung einer solchen Veranstaltungserlaubnis im Internet? Davon abhängig ist auch die Strafbarkeit des Verhaltens eines Anbieters, da sich nur derjenige strafbar machen kann, der „ohne eine behördliche Erlaubnis" im Sinnes des § 284 StGB beziehungsweise § 287 StGB handelt. Dies setzt ferner die Anwendbarkeit des deutschen Strafgesetzbuchs voraus. Ist dieses überhaupt anwendbar, wenn vom Ausland aus ein Glücksspiel mittels Internet in Deutschland veranstaltet wird? Diese und andere Fragen de lege lata zu beantworten ist Ziel dieser Arbeit.

Dabei ist insbesondere zu berücksichtigen, dass das Internet zahlreiche Umgehungsmöglichkeiten bietet, so dass die Restriktionen des deutschen Glücksspielrechts weitgehend leer zu laufen drohen[8]. Denn zahlreiche private Anbieter von Internet-Glücksspielen verlegen ihren Standort in sogenannte „Rechtsoasen" wie die karibische Insel Antigua, welche nur geringe Anforderungen an das Veranstalten eines Internet-Glücksspiels stellen[9]. Angesichts der geringeren Abgabebelastung an diesen Standorten können diese Anbieter deutsche Kunden zudem mit höheren Auszahlungsquoten locken[10]. Auch wenn eine Strafbarkeit nach deutschem Strafrecht bejaht werden sollte, ist gleichwohl ein Zugriff für deutsche Verfolgungsorgane ebenso wenig möglich, wie das Abrufen der betreffenden Websites aus Deutschland unterbunden werden kann. Das nationale Reglementierungssystem stößt insoweit

---

[6] Auch in den meisten anderen Staaten wird das Glücksspiel staatlich reglementiert, siehe dazu den Überblick bei *Klam*, Die rechtliche Problematik S. 123 ff.

[7] Beispielsweise für das Spielbankenrecht *Papier* in: FS für Stern S. 543 ff.; für das Sportwettenrecht *Voßkuhle/Bumke*, Sportwette, S. 40 ff. sowie *Rausch* GewArch 2001, 102 ff.; für das Lotterierecht *Ossenbühl* VerwArch. 86 (1995), 187 ff. Dem Bundesverfassungsgericht liegen derzeit gleich vier Beschwerden privater Wettanbieter gegen staatliche Monopole im Sportwettenbereich vor, siehe Spiegel 36/2003 S. 19 sowie *Janz* NJW 2003, 1694 (1698).

[8] Siehe dazu instruktiv *Meyer*, Glücksspiel – Zahlen und Fakten, abrufbar unter http://www.gluecksspielsucht.de/materialien/statistik.html.

[9] Die karibische Insel Antigua wird als das Las Vegas des Online-Glücksspiels bezeichnet: Bereits 1999 waren dort 41 virtuelle Casinos und Buchmacher lizenziert, siehe SZ vom 20.7.1999 S. V2/12. Daneben sind insbesondere Venezuela, Grenada, die Cook-Inseln und Nordkorea zu nennen, siehe SZ von 14.4.2002, „Pjöngjangs Draht zu den Zockern".

[10] Siehe *Fritzemeyer/Rinderle* CR 2003, 599 (600).

an seine Grenzen. Diese Probleme bei der Kontrolle des Internet-Glücksspiels könnten ausschlaggebend dafür sein, dass der Glücksspielmarkt – wie andere wirtschaftliche Bereiche auch – schließlich liberalisiert werden wird.

B. Gang der Arbeit

Nachdem im ersten Teil eine rechtstatsächliche Bestandsaufnahme hinsichtlich des derzeitigen Internet-Glücksspielangebots vorangestellt wird, werden im zweiten Teil der Arbeit die Grundlagen für die rechtliche Beurteilung von Internet-Glücksspielen anhand des deutschen Glücksspielrechts erarbeitet. Vor dem Hintergrund der gesetzlichen Grundlagen der staatlichen Reglementierung stellt die Untersuchung der Verfassungsmäßigkeit der bestehenden staatlichen Monopole den Kernpunkt dar. Der zweite Teil endet mit einem Überblick über die europarechtlichen Vorgaben für die grenzüberschreitende Veranstaltung von Glücksspielen.

Im dritten Teil werden zunächst die bestehenden Zuständigkeitskonflikte im Internet allgemein beschrieben, bevor konkret „deutsche" und „ausländische" Internet-Glücksspielangebote[11] auf ihre Vereinbarkeit mit den Vorgaben des deutschen Glücksspielrechts untersucht werden. Dies geschieht aus Gründen der Übersichtlichkeit geordnet nach den klassischen Rechtsgebieten des Öffentlichen Rechts, Straf- und Zivilrechts. Schließlich wird die Sonderproblematik der gewerblichen Spielvermittlung im Internet erörtert.

Der vierte Teil besteht aus einer Zusammenfassung der für die Fortentwicklung des Glücksspielrechts wesentlichen Untersuchungsergebnisse sowie einer Prognose zur Entwicklung des Glücksspielrechts. Abschließend werden einige Vorschläge für eine Neuordnung des Glücksspielrechts unterbreitet.

---

[11] Als „deutsche" oder „ausländische" Glücksspielangebote werden in dieser Arbeit solche Angebote bezeichnet, welche auf in Deutschland oder im Ausland belegenen Servern gespeichert sind und dort abgerufen werden können.

1. Teil:

Rechtstatsächliche Bestandsaufnahme

Die Zahl der Websites, auf denen Glücksspiele angeboten werden, steigt stetig an. Allein 1.800 Internet-Casinos sollen derzeit ihre Dienste anbieten und der jährliche Umsatz mit Internet-Glücksspielen soll weltweit bereits 4 Milliarden Dollar betragen[1]. Für das Jahr 2005 liegen die Schätzungen bereits bei weltweit 10 bis 11 Milliarden Dollar[2]. Nahezu alle verschiedenen Glücksspielarten werden im Internet angeboten. Gibt man in eine gängige Suchmaschine wie beispielsweise Google[3] Begriffe wie „Lotterie", „Sportwette", „Spielbank" oder „Buchmacher" ein, ist man mit einem nahezu unermesslichen Angebot der verschiedenen Glücksspielarten konfrontiert[4]. Beispielsweise sind unter http://www.internet-roulette.org/casinos.html zahlreiche Links zu verschiedenen Roulette-Casinos aufgelistet. Viele dieser Angebote werben mit einem Gratisbonus auf die erste Einzahlung[5].

Zu den Websites, auf denen Glücksspiele veranstaltet werden, kommen insbesondere für den Lotteriesektor solche hinzu, auf welchen gewerbliche Spielvermittler ihre Dienste anbieten[6]. Diese fungieren einerseits als „virtuelle Annahmestellen", indem bei ihnen Spielscheine ausgefüllt werden können, die dann an die staatlichen Veranstalter weitergeleitet werden. Andererseits bieten die gewerblichen Spielvermittler die Teilnahme an Spielgemeinschaften an und versprechen durch die von ihnen entwickelten Spielsysteme eine höhere Wahrscheinlichkeit des Gewinneintritts.

---

[1] Siehe http://www.heise.de/bin/nt.print/newsticker/data/anw-19.03.03-001/.

[2] Siehe Spiegel 30/2002 S. 82. Nach Schätzung des britischen Marktforschers Informa Media Group sollen sich die Einnahmen aus Lotterien, Sportwetten und Online-Casinos zwischen den Jahren 2000 und 2006 auf 14,5 Milliarden Dollar verzehnfachen. Die Zahl der Spieler soll auf mehr als 142 Millionen ansteigen, siehe http://www.chip.de/news_stories/news_stories_8844848.html. Die Analysten von e-Marketer gehen davon aus, dass bereits im Jahr 2006 mehr als 14 Milliarden Dollar mit Online-Gambling umgesetzt werden, siehe http://www.ecin.de/spotlight/2002/11/27/05120.

[3] Abrufbar unter http://www.google.de.

[4] Ein ebenso großes Angebot von Websites werden bei der Eingabe der Schlüsselbegriffe in anderen Sprachen aufgelistet.

[5] Siehe zum Beispiel 75 Euro unter http://www.spinpalace.com/promo/75free/. Teilweise werden auch mehrere hundert Dollar angeboten.

[6] Deutsche gewerbliche Spielvermittler bieten ihre Dienste beispielsweise unter http://www.faber.de, http://www.tipp24.de, oder http://www.gluextipp.de an. Neben der Möglichkeit der Teilnahme an einer gewerblich organisierten Spielgemeinschaft kann bei diesen auch ein Spielschein virtuell abgegeben werden, der direkt an einen staatlichen Veranstalter weitergeleitet wird.

Maßgeblich verantwortlich für die ständige Ausweitung des Online-Glücksspiels dürfte schließlich sein, dass zahlreiche Links auf Glückspielangebote hinweisen. Insbesondere die kommerziellen Internet-Portale haben auf ihrer Homepage Links angelegt, mittels derer an Glücksspielen interessierte Nutzer direkt an gewisse Anbieter weitergeleitet werden[7].

Bei der Untersuchung von Internet-Glücksspielen anhand der Vorgaben des deutschen Glücksspielrechts wird im dritten Teil danach zu unterscheiden sein, ob diese von Deutschland oder vom Ausland aus veranstaltet werden. Anhand der gefundenen Ergebnisse soll jeweils im Anschluss exemplarisch ein deutsches beziehungsweise ein ausländisches Internet-Glücksspiel untersucht werden. Die hierfür ausgewählten Glückspielangebote werden hinsichtlich ihrer Veranstaltungsmodalitäten an dieser Stelle näher dargestellt, um so in tatsächlicher Hinsicht die Grundlage für deren rechtliche Beurteilung zu bereiten.

§ 2 Das Internet-Roulette der Spielbank Hamburg

Als deutsches Glückspielangebot wird das am 28.10.2002 eröffnete Internet-Roulette der Spielbank Hamburg untersucht, welches unter http://www.spielbank-hamburg.de abrufbar ist. Es handelt sich dabei um das erste und bisher einzige formell genehmigte Online-Casino Deutschlands. Der Hamburger Senat hat in seiner Sitzung vom 28.5.2002 dem Antrag der Spielbank Hamburg auf Erweiterung der Konzession um ein Online-Spielangebot unter gleichzeitiger Änderung der Spielordnung (SpielO)[8] entsprochen.

A. Teilnahmeberechtigung

§ 2 Nr. 1 der Allgemeinen Geschäftsbedingungen verweist auf § 4 Nr. 4 SpielO, welcher bestimmt, dass nur teilnahmeberechtigt ist, wer sich bei Spielteilnahme in Hamburg oder im Ausland aufhält. Personen, welche hiergegen vorsätzlich oder fahrlässig verstoßen, handeln gemäß § 10 Nr. 3 der SpielO ordnungswidrig. Gemäß § 4 Nr. 1 SpielO darf nur am Internet-Roulette teilnehmen, wer mindestens 18 Jahre alt ist.

---

[7] Siehe zum Beispiel die Verlinkung bei den Internet-Portalen http://www.msn.de, http://www.rtl.de oder http://www.web.de.

[8] Ermächtigungsgrundlage für den Erlass der Verordnung ist § 6 Nr. 1 des Gesetzes über die Zulassung einer öffentlichen Spielbank vom 24.5.1976 (GVBl. 1976, 139), zuletzt geändert am 16.11.1999 (GVBl. 1999, 260).

B. Registrierung und Spielteilnahme

Die Spielteilnahme setzt zunächst eine Registrierung des Spielers voraus. Neben den üblichen Daten hat dieser insbesondere seine Kreditkarteninformationen anzugeben[9]. Anschließend ist der Button „Spielvertrag für Ausdruck generieren" anzuklicken. Nach dem Ausdruck des Formulars ist dieses auszufüllen, zu unterschreiben und zusammen mit einer Kopie der Vorder- und Rückseite des Personalausweises an die Spielbank Hamburg zu schicken. Nach Prüfung der Daten erfolgt schließlich eine Zulassung zum Internet-Roulette per E-Mail, soweit kein Spielverbot entgegensteht.

Vor jeder Spielteilnahme hat sich der Spieler mittels Nutzername, Geburtsdatum sowie der Eingabe des Passwortes anzumelden. Laut Auskunft der Spielbank Hamburg wird anhand der IP-Adresse[10] des abrufenden Rechners sowie per Rückruf bei einer vom Spieler anzugebenden Festnetznummer sichergestellt, dass nur Personen aus Hamburg oder aus dem Ausland[11] am Internet-Roulette teilnehmen[12]. Sofern der Spieler unter der angegebenen Telefonnummer erreicht wurde, wird diesem eine TagesPIN mitgeteilt, mittels welcher er sich für den betreffenden Tag in das Spielangebot einloggen kann[13].

Vor der eigentlichen Spielteilnahme hat der Spieler von seiner Kreditkarte Geld auf ein virtuelles Spielbank-Depot zu laden. Von diesem können die Einsätze per Mausklick auf einem virtuellen Tableau gesetzt werden. Wie beim realen Spielbankbetrieb beträgt das Minimum des Spieleinsatzes für eine einfache Chance € 2,–, das Maximum liegt bei € 7000,–. Die Besonderheit des Angebots der Spielbank Hamburg besteht darin, dass das Roulette real vor Ort in einem Spielsaal durchgeführt wird. Der Spielablauf ist somit nicht durch eine Software gesteuert. Die Ausspielung wird direkt ins Internet mit zwei Kameras übertragen. Am PC kann der Spieler das Spielgeschehen mit einer Übersichts- und einer Kesseleinstellung live beobachten.

---

[9] Zahlungen über Girokonto oder EC-Karte sind nicht zugelassen.

[10] Siehe dazu die Erklärung dieses Begriffes im dritten Teil unter § 7 A. II. 3. a.

[11] Laut Auskunft der Spielbank Hamburg ist derzeit die Teilnahme aus den Ländern Italien, Frankreich, Spanien, Großbritannien und Neuseeland freigegeben.

[12] Dies geschieht jedoch nur dann, wenn die Angaben des Spielers über seinen Aufenthaltsort von seinem registrierten Wohnsitz abweichen, siehe LT-Drucks. (Hamburg) 17/2439 S. 2.

[13] Die Kontrolle der Teilnahmeberechtigung über Rückruf bei einer Festnetznummer scheint erst nach Einschreiten der Finanzbehörde Hamburg eingeführt worden zu sein, siehe http://www.spiegel.de/netzwelt/technologie/0,1518,druck-240409,00.html.

C. Vereinbartes anwendbares Recht und Gerichtsstand

Gemäß § 8 Nr. 3 der Allgemeinen Geschäftsbedingungen gilt für den abgeschlossenen Spielvertrag ausschließlich deutsches Recht. Vereinbarter Gerichtsstand ist – soweit zulässig – Hamburg.

§ 3 Das Internet-Roulette des Casino-Club

Als ausländisches Glückspielangebot wird das unter http://www.casino-club.com abrufbare Internet-Roulette des Casino-Club untersucht, welches nach eigenen Angaben mit 79.457 Besuchern im Januar 2003 und damit durchschnittlich circa 2.560 Besuchern pro Tag das meistbesuchte Internet-Casino Europas ist[14]. Im April 2004 wird auf der Homepage damit geworben, dass es mittlerweile mehr als 3500 Besucher pro Tag sind. Der Casino-Club wird von „Casinos International NV" betrieben und ist durch die Regierung von Curacao (Niederländische Antillen) staatlich lizenziert, wo sich auch der Casino-Server befindet.

A. Teilnahmeberechtigung

Teilnahmeberechtigt sind alle Spieler über 18 Jahren, die nicht Einwohner Schwedens sowie von Curacao sind. Im Übrigen besteht nur ein Hinweis, dass in einigen Ländern das Spielen über das Internet nicht zulässig ist und diesbezüglich die gültigen Gesetze des Landes zu beachten sind, aus dem der Spieler sich einloggt. Im Casino-Club Magazin Nr. 3/2003 Seite 3 wird ausdrücklich darauf hingewiesen, dass das Spielen im Online-Casino des Casino-Clubs von Deutschland aus völlig legal sei.

B. Registrierung und Spielteilnahme

Zunächst ist es erforderlich, die zur Spielteilnahme erforderliche Software auf den Computer, von dem aus gespielt werden soll, herunterzuladen und zu installieren[15]. Nach erfolgreicher Installation der Software ist diese zu starten und der Button „mit Geldeinsatz spielen" zu wählen. Damit wird eine Verbindung zum Server in Curacao hergestellt. Der Spieler hat sich mit der Lizenzvereinbarung und den Bedingungen hinsichtlich der Benutzung der Software von Casino-Club einverstanden zu erklären. Daraufhin erfolgt die Registrierung als „neuer Benutzer", wobei

---

[14] Siehe die Angaben im Casino-Club Magazin Nr. 3/2003 S. 3.
[15] Die auf einer CD-Rom gespeicherte Software kann auch kostenlos bestellt werden.

die üblichen Daten anzugeben sind. Um am Internet-Roulette teilnehmen zu können, ist schließlich noch eine Einzahlung auf ein Konto des Casino Clubs vorzunehmen. Dabei kann zwischen der Einzahlung per Kreditkarte, Überweisung oder Scheck gewählt werden. Bei der ersten Einzahlung wird automatisch ein Sicherheitscode zugeteilt und an die eingetragene Postanschrift gesendet. Dieser wird immer dann benötigt, wenn Abhebungen von mehr als € 500,– erfolgen sollen. Nachdem der eingezahlte Betrag dem virtuellen Spielerkonto gutgeschrieben worden ist, können per Mausklick Jetons auf einem virtuellen Tableau gesetzt werden. Der Spielablauf wird dabei von einem auf dem Server des Casino-Clubs gespeicherten Zufallszahlengenerator bestimmt, der über das Internet auf den Compter des Spielers übertragen wird.

C. Vereinbartes anwendbares Recht und Gerichtsstand

Gemäß § 10 der offiziellen Teilnahmebedingungen des Casino-Club unterliegen Streitigkeiten hinsichtlich der Spiele, Gewinne, der Website, der Casino-Software, Casino-Club, Boss Casinos LTD, den Gesetzen von Curacao.

2. Teil:

Grundlagen für die rechtliche Beurteilung von Internet-Glücksspielen

§ 4 Das deutsche Glücksspielrecht

Das deutsche Glücksspielrecht befindet sich in einer schon länger andauernden Umbruchphase. Es ist eine Materie, die gekennzeichnet ist durch eine besondere juristische Gemengelage aus bundes- und landesrechtlichen Regelungen im Schnittfeld von Verwaltungsrecht, Strafrecht und Privatrecht[1]. Quer über diese Regelungsbereiche zieht sich das Spannungsverhältnis zwischen staatlicher Gefahrenabwehr und privatwirtschaftlicher Betätigungsfreiheit. Nach wie vor ist das Glücksspielrecht in weiten Bereichen entgegen der allgemeinen Privatisierungstendenz[2] vom ordnungsrechtlichen Charakter geprägt und durch eine öffentlich-rechtliche Monopolsituation gekennzeichnet. Nicht zuletzt angesichts des staatlichen Veranstalterverhaltens mehren sich diesbezüglich kritische Stimmen in der Literatur. Auch der Rechtsprechung sind zunehmend Privatisierungstendenzen zu entnehmen. Aufgrund dieser Entwicklung ist das Glücksspielrecht derzeit im Fluss und es spricht einiges dafür, dass es vor einem Paradigmenwechsel „weg vom Ordnungsrecht hin zum Wirtschaftsrecht"[3] steht.

A. Der Glücksspielbegriff als Zuordnungshilfe

Ausgangspunkt der staatlichen Reglementierung ist das in den §§ 284–287 StGB verankerte Glücksspielverbot. Gemäß § 284 Abs. 1 StGB macht sich derjenige strafbar, der ohne behördliche Erlaubnis ein Glücksspiel veranstaltet[4]. Die Strafbarkeit des Verhaltens hängt damit wesentlich davon ab, ob eine bestimmte Spielform als Glücksspiel einzuordnen ist. Im Folgenden wird zunächst untersucht, welche We-

---

[1] *Bargmann-Huber* BayVBl. 1996, 165 (170).

[2] Zu Systematisierungsversuchen der weitreichenden Privatisierungstendenzen siehe *Hagemeister*, Privatisierung S. 33 ff.; *Schmidt* in: Biernat u. a., Privatisierung öffentlicher Aufgaben S. 210 (211 ff.); *Burgi*, Funktionale Privatisierung S. 71 ff.; *Schoch* DVBl. 1994, 962 ff.; *Schuppert*, Verwaltungswissenschaft S. 370 ff.

[3] So die Formulierung von *Ohlmann* WRP 1998, 1043 (1053).

[4] Zu den übrigen Tatbestandsalternativen und deren Abgrenzung voneinander siehe *Meurer/ Bergmann* JuS 1983, 668 ff.; BayObLG NJW 1993, 2820 (2821 f.); speziell zum „Veranstalten" siehe OLG Köln GRUR 2000, 538 (539).

sensmerkmale den Glücksspielbegriff prägen und das Glücksspiel von anderen Spielformen unterscheidet, bevor an konkreten Beispielen Abgrenzungsprobleme aufgezeigt werden.

I. Terminologische Einordnung

Das Glücksspiel ist eine Unterart des Spiels. Zunächst ist dieses von der mit ihm verwandten straffreien Wette abzugrenzen, bevor innerhalb des Spiels das Glücksspiel von anderen Spielformen zu unterscheiden ist. Spiel und Wette zählen aufgrund ihres spekulativen Charakters zu der Gruppe der aleatorischen Verträge[5]. Beide haben gemeinsam, dass Gewinn und Verlust von einem streitigen oder ungewissen Ereignis abhängig gemacht werden. Dagegen unterscheiden sie sich in ihrem Vertragszweck: Zweck der *Wette* ist die Bekräftigung und Erledigung eines Meinungsstreits, während beim *Spiel* das Unterhaltungs- und Gewinninteresse im Vordergrund steht[6].

Der Begriff des *Glücksspiels* ist gesetzlich nicht legaldefiniert. Nach der überwiegenden Auffassung ist darunter ein Spiel anzusehen, bei dem die Entscheidung über Gewinn und Verlust nicht wesentlich von den Fähigkeiten und Kenntnissen und vom Grade der Aufmerksamkeit der Spieler bestimmt wird, sondern allein oder hauptsächlich vom Wirken unberechenbarer, dem Einfluss der Beteiligten in ihrem Durchschnitt entzogener Tatsachen[7]. Erforderlich ist außerdem ein nicht ganz unbeträchtlicher Einsatz, durch den die Aussicht auf einen vom Zufall abhängigen Vorteil erlangt wird[8]. Beim Glücksspiel muss außerdem der Gewinn einen Vermögenswert haben, während das *Unterhaltungsspiel*[9] nur auf einen unbedeutenden Vermögensvorteil als Gewinn gerichtet ist[10]. Im Gegensatz zum Glücksspiel handelt es sich um ein *Geschicklichkeitsspiel*[11], wenn nicht der Zufall, sondern zumindest überwiegend körperliche oder geistige Fähigkeiten die Entscheidung über Gewinn und Verlust bestimmen. Dabei kommt es darauf an, ob der Durchschnitt der Spieler die erforderlichen Fähigkeiten und Kenntnisse besitzt[12]. *Lotterien* und *Ausspielun-*

---

[5] *Habersack* in: Müko, BGB § 762 Rdnr. 4.

[6] *Fischer* in: Tröndle/Fischer, StGB § 284 Rdnr. 6; *Eser/Heine* in: Schönke/Schröder, StGB § 284 Rdnr. 4; *Thalmair* GewArch 1995, 274 (274); zum Wesen der Wette siehe *Weber* in: Deselaers, Rechtsprobleme S. 39 (41).

[7] BGHSt 2, 274 (276); 34, 171 (175); *Fischer* in: Tröndle/Fischer, StGB § 284 Rdnr. 3; *Eser/Heine* in: Schönke/Schröder, StGB § 284 Rdnr. 5; *Laukemann/Junker* AfP 2000, 254 (255). Zum Begriff des Zufalls siehe *Klam*, Die rechtliche Problematik S. 99 ff.

[8] Vgl. BGHSt 34, 171 (176); *Fischer* in: Tröndle/Fischer, StGB § 284 Rdnr. 3 m. w. N.

[9] Z. B. Tombola auf Schulfesten; Beispiel aus *Stollenwerk*, Gewerberecht S. 73.

[10] Strittig ist, wann von einem nur unbedeutenden Vermögensvorteil gesprochen werden kann; das RG stellt auf die gesellschaftlichen Anschauungen ab, vgl. RG 18, 343; 19, 253; *Fischer* in: Tröndle/Fischer, StGB § 284 Rdnr. 4 beurteilt diese Fragestellung nach der Verkehrsauffassung unter Beachtung der Vermögensverhältnisse des Durchschnitts der Spieler.

[11] Z. B. Billard, siehe *Fischer* in: Tröndle/Fischer, StGB § 284 Rdnr. 5.

[12] *Fischer* in: Tröndle/Fischer, StGB § 284 Rdnr. 5; *Eser/Heine* in: Schönke/Schröder, StGB § 284 Rdnr. 5.

gen schließlich sind Unterarten des Glücksspiels[13]. Die Besonderheit dieser Spielformen besteht darin, dass der Spielbetrieb nach einem bestimmten Spielplan abläuft, welcher vom Spielveranstalter einseitig vorgegeben wird und nach dem sich alle Spielbeteiligten zu richten haben[14]. Lotterie und Ausspielung unterscheiden sich lediglich darin, dass bei einer Lotterie der Gewinn auf Geld, bei einer Ausspielung auf den Erhalt geldwerter Sachen und Leistungen gerichtet ist[15].

II. Abgrenzungsprobleme

Wie so oft spiegelt die terminologische Einordnung eine klare Trennlinie und damit die Möglichkeit einer einfachen Unterscheidung zwischen den verschiedenen Spielarten nur vor. In der Praxis treten angesichts fließender Übergänge erhebliche Abgrenzungsprobleme auf, von denen nachfolgend einige wichtige exemplarisch dargestellt werden[16]. Dabei wird deutlich, dass die Anknüpfung der staatlichen Reglementierung an den Glücksspielbegriff zu einer erheblichen Rechtsunsicherheit führt.

1. Geschicklichkeits- oder Glücksspiel im gewerblichen Spielrecht?

Im gewerblichen Spielrecht[17] unterscheidet man in den §§ 33c bis 33i GewO drei Spielformen: Unterhaltungsspiele ohne Gewinnmöglichkeit (beispielsweise Billard, Flipperautomaten, Tischfußball)[18], Spielgeräte mit Gewinnmöglichkeit, die mit einer den Spielausgang beeinflussenden technischen Vorrichtung ausgestattet sind[19], sowie andere Spiele mit Gewinnmöglichkeit (beispielsweise Preisskat, Schießen auf Röhrchen)[20]. § 33h GewO stellt klar, dass die §§ 33c bis 33g GewO keine Anwendung finden auf die Zulassung von Spielbanken, Lotterien und Ausspielungen[21] so-

---

[13] *Fischer* in: Tröndle/Fischer, StGB § 287 Rdnr. 2; BVerwGE 96, 293 (295 ff.).

[14] *Tettinger* DVBl. 2000, 868 (868).

[15] *Fischer* in: Tröndle/Fischer, StGB § 287 Rdnr. 8.

[16] Vgl. zum Ganzen *Fischer* in: Tröndle/Fischer, StGB § 284 Rdnrn. 3 ff.; *Eser/Heine* in: Schönke/Schröder, StGB § 284 Rdnrn. 3 ff.; zur Kettenbriefaktion BGHSt 34, 171 (175); zum Hütchenspiel BGHSt 36, 74 (80).

[17] Einen kurzen Überblick über die Systematik im gewerblichen Spielrecht bieten *Hahn* GewArch 1999, 355 (361 ff.); *Höfling* GewArch 1987, 222 ff.; *Stollenwerk*, Gewerberecht S. 68 ff.; *Dickersbach* WiVerw. 1985, 23 ff. Zur historischen Entwicklung des gewerblichen Spielrechts siehe *Kummer* GewArch 1988, 264 ff.

[18] Geregelt in § 33i Abs. 1 Alt. 3 GewO; Beispiele aus *Stollenwerk*, Gewerberecht S. 69.

[19] Geregelt in den §§ 33c, 33e, 33f, 33g Nr. 2 GewO. Erforderlich ist eine technische Vorrichtung, die als „zweite Kraft" einen eigenständigen und für den Spielausgang ausschlaggebenden Einfluss auf den Spielerfolg ausübt, BVerwG NJW 1960, 1684 (1684).

[20] Geregelt in den §§ 33d, 33e, 33f, 33g Nr. 2, 33h Nr. 3 GewO.

[21] Mit Ausnahme der gewerbsmäßig betriebenen Ausspielungen auf Volksfesten oder ähnliches, vgl. § 33h Nr. 2 GewO.

wie andere Spiele im Sinne des § 33 d Abs. 1 Satz 1, die Glücksspiele im Sinne des § 284 StGB sind. Dem Wortlaut des § 33 h GewO ist damit eindeutig zu entnehmen, dass der Gesetzgeber im Anwendungsbereich des § 33 c GewO die Zulassung von Glücksspielen im Sinne des § 284 StGB für möglich erachtet, während er dies für Spielformen des § 33 d Abs. 1 Alt. 1 GewO generell ausschließt[22]. Die zuständige Behörde hat somit bei Spielgeräten im Sinne des § 33 d GewO die Erteilung einer Erlaubnis – anders als bei Spielgeräten nach § 33 c GewO – zu verweigern, wenn es sich um ein Glücksspiel handelt[23]. Dies wirft die Frage auf, wie bei Spielgeräten im Sinne des § 33 d GewO die Abgrenzung zwischen Geschicklichkeits- und Glücksspielen vorzunehmen ist[24].

Diese Abgrenzung gestaltet sich insbesondere deshalb schwierig, weil bei den meisten Spielen das Ergebnis sowohl von Zufalls- als auch von Geschicklichkeitskomponenten bestimmt wird (sog. „gemischte Spiele"). Ganz überwiegend wird deshalb für die Abgrenzung zwischen Glücks- und Geschicklichkeitsspielen eine Quantifizierung der jeweiligen Anteile am Spielerfolg vorgenommen und der Charakter als Glücksspiel bejaht, wenn der Spielerfolg zwar nicht allein vom Zufall abhängt, dem Zufallselement aber ein deutliches Übergewicht gegenüber den vom Spieler zu beeinflussenden Umständen zukommt[25].

---

[22] Fraglich ist, ob diese unterschiedliche Behandlung von Gewinnspielgeräten im Sinne des § 33 c GewO und § 33 d GewO verfassungsgemäß ist. Nach der Rechtsprechung des BVerwG liegt in der unterschiedlichen Behandlung kein Verstoß gegen Art. 3 Abs. 1 GG. Denn die gesetzgeberische Erwägung, nämlich dass die Gefahr einer unerwünschten Ausuferung und Ausbeutung der Spielleidenschaft bei Geräten mit Zufallsgenerator geringer sei als bei Geräten, bei denen eine Beeinflussung des Spielablaufs durch den Spieler möglich ist, halte sich im Rahmen des dem Gesetzgeber einzuräumenden Differenzierungsermessens, BVerwG GewArch 2002, 76 (79) sowie BVerwG GewArch 1983, 60 ff. Siehe jedoch die beachtliche Kritik an dieser Rechtsprechung von *Dickersbach* GewArch 1998, 265 (270 f.) sowie *Odentahl* GewArch 2001, 276 (280).

[23] Es ist kaum zu rechtfertigen, dass insoweit allein aufgrund der Differenzierung als Glücksspiel oder Geschicklichkeitsspiel über die Erteilung einer Erlaubnis zu entscheiden ist. Denn schon § 33 e GewO stellt klar, dass eine behördliche Erlaubnis nur dann zu erteilen ist, wenn die Gefahr übermäßig hoher Verluste ausgeschlossen werden kann.

[24] Soweit bei Spielgeräten im Sinne des § 33 c GewO die Erteilung einer Erlaubnis auch dann möglich ist, wenn es sich hierbei um ein Glücksspiel handelt, stellt sich die Frage, ob dem Bundesgesetzgeber diesbezüglich überhaupt die Gesetzgebungskompetenz zukommt. Denn grundsätzlich gehört das Glücksspielrecht als Gefahrenabwehrrecht gemäß Art. 70 Abs. 1, 30 GG zum originären Aufgabenbereich der Länder. Denkbar wäre es das Zurücktreten des Gefahrenabwehrgedankens damit zu begründen, dass überhaupt nur dann eine Erlaubnis nach der GewO erteilt werden kann, wenn keine Gefahr unangemessen hoher Verluste in kurzer Zeit für den Spieler besteht, § 33 e GewO. Folglich würde es auf den Einzelfall ankommen, ob bei einem Glücksspiel der ordnungsrechtliche oder wirtschaftsrechtliche Charakter überwiegt. Die Trennlinie zwischen der Gesetzgebungskompetenz des Bundes und der Länder ist für das Glücksspielrecht jedenfalls äußerst unscharf.

[25] Aus der Rechtsprechung BVerwG GewArch 2002, 76 ff.

a) Maßgeblicher Personenkreis

Umstritten ist zunächst, auf welchen Personenkreis bei dieser Quantifizierung abzustellen ist. Teilweise wird auf das Durchschnittskönnen der beteiligten Personen abgestellt[26]. Dies hat allerdings die nicht unproblematische Folge, dass genau das gleiche Spiel je nach Teilnehmerkreis einmal Geschicklichkeitsspiel und einmal Glücksspiel sein kann. Teilweise wird daher das Durchschnittskönnen aller potentieller Spielteilnehmer zum Maßstab genommen[27]. Zu klären ist dann aber, wie weit der Kreis potentieller Spielteilnehmer zu ziehen ist. *Wrage* weist darauf hin, dass nicht die größtmögliche Personengruppe – etwa alle Erwachsene – entscheidend sein kann, sondern auf den Durchschnitt der Teilnehmer abzustellen ist, die alle Spielregeln und sonstigen spielentscheidenden Begleitumstände in zumindest ausreichendem Maße verinnerlicht haben[28].

Diese Konkretisierung und Präzisierung ist zu begrüßen. Nur so lässt sich zum Beispiel Schach, welches nur von einem geringen Teil der Bevölkerung in Deutschland gespielt und beherrscht wird, als ein Geschicklichkeitsspiel einordnen. Ein anderes Ergebnis stünde im krassen Widerspruch zum allgemeinen Sprachverständnis, welches Schach als geradezu typisches Geschicklichkeitsspiel ausweist[29]. Eine Beschränkung des potentiellen Spielerkreises hat nun auch das Bundesverwaltungsgericht zumindest angedeutet, indem es auf die Fähigkeiten eines „spielinteressierten Menschen" abstellt:

„Bei der Prüfung [...] sind die Spielverhältnisse zugrunde zu legen, unter denen das Spiel eröffnet ist und gewöhnlich betrieben wird, also die Fähigkeiten und Erfahrungen des Durchschnittsspielers. Denn das Spielangebot richtet sich nicht an bestimmte Personen, sondern an eine unbestimmte Vielzahl von Interessenten. Entscheidend ist deshalb, ob die zufallsüberwindende Beeinflussung *einem spielinteressierten Menschen*[30] mit durchschnittlichem Standard in so kurzer Zeit möglich wird, dass sich die Herrschaft des Zufalls allenfalls auf eine Einspielzeit beschränkt [...]."[31]

b) Maßstab für die Quantifizierung
der verschiedenen Elemente

Das Hauptproblem bei der Entscheidung, ob ein Spielgerät im Sinne des § 33 d GewO ein Glücks- oder Geschicklichkeitsspiel darstellt, besteht allerdings darin, einen sachgerechten Maßstab für die Quantifizierung der Anteile von Zufall und Ge-

---

[26] Siehe *Eser* in: Schönke/Schröder, StGB § 284 Rdnr. 5 m. w. N. Ebenso das AG Karlsruhe-Durlach GewArch 2001, 134 (134).
[27] *Dickersbach* WiVerw. 1985, 23 (35).
[28] *Wrage* NStZ 2001, 256 (256).
[29] So auch *Odentahl* GewArch 2001, 276 (279).
[30] Hervorhebung durch den Verfasser.
[31] BVerwG GewArch 2002, 76 (78).

schicklichkeit bei einem Spielerfolg zu bestimmen[32]. Denn es kann nicht ermittelt werden, ob ein bestimmter Einzeltreffer im Sinne des Spielerfolgs durch Zufall oder durch Geschicklichkeit verursacht worden ist, ebenso wenig wie ermittelbar ist, ob ein Nichttreffer auf der Herrschaft des Zufalls oder mangelnder Geschicklichkeit beruht.

Das Bundesverwaltungsgericht hat sich jüngst der Ansicht angeschlossen, welche ein Geschicklichkeitsspiel nur für gegeben hält, wenn die Trefferquote eines Spielexperiments mit hinreichend großer Zahl von Spielgängen mindestens 50 % beträgt[33]. Da der Misserfolg des Spielers, also der Erfolg des Automaten, entweder auf Zufall oder auf einer Überforderung des durchschnittlichen Geschicklichkeitsniveaus beruht, wird bei diesem Lösungsansatz die Geschicklichkeitsüberforderung dem Zufall gleichgestellt[34]. Gerade aus diesem Grund wird dieser Ansatz von der Gegenmeinung angegriffen. Kritisiert wird, dass die Relation zwischen Treffer- und Nichttrefferquote lediglich Ausdruck der Aufgabenschwierigkeit sei. Die Methode, welche die Nichttrefferquote insgesamt dem Zufallsbereich zuweist, sei abzulehnen, da bei reinen Geschicklichkeitsspielen unter „normalen" Bedingungen Nichttreffer auch auf Ungeschicklichkeit beruhen könnten.[35] Ein Geschicklichkeitsspiel liege vielmehr dann vor, wenn die Trefferquote von einem Durchschnittsspieler durch den Einsatz seiner Geschicklichkeit um mehr als das Doppelte der Zufallstrefferquote erhöht werden könne und die Trefferquote im Verhältnis zur Nichttrefferquote noch als wesentlich anzusehen sei.[36]

Zu Recht ist das Bundesverwaltungsgericht dieser Argumentation nicht gefolgt und bejaht den Glücksspielcharakter bereits dann, wenn der Durchschnittsspieler das Spielgeschehen nicht steuern kann. Dafür sprechen Gründe der Praktikabilität und Rechtssicherheit[37]. Zudem entspricht dieses weite Verständnis des Glücksspielbegriffs dem Schutzzweck des § 284 StGB, allen mit Glücksspielen verbundenen Gefahren zu begegnen. Namentlich der Gesichtspunkt der Verhinderung der Ausnutzung des Spieltriebs erfordert es, das unerreichbare Geschicklichkeitsniveau dem Zufall gleichzustellen.

Dies darf jedoch nicht den Blick dafür versperren, dass das Urteil des Bundesverwaltungsgerichts faktisch das Ende für Automaten nach § 33 d GewO bedeutet. Denn es ist kaum davon auszugehen, dass diese bei einer Spielerfolgsquote von mehr als

---

[32] Siehe dazu *Fuchs* GewArch 1998, 60 ff.; *Belz*, Glücksspiel S. 18 ff. und *Benischke* ZG 1997, 369 (374 ff. m. w. N.).

[33] BVerwG GewArch 2002, 76 ff.; ebenso *Dickersbach* WiVerw. 1985, 23 (38); *ders.* GewArch 1998, 265 (268).

[34] Siehe *Dickersbach* GewArch 1998, 265 (268).

[35] So der Hess. VGH GewArch 2001, 200 mit Verweis auf *Schilling* GewArch 1995, 318 ff.; ebenso *Odentahl* GewArch 2001, 276 (279).

[36] Hess. VGH GewArch 2001, 200 ff.

[37] Das BVerwG weist zutreffend darauf hin, dass die Gegenauffassung an zwei Stellen (statt einer) Festlegungen treffen müsse, die normativ nicht festgelegt sind, siehe BVerwG GewArch 2002, 76 (79).

50 % noch wirtschaftlich betrieben werden können. Einer solchen Entwicklung könnte man dadurch entgegensteuern, dass der mögliche Gewinnanteil des Veranstalters auf bis zu 40 % gesetzlich festgelegt wird[38]. Nur die übrigbleibenden 60 % sollten für die Entscheidung herangezogen werden, ob ein Geschicklichkeits- oder Glücksspiel vorliegt. Folglich würde es ausreichen, dass der Durchschnittsspieler über 30 % der Spiele gewinnt, damit der Spielautomat als Geschicklichkeitsspiel einzustufen ist. Mit diesem Schritt würde zudem eine begrüßenswerte Gleichstellung der Aufsteller von Geschicklichkeits- und Glücksspielautomaten erreicht. Für letztere ist bereits durch § 13 Nr. 16 der Spielverordnung geregelt, dass der gesicherte Gewinnanteil des Aufstellers vom Einsatz höchstens 40 % betragen darf[39].

2. Die Oddset-Sportwette,
ein Glücks- oder Geschicklichkeitsspiel?

Die Attraktivität dieser erst im Jahre 1999 in Deutschland eingeführten Wettform besteht für den Spieler darin, dass die Gewinnquoten für das Ergebnis einzelner Sportereignisse von vornherein vom Veranstalter festgesetzt werden und somit der Spieler die Höhe seines möglichen Gewinns in Abhängigkeit zum eingegangenen Risiko selbst bestimmen kann. Aus diesem Grund ist das klassische Fußballtoto weitgehend von der sogenannten Oddset-Sportwette verdrängt worden[40]. Es verwundert angesichts der Beliebtheit dieser Wettform nicht, dass private Unternehmer danach streben, diese selbst anzubieten. Dies ist jedoch nur dann möglich, wenn die Oddset-Sportwette[41] als grundsätzlich erlaubnisfreies Geschicklichkeitsspiel und nicht als verbotenes Glücksspiel einzuordnen ist[42].

a) Ansicht des Amtsgerichts Karlsruhe-Durlach

Das Amtsgericht Karlsruhe-Durlach ordnet die Oddset-Sportwette als Geschicklichkeitsspiel ein[43]. Es führt diesbezüglich aus:

---

[38] Ebenso *Dickersbach* GewArch 1998, 265 (269).

[39] *Dickersbach* GewArch 1998, 165 (269 f.).

[40] Eine Beschreibung des Fußballtoto und der Oddset-Sportwette finden sich bei *Voßkuhle/Bumke*, Sportwette S. 24.

[41] Unstrittig ist, dass die im alltäglichen Sprachgebrauch als „Sportwetten" bezeichneten Tätigkeiten keine Wetten im rechtlichen Sinne sind, sondern Spiele darstellen, da die getroffenen Vereinbarungen abgeschlossen werden, um einen Gewinn zu erzielen. Vgl. nur *Voßkuhle/Bumke*, Sportwette S. 19 sowie *Weber* in: Pfister, Rechtsprobleme S. 41 f.

[42] Ausführlich zu diesem Abgrenzungsproblem siehe *Voßkuhle/Bumke*, Sportwette S. 19 ff.

[43] AG Karlsruhe-Durlach GewArch 2001, 134 f. In die gleiche Richtung OLG Hamm NJW-RR 1997, 1007 ff.; *Wrage* NStZ 2001, 256 ff. sowie *Voßkuhle/Bumke*, Sportwette S. 24 ff. Aufschlussreich in rechtsvergleichender Sicht ist die Judikatur in Österreich. Dort wird von derselben Definition des Glücksspiels wie in Deutschland ausgegangen und die Sportwette als Geschicklichkeitsspiel eingeordnet, siehe dazu *Voßkuhle*, Sportwette S. 23 mit Verweis auf *Schwartz/Wohlfahrt* ÖJZ 1998, 601 (604). Aus der Rechtsprechung ist nur das LG Bochum

„Der Großteil derjenigen, die regelmäßig Interesse an Sportwetten haben, werden daher Spieler sein, die sportinteressiert sind und sich aufgrund ihrer intellektuellen Fähigkeiten zutrauen, treffsichere Voraussagen zu machen. Dabei werden sie sich in einschlägigen Sportgazetten und Sportsendungen in Radio und Fernsehen informiert haben. Da es nach der hiesigen Auffassung nicht darauf ankommt, ob der Ausgang einer Wette ‚wesentlich vom Zufall abhängt', sondern darauf, ob ‚geistige Fähigkeiten über Gewinn oder Verlust mit entscheiden', ist die Sportwette nach moderner Auffassung nicht mehr als Glücksspiel, sondern eher als Geschicklichkeitsspiel anzusehen."[44]

Ausschlaggebend für die Einordnung als Geschicklichkeitsspiel ist demnach der Ausgangspunkt des Amtsgerichts Karlsruhe-Durlach, ein solches liege bereits dann vor, wenn geistige Fähigkeiten über Gewinn oder Verlust „mit entscheiden". Des Weiteren vergleicht das Amtsgericht Karlsruhe-Durlach die Oddset-Sportwette mit Geschäften an der Börse und kommt zu dem Ergebnis, dass diesbezüglich kein Unterschied bestehe[45]:

„Es liegt die gleiche Situation vor wie bei zahlreichen Bankgeschäften, sei es an der Börse (Aktienkauf) und letztlich mehr oder weniger zahlreichen wirtschaftlichen unternehmerischen, in die Zukunft gerichteten Entscheidungen, die allesamt nicht als Glücksspiel zu qualifizieren sind."[46]

b) Ansatz der ganz überwiegenden Rechtsprechung

Die ganz überwiegende Rechtsprechung[47] ordnet die „Oddset-Sportwette" dagegen als Glücksspiel ein. Das Bundesverwaltungsgericht hat in seiner Entscheidung vom 28.3.2001 diese Ansicht bestätigt und ausführlich dazu Stellung bezogen:

„Das Berufungsgericht hat zu Recht festgestellt, dass niemand die Fähigkeit hat, vor Beginn eines sportlichen Wettkampfes mit dem Anspruch auf objektive Richtigkeit das Ergebnis vorherzusagen, solange keine unzulässige Manipulation vorliegt. Unter diesen Umständen hängt die Richtigkeit der Vorhersage sowohl aus der Sicht des Spielers als auch objektiv von einer Vielzahl nicht sicher abzuschätzender Einflussfaktoren und damit vom Zufall ab. [...] Auch

---

NStZ-RR 2002, 170 ff. der Argumentation des AG Karlsruhe-Durlach gefolgt. Auf die Revision der Staatsanwaltschaft gegen das Urteil des LG Bochum hat der BGH das freisprechende Urteil aufgehoben und die Sache zu neuer Verhandlung und Entscheidung an das LG zurückverwiesen, siehe MMR aktuell 2/2003, XIII.

[44] AG Karlsruhe-Durlach GewArch 2001, 134 (135).

[45] Auch *Voßkuhle/Bumke*, Sportwette S. 24 ordnet die Oddset-Sportwette angesichts der Vergleichbarkeit mit Warentermingeschäften an der Börse als Geschicklichkeitsspiel ein. Sie stützen dieses Ergebnis auf einen Vergleich der Spielbedingungen bei der Oddset-Sportwette und der Fußball-Elferwette und legen dar, dass bei der Oddset-Sportwette die Kenntnisse und Fähigkeiten des Spielers eine wesentlich größere Rolle spielen.

[46] AG Karlsruhe-Durlach GewArch 2001, 134 (135).

[47] Siehe nur BVerwG NVwZ 1995, 475 (476); VGH München GewArch 2001, 65 (66); OLG Köln GRUR 2000, 533 (534) sowie OLG Köln GRUR 2000, 538 (539). Im Anschluss an BVerwG NJW 2001, 2648 ff. etwa BGH GRUR 2002, 636 (636); OLG Hamburg MMR 2002, 471 (472); OLG Hamm MMR 2002, 551 (552); OVG Sachsen-Anhalt GewArch 2002, 199 (199); LG München NJW 2002, 2656 (2656).

wenn, wie der Kläger ausführt, Kenntnisse und Erfahrungen auf dem Gebiet des Sportwesens die Chance, einzelne Ergebnisse richtig vorherzusagen, verbessern, schließt dies die Zufälligkeit des Erfolgs nicht aus. Das Sportgeschehen, soweit es wettkampforientiert ist, gewinnt seinen Reiz für Dritte gerade durch die Ergebnisoffenheit. Außerdem darf das Wettangebot nicht aus der Sicht einzelner, mit den jeweiligen Verhältnissen besonders vertrauter Spieler bewertet werden. Es richtet sich nicht an spezifische Interessenkreise, sondern an einen unbestimmten Personenkreis mit unterschiedlichen Kenntnissen und Erfahrungen. Das Konzept der Oddset-Sportwette beruht im Kern auf der Unkalkulierbarkeit der Ergebnisse und kann auch nur dadurch eine Gewinnerwartung des Veranstalters begründen."[48]

Die überwiegende Rechtsprechung betont die Ergebnisoffenheit bei Sportentscheidungen und ordnet deshalb die Sportwette als Glückspiel ein[49]. Auch wenn Kenntnisse und Erfahrungen die Chance einer richtigen Vorhersage verbessern, so sei doch die Zufälligkeit des Erfolgs bestimmend.

c) Stellungnahme

Der Ansatz des Amtsgerichts Karlsruhe-Durlach, ein Geschicklichkeitsspiel bereits dann zu bejahen, wenn körperliche und geistige Fähigkeiten über Gewinn oder Verlust „mit entscheiden", ist abzulehnen[50]. Diese Umschreibung des Charakters eines Geschicklichkeitsspiels ist zu eng und wird dem Schutzzweck des § 284 Abs. 1 StGB nicht gerecht[51]. Nur sehr wenige Spiele, bei denen allein der Zufall über Gewinn und Verlust entscheidet, wie bei Lotto-Veranstaltungen oder Roulette, wären als Glücksspiele einzuordnen. Deshalb ist der überwiegenden Rechtsprechung darin zu folgen, dass der Glücksspielcharakter bereits dann zu bejahen ist, wenn überwiegend der Zufall den Spielerfolg bestimmt. Wie dieses Überwiegen des Zufalls zu ermitteln ist, wird in der Rechtsprechung jedoch nicht näher ausgeführt, sondern mit allgemeinen Erwägungen bei Oddset-Sportwetten einfach angenommen. Insofern bietet es sich an, die für Spielgeräte im Sinne des § 33 d GewO entwickelten Abgrenzungsregeln heranzuziehen[52]. Legt man insoweit die auch vom Bundesverwaltungsgericht favorisierte Regel zugrunde, nämlich dass ein Glücksspiel dann vorliegt, wenn der Durchschnitt der Spieler keine die 50 %-Marke übersteigende Trefferquote erreicht, ist der Glücksspielcharakter der Oddset-Sportwette sicherlich zu beja-

---

[48] BVerwG NJW 2001, 2648 (2648).

[49] Auch der EuGH spricht sich angesichts der Gefahren, die von der Veranstaltung von Sportwetten ausgehen können, dafür aus, Sportwetten entsprechend Lotterien zu behandeln, EuGH (Zenatti) EuZW 2000, 151 (152 Tz. 18).

[50] AG Karlsruhe-Durlach GewArch 2001, 134 (134). Das AG Karlsruhe-Durlach verweist insoweit auf die Kommentierung von *Fischer* in: Tröndle/Fischer, StGB § 284 Rdnr. 5 sowie *Eser/Heine* in: Schönke/Schröder, StGB § 284 Rdnr. 5. Allerdings wird in den zitierten Kommentierungen der Charakter als Geschicklichkeitsspiel bejaht, wenn nicht der Zufall, sondern körperliche oder geistige Fähigkeiten die Entscheidung über Gewinn und Verlust *bestimmt* (und nicht „mit entscheidet").

[51] So auch *Wrage* JR 2001, 405 (405).

[52] So zu Recht *Voßkuhle/Bumke*, Sportwette S. 24; in diese Richtung auch *Odenthal* NStZ 2002, 482 (483).

hen[53]. Insoweit könnte empirisch auf die von den Teilnehmern an der von den Ländern veranstalteten Oddset-Sportwette erzielten Trefferquoten zurückgegriffen werden. Angesichts der von den Ländern mit dieser Wettform erzielten enormen Einnahmen[54] ist davon auszugehen, dass die Trefferquote der Teilnehmer deutlich unter 50 % liegt. Dies dürfte insbesondere daran liegen, dass der Durchschnittsspieler bei der Auswahl seiner Spielpaarungen[55] jedenfalls zum Teil solche wählen wird, die auch für Sportexperten offen sind. Denn nur dann kann der teilnehmende Spieler mit einer attraktiven Gewinnquote rechnen. Insoweit geht es bei der Oddset-Sportwette typischerweise nicht einfach darum, überhaupt einen „Treffer" zu erzielen. Der Durchschnittsspieler wird darauf achten, dass er bei einem „Treffer" auch einen für ihn attraktiven Gewinn erhält. Diese Tatsache ändert nichts am Glücksspielcharakter der Oddset-Sportwette, sondern ist für diesen vielmehr mitverantwortlich.

Auch den Glückspielcharakter der Oddset-Sportwette mit Hinweis auf die Vergleichbarkeit zu Warentermingeschäften an der Börse zu verneinen, überzeugt nicht. Zwar ist deren Vergleichbarkeit nicht zu bestreiten. Doch läge es näher, den Glücksspielcharakter für Risikogeschäfte an der Börse begriffsjuristisch zu bejahen, als umgekehrt den Glücksspielcharakter der Oddset-Sportwette zu verneinen. Angesichts der offenkundigen Unkalkulierbarkeit von hochspekulativen Warentermingeschäften ist es bei diesen ebenfalls der Zufall, der vorwiegend über Gewinn und Verlust entscheidet. Konsequenterweise müsste der Gesetzgeber ausdrücklich regeln, dass für Börsengeschäfte Spezialvorschriften gelten, welche die glücksspielrechtlichen Vorschriften verdrängen.

3. Das Telefongewinnspiel als Glücksspiel?

Preisausschreiben und Gewinnspiele in Funk und Fernsehen erfreuen sich in der Bevölkerung großer Beliebtheit[56]. Dabei erfolgt die Möglichkeit der Teilnahme im-

---

[53] Auch wenn man den möglichen Gewinnanteil des Veranstalters auf bis zu 40 % festlegen würde und nur die übrigbleibenden 60 % für die Entscheidung, ob ein Geschicklichkeits- oder Glückspiel vorliegt, herangezogen werden, dürfte der Glücksspielcharakter der Oddset-Sportwette zu bejahen sein. Es ist nicht davon auszugehen, dass im Durchschnitt eine Trefferquote von über 30 % erreicht wird.

[54] Mit der Veranstaltung der Oddset-Sportwette erzielte Baden-Württemberg im Jahr 2001 € 70.080.968,–, Nordrhein-Westfalen gar € 145.574.733,– als Gewinn, siehe LT-Drucks. (BW) 13/1039 S. 1 (5).

[55] Beim klassischen Oddset müssen für Fußballspiele mindestens drei Spielpaarungen richtig nach Heimsieg, Auswärtssieg oder Unentschieden getippt werden. Mittlerweile wurde von den Ländern auch die sogenannte TOP-Wette eingeführt, bei der nur auf den Ausgang einer Spielpaarung getippt werden kann. Allerdings muss hierbei der genaue Endstand richtig getippt werden. Der Glücksspielcharakter dieser neuen Wettform dürfte insoweit unstreitig gegeben sein.

[56] Als Beispiel möge der Münchner Fernsehsender Neun Live dienen, der täglich viele Stunden Gewinnspiele anbietet, an denen man durch Anwahl einer Mehrwertdienste-Telefonnummer teilnehmen kann. Diesbezüglich wird von der Direktorenkonferenz der Landesmedienanstalten und den Lotteriereferenten der Bundesländer untersucht, ob es sich hierbei um die Veranstaltung von Glücksspielen handelt. Siehe Spiegel 6/2003 S. 153.

mer häufiger über die Anwahl von Mehrwertdienste-Telefonnummern wie etwa 0190er Nummern[57]. Teilweise finanzieren sich Fernsehsender überwiegend über solche interaktive Telefondienste. Diese neu entwickelte Sparte wird neben dem öffentlich-rechtlichen Fernsehen und dem über Werbeeinnahmen finanzierten Privatfernsehen als „dritte Art des Fernsehens" bezeichnet. Insbesondere im Hinblick auf den Verbraucherschutz vor unlauteren Methoden werden diese Fernsehsender seitens der zuständigen staatlichen Stellen kritisch beobachtet[58].

Zu untersuchen ist, ob Gewinnspiele in Funk und Fernsehen als Glücksspiele einzuordnen sind. Da der häufig nicht unbedeutende Gewinn[59] bei diesen Veranstaltungen in aller Regel nicht wesentlich von den Fähigkeiten und Kenntnissen und vom Grade der Aufmerksamkeit der Spieler bestimmt wird, sondern hauptsächlich vom Wirken unberechenbarer, dem Einfluss der Beteiligten in ihrem Durchschnitt entzogener Tatsachen[60], ist mangels einer behördlichen Erlaubnis einer solchen Veranstaltung an eine Strafbarkeit des Veranstalters gemäß § 287 Abs. 1 StGB zu denken[61]. Sollte ein Telefongewinnspiel[62] in seiner konkreten Ausgestaltung tatsächlich als Lotterie anzusehen sein, würde dieses damit auch der Lotteriesteuerpflicht gemäß dem Rennwett- und Lotteriegesetz unterliegen. Aus diesem Grund prüfen derzeit Finanzbehörden die Steuerpflichtigkeit dieser Veranstaltungen[63]. Sowohl für die Bejahung der Strafbarkeit gemäß § 287 Abs. 1 StGB als auch der Steuerpflichtigkeit ist erforderlich, dass für die Teilnahme an den betroffenen Gewinnspielen ein nicht

---

[57] Diese werden auch „Premium-Rate-Dienste" genannt. Grundlegend zu deren Nutzung *Demmel/Skrobotz* CR 1999, 561 ff.

[58] Siehe dazu LT-Drucks. (B.-W.) 13/2763 S. 1 ff.

[59] Um ein Glücksspiel handelt es sich in Abgrenzung zum bloßen Unterhaltungsspiel nur dann, wenn es bei dem vereinbarten Gewinn um einen nicht ganz unbedeutenden Vermögenswert geht, *Eser/Heine* in: Schönke/Schröder, StGB § 284 Rdnr. 6; *Dahs/Dierlamm* GewArch 1996, 273 ff.

[60] Insoweit wird die Definition des Glücksspielbegriffes des BGH und der herrschenden Lehre zugrundegelegt, BGHSt 2, 274 (276); 34, 171 (175); *Fischer* in: Tröndle/Fischer, StGB § 184 Rdnr. 3.

[61] Der Gewinn und Verlust hängt letztlich auch dann vom Zufall ab, wenn unter mehreren Anrufern per Zufall die späteren Teilnehmer an einem dahinter geschalteten Geschicklichkeitsspiel ausgewählt werden, siehe dazu *Eichmann/Sörup* MMR 2002, 142 (143).

[62] Eine ähnliche Problematik wie beim Telefongewinnspiel besteht bei Gewinnspielen im Internet, die auf eine gebührenpflichtige Website verlinken sowie bei Preisausschreiben in Zeitungen siehe *Sensburg* BB 2002, 126 (129); *Maslaton/Sensburg* DStZ 2002, 24 ff.

[63] Zudem können Telefongewinnspiele je nach Ausgestaltung gegen Wettbewerbsrecht verstoßen. Teilweise wurde von den Gerichten ein Verstoß gegen § 1 UWG bejaht und die Veranstaltung verboten. Die Richter stützten sich dabei auf eine Parallele zu den Koppelungsfällen (siehe dazu BGH GRUR 1973, 474 ff.; *Hefermehl* in: Baumbach/Hefermehl, UGW § 1 Rdnr. 155). Bei hohen Einnahmen durch das Telefongewinnspiel sei ein wirtschaftlicher Vorteil gegeben, der mit der Koppelung des Warenabsatzes an ein Gewinnspiel vergleichbar sei. Siehe hierzu LG Memmingen, Urteil vom 10.5.2000, 1 H 2217/99, abrufbar unter http://www.jura-welt.com/gerichtsurteile/4646; LG Dortmund, einstweilige Verfügung vom 25.4.2001, 20 O 27/01; LG Hamburg, einstweilige Verfügung vom 8.1.2002, 406 O 7/02). Zum Ganzen siehe *Bahr* WRP 2002, 501 (502 f.).

ganz unbeträchtlicher Einsatz vonseiten des Spielers geleistet wird[64]. Gerade dies ist bei der Teilnahme über die Anwahl einer Mehrwertdienste-Telefonnummer umstritten und wird nachfolgend näher untersucht.

a) Das Leisten eines Einsatzes

Zunächst müsste bei der Anwahl einer Mehrwertdienste-Telefonnummer überhaupt ein Einsatz geleistet werden. Der gesetzlich nicht legaldefinierte Begriff des „Einsatzes" wird von der Rechtsprechung und der herrschenden Lehre als eine Leistung verstanden, die in der Hoffnung erbracht wird, im Falle des „Gewinnes" eine gleiche oder höherwertige Leistung zu erhalten und in der Befürchtung, dass sie im Falle des „Verlierens" dem Gegenspieler oder dem Veranstalter anheim fällt[65]. Ausreichend ist auch ein sogenannter „versteckter" Einsatz, der vorliegt, wenn der Spieler eine wenn auch gleichwertige Gegenleistung für sein Vermögensopfer nicht ohne Gewinnabsicht erworben hätte[66]. Davon abzugrenzen ist das Zahlen eines in jedem Fall verlorenen Beitrags, der nur eine Mitspielberechtigung gewährt, wie zum Beispiel der Eintritt in eine Spielbank.

Soweit die Anwahl der Mehrwertdienste-Telefonnummer bloße Kosten der Übermittlung der Nachricht wie etwa Portokosten darstellen, fehlt es zum einen an der Konnexität zwischen Einsatz und der Teilnahme am Gewinnspiel, zum anderen fällt dieser Betrag nicht dem Veranstalter, sondern dem Anbieter der Telekommunikationsdienstleistung anheim. Ein (versteckter) Einsatz ist insoweit zu verneinen. Jedoch liegt die Besonderheit der Mehrwertdienste-Telefonnummern gerade darin, dass die Bereitstellungskosten dieser Nummern in aller Regel geringer sind als die Telefongebühren, die der Spielteilnehmer regelmäßig zu zahlen hat[67]. Der überschießende Betrag kommt dem Veranstalter des Gewinnspiels zugute. Dieser Teil des Telefonentgelts ist nicht eine bloße Voraussetzung für die spätere Spielteilnahme, sondern steht in direktem Zusammenhang zu der erlangten Gewinnaussicht[68]. Dem Spielteilnehmer dürfte in aller Regel auch klar sein, dass bei erhöhten Mehrwertdienste-Telefonnummern der die bloßen Telekommunikationskosten überschießende Betrag dem Veranstalter zugute kommt[69]. Soweit Spielteilnehmer eine

---

[64] So die ganz h. M. seit BGHSt 34, 171 (176). Erst nachdem sich die Auffassung durchgesetzt hat, dass das Glücksspielverbot vor allem dem Schutz des Spielers vor Vermögensverlusten verpflichtet sein muss, wird auch ganz einhellig das Leisten eines Einsatzes seitens des Spielers gefordert, siehe *Odenthal* GewArch 2002, 315 (316).

[65] Siehe BGHSt 34, 171 (176); ähnlich aus der Literatur z.B. *Eser/Heine* in: Schönke/Schröder, StGB § 284 Rdnr. 6; *Odenthal* GewArch 2001, 276 (277); *Eichmann/Sörup* MMR 2002, 142 (143).

[66] BGHSt 11, 209 (210); *Eichmann/Sörup* MMR 2002, 142 (143).

[67] Dies verkennt *Summerer* in SpuRt 1999, 117 (118), wenn er das Leisten eines Einsatzes verneint, indem er die zu zahlende Telefongebühr lediglich als Übertragungsleistung qualifiziert.

[68] So auch *Eichmann/Sörup* MMR 2002, 142 (144).

[69] *Sensburg* BB 2002, 126 (129) fordert beim Anwählen einer Mehrdienste-Telefonnummer neben der Konnexität zwischen Telefonkosten und der Gewinnchance für die Bejahung eines

zugunsten des Veranstalters erhöhte Mehrwertdienste-Telefonnummer anwählen, ist das Leisten eines Einsatzes somit zu bejahen[70].

b) Die Grenze der Unbeträchtlichkeit

Des Weiteren ist für eine Strafbarkeit von Telefongewinnspielen gemäß § 287 Abs. 1 StGB sowie deren Lotteriesteuerpflichtigkeit erforderlich, dass der Einsatz die Grenze der Unbeträchtlichkeit überschreitet[71]. Vorzugswürdig für die Bestimmung dieses Rechtsbegriffs ist eine absolute Betrachtungsweise, welche sich an den allgemeinen gesellschaftlichen Anschauungen orientiert[72]. Die Bestimmung der Unbeträchtlichkeitsgrenze gestaltet sich jedoch schwierig. Das Bayrische Oberlandesgericht beurteilte im Jahre 1956 einen Betrag von DM 5,00 als nicht unerheblich[73]. Zum selben Ergebnis kam das Oberlandesgericht Hamm im Jahre 1957 bei einem Betrag von DM 1,00 [74]. Dagegen hielt das OLG Köln im Jahre 1957 die Summe von DM 0,10 für unbedenklich[75]. Wo genau nun aber die Unbeträchtlichkeitsgrenze liegt, bleibt offen. Zudem fehlen Entscheidungen neueren Datums, in welchen die gewandelten Lebensumstände berücksichtigt werden. *Eichmann/Sörup* nehmen die genannten Urteile älteren Datums als Ausgangspunkt und gelangen zu dem Ergebnis, dass zum damaligen Zeitpunkt von einer Unbeträchtlichkeitsgrenze von circa DM 1,00 auszugehen sei[76]. Angesichts der Inflation und der Änderung der Lebensverhältnisse sei nunmehr eine maximale Wertgrenze von € 2,50 vertretbar.

Würde man dieser Argumentation folgen, wäre beispielsweise der Verkauf von Losen zu einem Preis bis zu € 2,50 nicht als die Veranstaltung eines Glücksspiels einzuordnen. Auch nach den heutigen allgemeinen gesellschaftlichen Anschauun-

---

Einsatzes auch, dass die Spielteilnehmer diese Situation erkennen. Im Gegensatz zu der hier vertretenen Meinung geht er davon aus, dass die Spielteilnehmer regelmäßig die Kosten der 0190er Nummern insgesamt der Telefonverbindung zurechnen. Aus diesem Grund verneint *Sensburg* ebenso wie *Maslaton/Sensburg* DStZ 2002, 24 (26) das Leisten eines Einsatzes. Dies geht jedoch an der Lebenswirklichkeit vorbei. Jedenfalls bei einem deutlich erhöhten Telefonentgelt werden die Spielteilnehmer üblicherweise davon ausgehen, dass der überschießende Betrag dem Veranstalter des Gewinnspiels zugute kommt. Daran ändert sich nichts, wenn eine alternative Teilnahmemöglichkeit wie das Einsenden einer Postkarte besteht.

[70] In diese Richtung auch *Odenthal* GewArch 2001, 276 (281); *Eichmann/Sörup* MMR 2002, 142 (144); *Bahr* WRP 2002, 501 (505). Siehe auch die Stellungnahme der Bundesregierung aus dem Jahre 1994, in welcher diese mitteilt, dass nach ihrer Auffassung Gewinnspiele mit 0190-Telefonnummern genehmigungspflichtig sind, BT-Drucks. 12/7165 S. 3.

[71] Dies übersehen *Maslaton/Sensburg* DStZ 2002, 24 ff.

[72] Würde man die Grenze der Unbeträchtlichkeit nach den konkreten Verhältnissen der Spieler bestimmen, wäre ein Telefongewinnspiel je nach den Umständen des Einzelfalles als Glücksspiel einzuordnen. Angesichts der daraus resultierenden Rechtsunsicherheit ist dieser Ansatz zu verwerfen.

[73] BayOLG GA 1956, 385 (386).

[74] OLG Hamm JMBlNW 1957, 251 (251).

[75] OLG Köln NJW 1957, 721 (721).

[76] *Eichmann/Sörup* MMR 2002, 142 (145).

gen dürfte ein solcher Betrag nicht als unerheblich einzustufen sein. Vielmehr ist ein Einsatz von € 2,50 bei der Teilnahme an den staatlichen Lotterien sowie den Oddset-Sportwetten durchaus üblich, ohne dass bisher der Glücksspielcharakter insoweit in Frage gestellt worden wäre. Auch bei einem Spieleinsatz von € 0,75 für eine Tippreihe bei einer Laufzeit von einer Ziehung wird der Glücksspielcharakter der staatlichen Lotterien nicht in Frage gestellt. Bei Telefongewinnspielen ist zudem zu beachten, welche Zeitspanne für eine Spielteilnahme im Durchschnitt erforderlich ist. Sollten zum Beispiel zunächst langwierige Erläuterungen vom Band laufen, ist dies bei der Bestimmung des durchschnittlichen Einsatzes mit einzubeziehen[77]. Dagegen sind die Kosten für die bloße Telefonverbindung abzuziehen, da es insoweit bereits an der Konnexität zwischen Einsatz und Teilnahme am Gewinnspiel fehlt[78].

c) Alternative Teilnahmemöglichkeiten

Schließlich stellt sich noch die Frage, ob ein Einsatz im oben definierten Sinne dann zu verneinen ist, wenn neben der Teilnahme mittels Anwahl einer Mehrwertdienste-Telefonnummer noch eine alternative Teilnahmemöglichkeit wie beispielsweise das Einsenden einer Postkarte besteht und auf diese deutlich hingewiesen wird. Soweit eine solche alternative Teilnahmemöglichkeit gegeben ist, ohne dass hierbei ein Einsatz geleistet werden muss, wird in der Literatur vertreten, dass durch diese Abwandlung der Spielregeln der Charakter als einsatzpflichtiges Glücksspiel insgesamt entfällt und das Spiel legalisiert wird[79]. Jedoch ändert eine alternative Teilnahmemöglichkeit ohne Einsatz nichts daran, dass bei der Anwahl einer Mehrwertdienste-Telefonnummer ein Einsatz geleistet wird. Allein die Tatsache, dass der Veranstalter auch eine der Strafrechtsordnung entsprechende Teilnahmemöglichkeit anbietet, führt nicht dazu, dass ein strafbewehrtes Verhalten legalisiert wird. Vor allem aber ist die alternative Spielmöglichkeit der Teilnahme mittels Anwahl einer Mehrwertdienste-Telefonnummer in aller Regel nicht gleichwertig. Nur so lässt sich erklären, dass überhaupt Spielmöglichkeiten mit und ohne „Einsatz" im juristischen Sinne angeboten werden und gleichwohl zahlreiche Spielteilnehmer bereit sind, einen Einsatz zu leisten. Beispielsweise eine Postkarte muss man erst zur Hand haben,

---

[77] Soweit ein Veranstalter zur mehrmaligen Spielteilnahme hintereinander geradezu auffordert, ist dies in die Bewertung der Höhe des Einsatzes ebenfalls mit einzubeziehen. Denn ansonsten bestehen weitreichende Möglichkeiten, die Unbeträchtlichkeitsgrenze zu umgehen. Siehe auch *Marcks* in: Landmann/Rohmer, GewO § 33 d Rdnr. 4.

[78] Zu beachten ist die Handhabung der Deutschen Telekom AG, welche bei Gewinnspielen nur noch 0190er Nummern vergibt, wenn im Tarif T1, der 0,81 DM/Min. kostet, eine Minute nicht überschritten wird und bei weiteren Tarifen ein Betrag von einer DM als Grenze eingehalten wird, siehe dazu *Masalton/Sensburg* DStZ 2002, 24 (27). Unter diesen Voraussetzungen ist davon auszugehen, dass regelmäßig die Unbeträchtlichkeitsgrenze des Einsatzes noch unterschritten wird.

[79] So *Eichmann/Sörup* MMR 2002, 142 (145); *Sensburg* BB 2002, 126 (129); *Maslaton/Sensburg* DStZ 2002, 24 (27).

diese ausfüllen und einschicken. Der Aufwand ist ungleich zeitaufwendiger und beschwerlicher als der Griff zum Telefonhörer[80]. Alternative Teilnahmemöglichkeiten ändern in aller Regel nichts an der Strafbarkeit beziehungsweise Lotteriepflichtigkeit eines Telefongewinnspiels.

d) Zusammenfassung

Soweit die Teilnahme an einem Gewinnspiel mittels Anwahl einer Mehrwertdienste-Telefonnummer erfolgt, ist ein Einsatz insoweit zu bejahen, als dem Veranstalter ein die reinen Übermittlungskosten überschießender Betrag zugute kommt. Soweit die Grenze eines unbeträchtlichen Einsatzes pro Spielteilnahme überschritten wird, ist das Telefongewinnspiel als Glücksspiel einzustufen[81]. Mangels einer bestehenden Erlaubnis kommt daher eine Strafbarkeit der Anbieter gemäß § 287 Abs. 1 StGB in Betracht. Zudem ist unter diesen Umständen das Veranstalten eines Telefongewinnspiels gemäß dem Rennwett- und Lotteriegesetz lotteriesteuerpflichtig. Auch alternative Teilnahmemöglichkeiten ändern nichts an dieser Beurteilung. Diese sind gegenüber der Anwahl einer Mehrwertdienste-Telefonnummer in aller Regel schon nicht gleichwertig.

4. Glücksspiel an der Börse?

Spekulationen an der Börse erfreuen sich in Deutschland großer Beliebtheit[82]. Dabei fällt auf, dass immer mehr spekulative Anleger versuchen, beispielsweise beim Daytrading[83] Kursschwankungen von Aktien innerhalb eines Tages gewinnbringend zu nutzen[84]. Dabei steht nicht mehr die Investition in ein Unternehmen, sondern die Spekulation im Vordergrund. Sowohl in der Chance des schnellen Geldes, der sich entwickelnden Spielermentalität, als auch der ähnlichen psychotropen Wirkungen zeigt sich die Wesensverwandtschaft von Börsenspekulation und Glücksspiel[85]. Simulierte Modelle von Investitionsstrategien an der amerikanischen Börse führten nicht zu höheren Profiten als Zufallsauswahlen. Nicht von ungefähr

---

[80] In diese Richtung auch *Eichmann/Sörup* MMR 2002, 142 (145) sowie *Bahr* WRP 2002, 501 (503). Gerade aus diesem Grund werden die Veranstalter darauf spekulieren, dass ein Teil der Spielteilnehmer aus Bequemlichkeit die erhöhte Mehrwertdienste-Telefonnummer anwählen, um am Spiel teilnehmen zu können.

[81] Nach Ansicht des Verfassers dürfte die Unbeträchtlichkeitsgrenze zwischen 0,50 € und 0,75 € liegen.

[82] Auch wenn die Euphorie der Jahrtausendwende abgeflaut ist, so pendelt sich doch die Zahl der Aktionäre bei 5 Millionen ein (5,05 Millionen im Jahre 2003). Ausführliches Zahlenmaterial abrufbar unter http://www.dai.de.

[83] Siehe dazu *Müller-Deku* WM 2000, 1029 ff.

[84] Weitere Beispiele hochspekulativer Terminmarktinstrumente sind Futures und Optionen.

[85] Siehe dazu *Meyer*, Spielsucht S. 20.

kommt daher die Einschätzung von *Kostolany*, wenn er von Warentermingeschäften abrät:

„Es ist genau wie beim Roulettespiel im Kasino: gewinnen kann man, verlieren muss man."[86]

Vor diesem Hintergrund verwundert es nicht, dass das Amtsgericht Karlsruhe-Durlach hochspekulative Geschäfte an der Börse mit dem Abschluss einer Sportwette vergleicht[87]. Jedoch hätte es näher gelegen, bei kurzfristigen Spekulationen deren Glücksspielcharakter zu bejahen, da auch bei diesen Gewinn und Verlust vorwiegend vom Zufall abhängen[88]. Nichtsdestotrotz werden Risikogeschäfte an der Börse allgemein nicht unter den klassischen Glücksspielbegriff subsumiert, sondern wird vielmehr auf grundlegende Unterschiede verwiesen. So nehme sich der Terminspekulant Risiken an, die im Wirtschaftskreislauf vorgegeben seien, während der Spieler sich außerhalb des Wirtschaftskreislaufs betätige, wobei die Risiken gleichsam selbst geschaffen würden. Des Weiteren handele es sich bei der Terminspekulation um eine geistige Tätigkeit, bei welcher aus den Erfahrungen der Vergangenheit und aus der Beobachtung der gegenwärtigen Ereignisse die künftige Entwicklung prognostiziert werde, während beim Glücksspiel die Ergebnisse vom Zufall abhingen[89].

Diese begriffliche Unterscheidung vermag jedenfalls bei hochspekulativen Risikogeschäften an der Börse nicht zu überzeugen[90]. Der Gesetzgeber sollte vielmehr klarstellen, dass für Börsengeschäfte spezielle, die glücksspielrechtlichen Regelungen verdrängende Vorschriften anzuwenden sind. Außerdem sollte der Gesetzgeber die Gefahren bei Spekulationen ernst nehmen und diesen entgegen steuern. Statt dessen wurde die Spekulationstätigkeit gegen den Differenzeinwand abgesichert[91]

---

[86] *Kostolany*, Börsenseminar S. 170.

[87] Siehe AG Karlsruhe-Durlach GewArch 2001, 134 (135). Ebenso LG Bochum NStZ-RR 2002, 170 ff.

[88] Siehe auch *Meyer*, Gefahren- und Suchtpotential von Börsenspekulationen S. 8, abrufbar unter http://www.gluecksspielsucht.de/materialien/BRSEN1DO.pdf, der auf den Glücksspielcharakter kurzfristiger Spekulationen ausdrücklich hinweist.

[89] Siehe BFH NJW 1999, 2695 (2696), der insoweit den Ausführungen des Finanzamtes einfach zustimmt. Vergleiche auch BGH HFR 1980, 255 (255), wo der BGH das Geschäft mit Doppeloptionen als Veranstaltung eines Geschicklichkeitsspiel einstuft.

[90] Der Unterschied zwischen Spekulationen an der Börse und den herkömmlichen Glücksspielen wird durch eine neue Entwicklung in England weiter aufgeweicht. Dort bieten von einer staatlichen Aufsichtsbehörde kontrollierte Firmen Wetten auf die künftige Entwicklung von Aktienindizes und einzelner Aktien an. Diese erfreuen sich hoher Zuwachsraten, da in Großbritannien Wettgewinne im Gegensatz zu Kursgewinnen an der Börse nicht versteuert werden müssen und auch keine Börsenumsatzsteuer anfällt, vgl. Spiegel 21/2002 S. 85.

[91] Bereits mit der Börsengesetznovelle vom 11.7.1989 wurde der Zugang für Privatanleger zu Börsentermingeschäften erleichtert. Bisherige Schutzinstrumente wurden durch eine Informationsobliegenheit des Vertragspartners ersetzt. Zu den Neuerungen durch das 4. Finanzmarktförderungsgesetz vom 21.6.2002 siehe *Dreying* Bank 2002, 16 ff.; *Rudolf* BB 2002, 1036 ff.

und somit unkontrollierten und risikoreichen Börsenspekulationen weiter Vorschub geleistet[92]. In jüngster Zeit hat das Bundeskabinett zudem einen Gesetzesentwurf verabschiedet, mit dem künftig in Deutschland die hochspekulativen Hedge-Fonds zugelassen werden. Es ist zweifelhaft, ob die darin enthaltenen besonderen Regelungen zum Schutz von Privatanlegern wirklich greifen[93].

III. Fazit

Die soeben aufgezeigten Abgrenzungsfälle zeigen deutlich, dass die Anknüpfung der staatlichen Reglementierung an den Glücksspielbegriff zahlreiche Probleme aufwirft. Bei einer Neuordnung des Glücksspielrechts ist daher anzuregen, von der begrifflichen Unterscheidung zwischen Glücksspiel und Geschicklichkeitsspiel abzurücken und stattdessen auf die tatsächliche Vermögensgefahr abzustellen[94]. Nach wissenschaftlich abgesicherten Erkenntnissen ermöglichen die strukturellen Merkmale von Glücksspielen eine Differenzierung der verschiedenen Glücksspielformen hinsichtlich des Suchtpotentials[95]. Allein das Gefährdungspotential einer Spielart sollte darüber entscheiden, wie hoch die Hürden für deren Veranstaltung sein sollten. Damit würden begriffliche Unsicherheiten bezüglich des Glücksspielbegriffs beseitigt und zugleich ein sachgerechtes, am Gefährdungsgrad orientiertes, abgestuftes Schutzsystem geschaffen.

B. Überblick über die zum Glücksspielrecht zu zählenden Rechtsmaterien

Signifikant für das Glücksspielrecht ist die unübersichtliche Gemengelage von Bundes- und Landesvorschriften. An dieser Stelle soll daher ein kurzer Überblick über die wesentlichen Rechtsbereiche gegeben werden, die zum Kernbereich des Glücksspielrechts zu zählen sind. Unberücksichtigt bleiben vergleichsweise unbedeutende Einzelregelungen im Zusammenhang mit dem Glücksspiel wie etwa § 104

---

[92] Zu begrüßen ist in diesem Zusammenhang die Entscheidung des BGH, der beim Devisen-Daytrading das Erheben des Differenzeinwandes für möglich hält, siehe BGH ZIP 2002, 254 ff.; Vorinstanz OLG Hamburg ZIP 2000, 2246 ff.

[93] Zum einen sollen Privatanleger nur über Dachfonds, die das Risiko auf mindestens fünf Einzelfonds verteilen, in Hedge-Fonds investieren dürfen. Zum anderen müssen die Anleger mit einem Warnhinweis an auffälliger Stelle auf die besonders hohen Risiken aufmerksam gemacht werden. Er soll lauten: „Der Bundesminister der Finanzen warnt: Bei diesem Investmentfonds müssen Anleger bereit und in der Lage sein, Verluste des eingesetzten Kapitals bis hin zum Totalverlust hinzunehmen." Siehe dazu SZ vom 21.8.2003 S. 17.

[94] In diese Richtung weist das vereinzelt gebliebene Urteil des BVerwG GewArch 1979, 371 (371), in welchem das BVerwG davon ausgeht, dass die Abgrenzung zwischen Glücksspiel und Geschicklichkeitsspiel mit der zwischen übermäßiger und noch hinnehmbarer Verlustgefahr zusammenfällt.

[95] *Meyer*, Spielsucht S. 66 ff.

Abs. 2 StPO[96], §§ 8, 13 Nr. 10–13 JÖSchG[97], § 4 ErzHiV[98], § 4 GastG[99] und § 4 TDG[100].

I. Strafrechtliche Regelungen

1. §§ 284–287 StGB

Die staatliche Reglementierung des Glücksspiels hat eine lange Tradition, deren Wurzeln bis in das Römische Recht zurückreichen[101]. Im deutschen Rechtskreis wurden erstmals im 13. Jahrhundert Strafandrohungen entwickelt, wodurch die schwindende Bereitschaft zum Ausdruck kam, das Glücksspiel ohne Einschränkung als legitime Äußerung menschlichen Lebens hinzunehmen[102]. Den vorläufigen Endpunkt dieser Entwicklung stellen die §§ 284–287 StGB dar, die im wesentlichen noch mit der durch Gesetz vom 23.12.1919 eingeführten Fassung übereinstimmen[103]. Gemäß den §§ 284, 287 StGB macht sich strafbar, wer ein Glücksspiel, eine Lotterie oder eine Ausspielung ohne behördliche Erlaubnis öffentlich[104] veranstal-

---

[96] Die Beschränkungen des § 104 Abs. 1 StPO für die Durchsuchung von Räumlichkeiten zur Nachtzeit gelten gemäß § 104 Abs. 2 StPO nicht, wenn diese als Schlupfwinkel des Glücksspiels bekannt sind.

[97] Gemäß § 13 Nr. 10–13 JÖSchG in Verbindung mit § 8 JÖSchG handelt zum Beispiel ordnungswidrig, wer als Veranstalter oder Gewerbetreibender einem Kind oder Jugendlichen die Anwesenheit in einer öffentlichen Spielhalle oder die Teilnahme an einem Spiel mit Gewinnmöglichkeit gestattet. Das JÖSchG ist abgedruckt bei: Tröndle/Fischer, StGB Anhang 9.

[98] Gemäß § 4 Abs. 2 Nr. 3 ErzHiV kann der nächste Disziplinarvorgesetzte dem Soldaten verbieten, sich an Glücksspielen zu beteiligen.

[99] Dem Antragsteller einer Gaststättenerlaubnis ist gemäß § 4 Abs. 1 Nr. 1 GastG die Erlaubnis zu versagen, wenn Tatsachen die Annahme rechtfertigen, dass der Antragsteller verbotenem Glücksspiel Vorschub leistet.

[100] Das für Dienstanbieter im Sinne des Telekommunikationsgesetzes in § 4 Abs. 1 TDG verankerte Herkunftslandprinzip gilt gemäß § 4 Abs. 4 Nr. 4 TDG nicht für Glücksspiele einschließlich Lotterien und Wetten.

[101] Vgl. *Seelig*, Glücksspielstrafrecht S. 7 ff.; *Dickersbach* WiVerw. 1985, 23 (23).

[102] Siehe den Nürnberger Ratsbeschluss aus dem Jahre 1286, der es jedermann untersagte über Gewinn oder Verlust von 60 Heller zu spielen. Zur historischen Entwicklung des Glücksspielrechts *Schuster*, Das Spiel; *Zollinger*, Geschichte; *Kraus*, Buch der Glücksspiele; *Seelig*, Glücksspielstrafrecht; *Hattig*, Vereinbarkeit S. 12 ff.; *Meyer*, Spielsucht S. 6 ff.

[103] RGBl. I S. 2145; die im Jahre 1919 eingeführte Fassung stellte eine Verschärfung gegenüber der vorhergehenden Regelung dar, nach welcher vor allem die gewerbsmäßige Ausbeutung unter Strafe stand. Indem der Gesetzgeber insbesondere auf das Merkmal der gewerbsmäßigen Ausbeutung verzichtete und somit den Anwendungsbereich des Glücksspielverbots erheblich erweiterte, wollte er der Ausuferung des Glücksspiels nach dem Ersten Weltkrieg entgegentreten, siehe dazu *Belz*, Glücksspiel S. 4.

[104] Die Öffentlichkeit wird nach h. M. bejaht, wenn für einen größeren, nicht fest geschlossenen Personenkreis die Möglichkeit besteht, sich an dem Spiel zu beteiligen (so schon RG 57, 193) und bei den Spielern der Wille vorhanden und erkennbar ist, auch andere am Spiel teilnehmen zu lassen. Als öffentlich veranstaltet gelten gemäß § 284 Abs. 2 StGB aber auch Glücksspiele in Vereinen oder geschlossenen Gesellschaften, in denen Glücksspiele gewohn-

tet. Gemäß § 285 StGB ist auch die Beteiligung an einem unerlaubten Glücksspiel strafbar. Neu hinzugekommen sind durch das Sechste Strafrechtsreformgesetz vom 26.1.1998 die Regelungen in den §§ 284 Abs. 4, 287 Abs. 2 StGB, so dass nunmehr auch die Werbung für öffentliche Glücksspiele, Lotterien und Ausspielungen strafbar ist[105].

2. §§ 5–7 RWG

Des Weiteren sind zum Glücksspielstrafrecht die §§ 5–7 des Rennwett- und Lotteriegesetzes (RWG) zu zählen[106]. Gemäß § 5 RWG macht sich strafbar, wer ohne Erlaubnis ein Totalisatorunternehmen betreibt oder gewerbsmäßig Wetten abschließt beziehungsweise vermittelt[107]. Nach herrschender Meinung handelt es sich bei der Vermittlung und dem Abschluss von Pferderennwetten um eine Lotterie[108], so dass sich die Frage stellt, wie bei einem Handeln ohne eine entsprechende Erlaubnis das Verhältnis des § 287 StGB zu § 5 RWG ausgestaltet ist. Ganz überwiegend wird § 5 RWG als gegenüber § 287 StGB vorrangig herangezogen[109]. Angesichts desselben Strafrahmens beider Vorschriften ist die Beantwortung der Frage in praktischer Hinsicht letztlich unerheblich. Gleichwohl sollte die Spezialregelung in

---

heitsmäßig veranstaltet werden; kritisch dazu *Berg* GewArch 1976, 249 ff. sowie *Lange* in: FS für Dreher S. 573 (580, 581); zum Ganzen *Eser* in: Schönke/Schröder, StGB § 284 Rdnr. 9 sowie *Fischer* in: Tröndle/Fischer, StGB § 284 Rdnr. 14.

[105] Hintergrund dieser Neuregelung ist, dass ausländische Anbieter aufgrund der jetzt gegebenen technischen Möglichkeiten (Vereinfachung der Kommunikation durch die Telekommunikationsmittel Internet, Telefon und Telefax sowie die Vereinfachung des Zahlungsverkehrs durch die Zahlungsmöglichkeit per Kreditkarte) sich ohne weiteres an Spieler in Deutschland wenden können, ohne deutsches Territorium zu betreten. Der Gesetzgeber wollte durch die Erweiterung der Straftatbestände insoweit den werbenden Aktivitäten der ausländischen Anbieter in Deutschland effektiv entgegentreten, siehe BR-Drucks. 13/8587 S. 67, 68; BT-Drucks. 13/9064 S. 21. Kritisch zu den neu geschaffenen Werbeverboten siehe *Wrage* ZRP 1998, 426 ff. Zum Begriff der Werbung siehe *Wilms*, Grenzüberschreitende Lotterietätigkeit S. 42 f.

[106] Das RWG wurde am 8.4.1922 als Reichsgesetz erlassen und gilt gemäß Art. 123 Abs. 1 GG als Bundesrecht fort, soweit es dem Grundgesetz nicht widerspricht, siehe BVerwG GewArch 1995, 63 ff.

[107] Unter Totalisatorunternehmen ist ein Wettunternehmen zu verstehen, bei dem ein Totalisator eingesetzt wird. Ein Totalisator ist eine Art Rechenmaschine, die automatisch bis kurz vor Rennbeginn anhand der bisher abgegebenen Wetten ständig neu die Gewinnquoten ausrechnet. Die Besonderheit des Totalisatorprinzips ist, dass die Gesamtsumme, die schließlich ausgezahlt wird, sich nach den Einsätzen der Spieler richtet. Ein unternehmerisches Risiko ist daher mit dem Spiel nicht verbunden, die Spieler spielen hier gegeneinander und nicht gegen das Glücksspielunternehmen, *Albers*, Ökonomie des Glücksspielmarktes S. 77; *Hattig*, Vereinbarkeit S. 5.

[108] BVerwG GewArch 1995, 22 (22); *Eser/Heine* in: Schönke/Schröder, StGB § 287 Rdnr. 19; *Thalmair* GewArch 1995, 274 (275).

[109] Zur Vorrangigkeit der §§ 5–7 RWG gegenüber § 287 StGB siehe *Thalmair* GewArch 1995, 274 (275); *Weber* in: Pfister, Rechtsprobleme S. 39 (45); aus der Rechtsprechung z. B. VG Saarlouis GewArch 2001, 197 (198).

§ 5 RWG aufgehoben werden, da sie insoweit überflüssig ist[110]. Von Bedeutung sind dagegen der Straftatbestand des § 6 RWG sowie die Bußgeldvorschrift des § 7 RWG, die spezielle Tätigkeiten im Zusammenhang mit dem Buchmacherwesen sanktionieren und somit in ihrem Regelungsgehalt über § 287 StGB hinausgehen.

3. § 144 Abs. 1 Nr. 1 Buchstabe d GewO in Verbindung mit § 148 Nr. 1 GewO?

Gemäß § 144 Abs. 1 Nr. 1 Buchstabe d GewO handelt ordnungswidrig, wer ohne die erforderliche Erlaubnis eine von den in den §§ 33 c ff. GewO geregelten Spielmöglichkeiten schafft. Eine strafbare Verletzung der gewerberechtlichen Vorschriften liegt gemäß § 148 Nr. 1 GewO dann vor, wenn die Zuwiderhandlung beharrlich wiederholt wird. Fraglich ist, ob diese Vorschriften zum Glücksspielstrafrecht zu zählen sind[111]. Dafür könnte sprechen, dass nach dem Wortlaut des § 33 h GewO ein Spielgerät im Sinne des § 33 c GewO auch dann gewerberechtlich erlaubt werden kann, wenn es als Glücksspiel im Sinne des § 284 StGB ausgestaltet ist. Jedoch darf diese Möglichkeit nicht darüber hinwegtäuschen, dass der eigentliche Sinn des § 33 h GewO darin besteht, die Trennlinie zwischen dem als Gefahrenabwehrrecht landesrechtlich normierten Glücksspielkomplex und dem bundesrechtlich geregelten Wirtschaftsrecht (siehe Art. 74 Abs. 1 Nr. 11 GG) zu verfestigen.[112] Die Tatsache, dass das gewerbliche Spielrecht gerade nicht zum ordnungsrechtlich geprägten Glücksspielrecht zu zählen ist, kommt auch dadurch zum Ausdruck, dass Rechtsprechung und Literatur die Erlaubnistatbestände der §§ 33 c–g GewO einhellig als präventive Verbote mit Erlaubnisvorbehalt auslegen. Die Vorschriften des gewerblichen Spielrechts sind daher insgesamt zum Wirtschaftsverwaltungsrecht und nicht zum Glücksspielrecht zu zählen, so dass auch § 148 Nr. 1 GewO nicht zum Glücksspielstrafrecht gehört[113].

4. Landesrechtliche Straf- und Ordnungswidrigkeitstatbestände

Neben den bereits erwähnten bundesrechtlichen Strafvorschriften existieren einzelne Ordnungswidrigkeits- und Strafvorschriften in den verschiedenen Landesgesetzen[114]. Dies wirft die Frage auf, ob den Bundesländern diesbezüglich überhaupt

---

[110] So auch *Weber* in: Pfister, Rechtsprobleme S. 39 (45).

[111] Ablehnend *Voßkuhle* VerwArch. 87 (1996), 395 (405).

[112] *Hahn* in: Friauf, GewO § 33 h Rdnr. 1.

[113] Darüber hinaus stellt sich die interessante Frage, ob sich die Anwendungsbereiche des § 144 Abs. 1 S. 1 GewO und des § 284 StGB überschneiden können, wenn das Spielgerät im Sinne des § 33 c GewO gerade als Glücksspiel ausgestaltet ist. Dies wird von der h. M. mit zum Teil unterschiedlichen Argumenten verneint. Siehe dazu *Marcks* in: Landmann/Rohmer, GewO § 33 c Rdnr. 44; *Ambs* in: Friauf, GewO § 144 Rdnr. 16; in diese Richtung auch *Voßkuhle* VerwArch. 87 (1996), 395 (406); *Odentahl* GewArch 1989, 222 (226 f.); OLG Köln NJW 1957, 721 f.; BayVerfGH BayVBl. 1990, 526 (529); a. A. nur OLG Karlsruhe NJW 1953, 1642 (1643).

[114] Z. B. in Bremen § 27 des Gesetzes über Wetten und Lotterien vom 16.7.1957 (GBl. 1957, 72), zuletzt geändert durch Gesetz vom 26.3.1974 (GBl. 1974, 160); in Hessen § 5 des Gesetzes

eine Regelungsbefugnis zukommt. Gemäß Art. 74 Abs. 1 Nr. 1 GG[115] hat der Bund die konkurrierende Gesetzgebungskompetenz für eine strafrechtliche, im Glücksspielbereich vom Landesgesetzgeber noch auszufüllende Blankettregelung[116]. Daraus folgt, dass landesrechtliche Spezialregelungen der Bundesländer dann gegen die Kompetenzordnung des Grundgesetzes verstoßen, wenn der Bundesgesetzgeber in den §§ 284–287 StGB diesbezüglich bereits eine Sachentscheidung getroffen hat. Nach drei Kategorien können insoweit die landesrechtlichen Regelungen unterteilt werden:

a) Inhaltlich verschiedener Regelungsgehalt

Teilweise sind die landesrechtlichen Regelungen inhaltlich vollkommen verschieden vom Regelungsgehalt der §§ 284–287 StGB. So handelt zum Beispiel gemäß § 11 Abs. 1 Nr. 1 SächsLottG ordnungswidrig, wer vorsätzlich oder fahrlässig entgegen § 5 Abs. 1 SächsLottG Kinder zum Losverkauf heranzieht. Diese Regelung liegt ersichtlich außerhalb des vom Bundesgesetzgeber gemäß Art. 74 Abs. 1 Nr. 1 GG strafrechtlich geregelten Sachbereichs. Eine Regelungskompetenz der Bundesländer als Träger der Glücksspielhoheit ist insoweit zu bejahen.

b) Inhaltlich identischer Regelungsgehalt

Anders verhält es sich, wenn ein bestimmtes Verhalten neben einer Sanktion nach Landesrecht zwingend auch eine Strafbarkeit nach Bundesrecht auslöst. Ein Beispiel hierfür ist das in verschiedenen Landesgesetzen anzutreffende Verbot der Teilnahme an einer Lotterie, die nicht von der „eigenen" Landesbehörde erlaubt wurde[117]. Es ist davon auszugehen, dass der Landesgesetzgeber mit dieser Regelung darauf hinweisen wollte, dass ein „Übergreifen" von außerhalb der Landesgrenzen konzessionierter Veranstalter mittels eines postalischen Vertriebs nicht geduldet werde[118]. Es ist

---

über staatliche Sportwetten, Zahlenlotterien und Zusatzlotterien; in Niedersachsen § 16 des Gesetzes über das Lotterie- und Wettwesen vom 21.6.1997 (GVBl. 1997, 289); in Rheinland-Pfalz §§ 4, 5 des Landesgesetzes über Sportwetten vom 11.8.1949 (GVBl. 1949, 337), zuletzt geändert durch Gesetz vom 3.12.1974 (GVBl. 1974, 568).

[115] Art. 74 Abs. 1 Nr. 1 GG erfasst auch das Ordnungswidrigkeitsrecht, siehe *Oeter* in: v. Mangoldt/Klein/Starck, GG Art. 74 Abs. 1 Nr. 1 Rdnr. 16.

[116] *Oeter* in: v. Mangoldt/Klein/Starck, GG, Art. 74 Abs. 1 Nr. 1 GG Rdnr. 19. Nur eine Blankettregelung entspricht der Kompetenzordnung, da die Sachregelung dem Landesgesetzgeber obliegt.

[117] Etwa § 11 Abs. 2 Nr. 1 des Sächsischen Lotteriegesetzes; Art. 1 Abs. 1 Nr. 1 des Bayrischen Gesetzes über das Lotteriespiel; § 1 Abs. 2 Nr. 1 des Hessischen Gesetzes über Ordnungswidrigkeiten im Lotteriewesen. Ein weiteres Beispiel ist das Verhältnis von § 287 Abs. 4 StGB zu § 5 Abs. 1 Nr. 1 des Hessischen Sportwetten- und Lotteriegesetzes, nachdem bestraft wird, wer in Hessen ohne Genehmigung des Landes für eine Sportwette oder Zahlenlotterie wirbt.

[118] *Weber* in: Pfister, Rechtsprobleme S. 39 (45) sieht durch die Existenz der genannten landesrechtlichen Regelungen den Beweis geführt, dass es den Ländern im Grunde allein um die nackten fiskalischen Landesinteressen geht.

diesbezüglich anerkannt, dass eine landesrechtliche Erlaubnis auf Grundlage eines Landesgesetzes nur die Veranstaltung im betroffenen Landesgebiet erfassen kann[119]. Soweit ein Veranstalter sich hieran nicht hält, kommt eine Strafbarkeit gemäß § 287 Abs. 1 StGB in Betracht. Insofern ist festzustellen, dass das bundesrechtlich geregelte Glücksspielstrafrecht diesen Verstoß bereits erfasst. Da der Bundesgesetzgeber von seiner konkurrierenden Gesetzgebungskompetenz gemäß Art. 74 Abs. 1 Nr. 1 GG Gebrauch gemacht hat, kommt den Bundesländern insoweit keine Regelungsbefugnis zu, so dass diesbezüglich ein Verstoß gegen die Kompetenzordnung des Grundgesetzes vorliegt[120].

c) Ein die §§ 284–287 StGB inhaltlich ergänzender Regelungsgehalt

Schließlich existieren einige Landesvorschriften, die überwiegend mit dem Regelungsgehalt der §§ 284, 287 StGB übereinstimmen und in ihrem positiven Regelungsgehalt über diese noch hinausgehen. So macht sich beispielsweise gemäß § 5 Abs. 1 Nr. 3 des Hessischen Sportwetten- und Lotteriegesetzes strafbar, wer in Hessen ohne Genehmigung des Landes für eine Sportwette oder Zahlenlotterie Angebote zum Abschluss oder zur Vermittlung von Spielverträgen entgegennimmt. Vor diesem Hintergrund stellt sich die Frage, ob in Hessen tätig werdende gewerbliche Spielvermittler mangels einer Genehmigung hierfür zwar nicht gemäß § 287 StGB[121], aber gemäß § 5 Abs. 1 Nr. 3 des Hessischen Sportwetten- und Lotteriegesetzes zu bestrafen sind. Gemäß Art. 4 Abs. 2 EGStGB greifen Straf- und Bußgeldvorschriften des Landesrechts nicht, soweit die in Bezug genommene Materie im Strafgesetzbuch abschließend geregelt ist. Indem der Bundesgesetzgeber die Strafbarkeit der Veranstaltung eines unerlaubten Glücksspiels sowie der Beteiligung hieran festsetzt, dagegen das bloße Vermitteln nicht sanktioniert, ist jedoch davon auszugehen, dass der Bund negativ[122] die Straflosigkeit des bloßen Vermittelns mitgere-

---

[119] OLG Braunschweig NJW 1954, 1777 ff.; *Eser/Heine* in: Schönke/Schröder, StGB § 287 Rdnr. 16; *Fischer* in: Tröndle/Fischer, StGB § 287 Rdnr. 13. Hinweise auf weitere, unveröffentlichte Rechtsprechung finden sich bei *Ohlmann* WRP 1998, 1043 (1051) sowie *ders.* WRP 2001, 672 (683).

[120] Auf das Zusammentreffen von inhaltsgleichem Bundes- und Landesrecht ist nach herrschender Meinung Art. 31 GG nicht anzuwenden, siehe *März* in: v. Mangold/Klein/Starck, GG Art. 31 Rdnr. 42 m. w. N.; *Dreier* in: Dreier, GG Art. 31 Rdnr. 40; a. A. *Huber* in: Sachs, GG Art. 31 Rdnrn. 11 f.

[121] Die bloße Vermittlungstätigkeit gewerblicher Spielvermittler ist nicht ohne weiteres mit der Veranstaltung einer Lotterie gleichsetzbar, so dass eine Strafbarkeit der gewerblichen Spielvermittler gemäß § 287 Abs. 1 StGB grundsätzlich ausscheidet, siehe *Otto* Jura 1997, 385 ff.; BGH ZIP 1999, 1021 (1023).

[122] Gemäß Art. 74 Abs. 1 Nr. 1 GG hat der Bund auch die Kompetenz, ein Verhalten gerade nicht unter Strafe zu stellen. Auch diese „negative" Regelung wird vom Begriff „Strafrecht" umfasst, siehe dazu *Oeter* in: v. Mangold/Klein/Starck, GG Art. 74 Abs. 1 Nr. 1 Rdnr. 18 mit Verweis auf die Vorauflage, siehe dort Art. 74 Rdnrn. 72 ff.

gelt hat. Insoweit verstößt die anderweitige Regelung in § 5 Abs. 1 Nr. 3 des Hessischen Sportwetten- und Lotteriegesetzes gegen die Kompetenzordnung des Grundgesetzes. Zudem greift Art. 31 GG angesichts des Vorliegens unvereinbarer Normbefehle ein, so dass die landesrechtliche Regelung nicht zum Zuge kommt[123].

d) Die Zulässigkeit der bayrischen Sonderregelung

In Art. 1 Abs. 2 BayLottG ist durch Bezugnahme auf Art. 1 Abs. 1 BayLottG geregelt, dass sich ordnungswidrig verhält, wer bei Ausspielungen teilnimmt, die außerhalb Bayerns öffentlich veranstaltet werden. Mit anderen Worten sollte ein Einwohner Bayerns demnach auch dann nicht an einer nicht-bayrischen Lotterie teilnehmen, wenn er sich zum Zeitpunkt der Spielteilnahme in einem anderen Bundesland aufhält. Für eine solche Regelung fehlt Bayern ersichtlich die Regelungsbefugnis, so dass insoweit gegen die Hoheitsbefugnis der übrigen Bundesländer verstoßen wird. Soweit die Teilnahme an Ausspielungen im Ausland verboten wird, betrifft dies zudem eine Angelegenheit der auswärtigen Gewalt, welche gemäß Art. 73 Nr. 1 GG in die ausschließliche Kompetenz des Bundes fällt[124]. Art. 1 Abs. 2 BayLottG verstößt somit gegen die Kompetenzordnung des Grundgesetzes und sollte schnellstmöglich aufgehoben werden.

II. Zivilrechtliche Regelungen

Spezielle zivilrechtliche Regelungen mit Bezug zum Glücksspiel[125] finden sich nur in den §§ 762, 763 BGB[126]. Gemäß § 762 BGB begründen Spiel und Wette, die im Zivilrecht anders als im Strafrecht[127] einheitlich behandelt werden, grundsätzlich keine Verbindlichkeiten. Gleiches gilt gemäß § 763 S. 2 BGB, der insoweit auf § 762 BGB verweist, für Ausspielungen und Lotterien[128]. Etwas anderes gilt allerdings dann, wenn es sich um staatlich genehmigte Lotterien und Ausspielungen handelt[129]. In Bestätigung und Ergänzung der strafrechtlichen Vorgaben enthält das

---

[123] Siehe dazu *Dreier* in: Dreier, GG Art. 31 Rdnr. 39; *Wrage* JR 2001, 405 (407).

[124] *Wilms*, Grenzüberschreitende Lotterietätigkeit S. 56.

[125] Nicht zum Glücksspielrecht zu zählen sind die Sondervorschriften im Zusammenhang mit Spekulationsgeschäften wie zum Beispiel die §§ 50–70 BörsG.

[126] Instruktiv zu den §§ 762 ff. BGB *Henssler*, Risiko S. 419 ff.

[127] Im Strafrecht sind Wetten und alle Spielformen mit Ausnahme des Glücksspiels grundsätzlich straffrei.

[128] Nach h. M. kommt § 763 S. 2 BGB insoweit nur klarstellende Bedeutung zu, da § 763 BGB als Ausnahmevorschrift zu § 762 BGB zu verstehen ist, vgl. *Habersack* in: MüKo, BGB § 763 Rdnr. 3; BGH NJW 1999, 54 (55).

[129] Der Wortlaut des § 763 BGB bezieht sich aus historischen Gründen nur auf Lotterien und Ausspielungen. Die Regelung gilt entgegen dem Wortlaut für alle staatlich genehmigten Spiel- und Wettveranstaltungen aufgrund desselben Normzwecks zumindest analog, siehe BGH JuS 1999, 399 (399).

Bürgerliche Gesetzbuch damit eine grundsätzliche Missbilligung des Spiels. Die Spielleidenschaft soll durch den Staat auf von ihm genehmigte und kontrollierte Formen des Glücksspiels gelenkt und so in den Dienst gemeinnütziger Zwecke gestellt werden[130]. Im Übrigen finden die allgemeinen zivilrechtlichen Regelungen Anwendung[131].

III. Öffentlich-rechtliche Regelungen

Die öffentlich-rechtlichen Glücksspielregelungen zeichnen sich dadurch aus, dass sie in besonderem Maße die Einordnung des Glücksspielrechts als Querschnittsrecht verdeutlichen. Es existieren bundes- wie landesrechtliche Regelungen ebenso wie der Gesetzgeber verschiede Gesetze für verschiedene Arten von Glücksspielen erlassen hat[132].

1. Bundesrecht

a) Das Rennwett- und Lotteriegesetz (RWG)

Das RWG[133] wurde am 8.4.1922 als Reichsgesetz erlassen und gilt gemäß Art. 123 Abs. 1 GG als Bundesrecht fort, soweit es nicht dem Grundgesetz widerspricht[134]. Der erste Teil des RWG[135] betrifft die Zulassung und Besteuerung von Totalisatorunternehmen und Buchmachern für öffentliche Pferderennen[136]. Sowohl

---

[130] *Habersack* in: MüKo, BGB § 762 Rdnr. 1; § 763 Rdnr. 2.

[131] Vgl. dazu *Pfister* in: Pfister, Rechtsprobleme S. 75 ff. Gewinnspiele können gemäß § 1 UWG sittenwidrig sein, wenn die Teilnahme an den Warenabsatz gekoppelt wird, mit der Veranstaltung ein übertriebenes Anlocken von Erwerbsinteressenten einhergeht, ein psychologischer Kaufzwang damit verbunden ist oder eine Irreführung von Erwerbsinteressenten erfolgt, vgl. BGH WRP 1998, 724 ff.; *Hefermehl* in: Baumbach/Hefermehl, UWG § 1 Rdnrn. 142 ff.

[132] *Höfling* GewArch 1987, 222 (222) spricht aus diesem Grund anschaulich von einer vertikalen und horizontalen Gliederung der Spielrechtsmaterie.

[133] RWG vom 8.4.1922 (RGBl. I S. 335, 393), zuletzt geändert durch das Änderungsgesetz vom 17.5.2000 (BGBl. I S. 715). Inhaltlich wird das RWG durch die Ausführungsbestimmungen vom 16.6.1922 (ZBl. S. 351) ergänzt, ebenfalls zuletzt geändert durch das Änderungsgesetz vom 17.5.2000 (BGBl. I S. 715).

[134] Siehe BVerwG GewArch 1995, 63 ff.

[135] Siehe die §§ 1–16 RWG.

[136] Zum Betrieb eines Totalisators darf nur ein Renn- oder Pferdezuchtverein zugelassen werden, der ausschließlich den Zweck verfolgt, die Landespferdezucht zu fördern, vgl. § 2 Abs. 1 und Abs. 3 AB RWG. Siehe dazu auch BVerwG NVwZ 1995, 481 (483). Im Gegensatz zu einem Totalisatorunternehmen handelt ein Buchmacher ausschließlich im eigenen wirtschaftlichen Interesse und auf eigenes Risiko, indem er gewerbsmäßig Wetten bei öffentlichen Leistungsprüfungen für Pferde abschließt bzw. vermittelt, vgl. BVerwG NVwZ 1995, 481 (483). Auch einer juristischen Person des Privatrechts kann eine Erlaubnis als Buchmacher erteilt werden, wie die Auslegung des § 2 Abs. 1 RWG unter der besonderen Berücksichtigung

Totalisatorunternehmen als auch Buchmacher bedürfen einer Erlaubnis gemäß § 1 beziehungsweise § 2 RWG[137]. Entgegen der Einordnung des Glücksspielsrechts als Gefahrenabwehrrecht wird § 2 Abs. 1 RWG nicht als repressives Verbot mit Befreiungsvorbehalt, sondern einhellig als präventives Verbot mit Erlaubnisvorbehalt ausgelegt[138]. Demnach ist eine Erlaubnis zwingend zu erteilen, wenn der Antragsteller die tatbestandlichen sowie die in den Ausführungsbestimmungen näher konkretisierten Voraussetzungen erfüllt[139].

---

der Wertentscheidung der Verfassung gemäß Art. 12 Abs. 1 GG in Verbindung mit Art. 19 Abs. 3 GG ergibt, siehe BVerwG NVwZ 1995, 481 (483 f.).

[137] Im Zuge der zunehmenden Europäisierung und Globalisierung der Glücksspielmärkte versuchen Buchmacher verstärkt, ihre Geschäfte auf das Ausland auszuweiten, indem sie Pferdewetten an ausländische Buchmacher vermitteln. Dadurch können sie die Entrichtung der im Vergleich zu anderen Mitgliedstaaten besonders hohen deutschen Wettsteuer von 16,66 % (siehe § 11 Abs. 1 RWG) des Wetteinsatzes vermeiden. In diesem Zusammenhang stellt sich die Frage, ob die Erlaubnis gemäß § 2 Abs. 1 RWG auch die grenzüberschreitende Vermittlung von Pferderennwetten an einen in Deutschland nicht zugelassenen Buchmacher umfasst. Das VG Saarlouis GewArch. 2001, 197 ff. stellt darauf ab, dass es (unter Vermittlung des inländischen Buchmachers) zwischen dem Wettenden und dem ausländischen Buchmacher zum Abschluss einer Wette kommt. Nach dem Wortlaut des § 2 Abs. 1 RWG und dem Sinn und Zweck des RWG, Wettwillige in Deutschland zu schützen, benötige der ausländische Buchmacher daher eine deutsche Genehmigung. Diese Sichtweise ist abzulehnen, da sie nicht ausreichend zwischen „abschließen" und „vermitteln" trennt. Nach der Systematik des § 2 Abs. 1 RWG wird eine Wette immer an der „Örtlichkeit" abgeschlossen, an welcher der die Wette abschließende Buchmacher sich befindet. Vermittelt wird die Wette hingegen an der „Örtlichkeit", an welcher der vermittelnde Buchmacher tätig wird. Wenn das VG Saarlouis zu dem Ergebnis kommt, dass der ausländische Buchmacher in Deutschland abschließe, dann würde dies bedeuten, dass der vermittelnde Buchmacher an seiner „Örtlichkeit" die Wette entgegennimmt und an den an derselben „Örtlichkeit" tätig werdenden ausländischen Buchmacher weiterleitet. Eine solche Konstruktion ist lebensfremd und verstößt gegen den Wortlaut des § 2 Abs. 1 RWG. Auch widerspricht dieses Ergebnis dem Sinn und Zweck des RWG, da Wettwillige ausreichenden Schutz dadurch genießen, dass der vermittelnde Buchmacher der Überwachung des RWG unterliegt. Zum Ganzen ausführlich *Voßkuhle* GewArch 2001, 177 ff., der dieses Auslegungsergebnis im Übrigen durch die verfassungsrechtlichen und europarechtlichen Vorgaben bestätigt findet.

[138] Deutlich VG Saarlouis GewArch 2001, 197 ff.; ebenso *Voßkuhle* GewArch 2001, 177 (178). Diese Sonderstellung des privaten Anbieters von Pferdewetten ist zum einen historisch bedingt. Sie hängt eng mit der Bedeutung der Pferdezucht im 19. Jahrhundert zusammen, siehe dazu die Ausführungen des BVerwG NVwZ 1995, 481 (482) sowie *Deselaers* in: Pfister, Rechtsprobleme S. 15 (18). Zum anderen beruht diese darauf, dass beim Anbieten von Pferdewetten die wirtschaftliche Tätigkeit im Vordergrund steht, da der Veranstalter durch die Festlegung der Quote seinen Gewinn im Gegensatz etwa zum Betreiber einer Spielbank selbst bestimmen kann, siehe BVerwG GewArch 1995, 63 (64). Ein Verständnis des § 2 Abs. 1 RWG als ein repressives Verbot mit Befreiungsvorbehalt würde einen unverhältnismäßigen Eingriff in die Berufsfreiheit des Buchmachers darstellen, so zu Recht *Voßkuhle* GewArch 2001, 177 (178). Zur Eröffnung des Schutzbereiches des Art. 12 Abs. 1 GG beim Tätigwerden als Buchmacher siehe BVerwGE 96, 193 (296 ff.); *Gassner* NVwZ 1995, 449 ff., *Jarass* DÖV 2000, 753 ff.; *Thiel* GewArch 2001, 96 ff.

[139] Zur Kritik an der schematischen Gegenüberstellung von präventivem Verbot mit Erlaubnisvorbehalt und repressivem Verbot mit Befreiungsvorbehalt vgl. *Gromitsaris* DÖV 1997, 401 ff.; *Pieroth/Störmer* GewArch 1998, 177 (181) sowie *Voßkuhle*, Kompensationsprinzip S. 347–350 m. w. N.

Der zweite Teil des RWG[140] regelt die Besteuerung von Lotterien und Ausspielungen und seit dem Änderungsgesetz vom 17.5.2000[141] auch die Besteuerung von Oddset-Wetten[142]. Während für die Steuervorschriften die Gesetzgebungskompetenz des Bundes sich aus Art. 105 Abs. 2 GG ergibt[143], verwundert es auf den ersten Blick, dass das Buchmacherwesen als Teil des Glücksspielrechts bundesrechtlich geregelt ist[144]. Jedoch hat das Bundesverwaltungsgericht zu Recht entschieden, dass beim RWG die Regelung der Zulassung als Buchmacher und damit der wirtschaftliche Aspekt im Vordergrund steht, während der ordnungsrechtliche Charakter demgegenüber in den Hintergrund gedrängt ist[145].

b) Die §§ 33 c–i der Gewerbeordnung (GewO)

Die Gewerbeordnung enthält in den §§ 33 c–i GewO eine eingehende Regelung des gewerblichen Spielrechts. Das Bundesverwaltungsgericht hat herausgestellt, dass das gewerbliche Spielrecht und das Spielbankenrecht jeweils verschiedenen Ordnungsbereichen angehören, so dass auch eine unterschiedliche Behandlung gerechtfertigt ist[146]. Während bei den in der Gewerbeordnung geregelten Spielformen die wirtschaftliche Betätigung im Vordergrund steht, wird im Spielbankenrecht als Ordnungsrecht die öffentliche Aufgabe erfüllt, das illegale Glücksspiel einzudämmen und dem nicht zu unterdrückenden Spieltrieb des Menschen staatlich überwachte Betätigungsmöglichkeiten zu verschaffen[147]. Das gewerbliche Spielrecht ist

---

[140] Siehe die §§ 17 ff. RWG.

[141] BGBl. I S. 715 ff.

[142] Die Ausgestaltung der Lotteriesteuer in Verbindung mit den diesbezüglichen Ausführungsbestimmungen bilden gemeinsam die ältesten noch geltenden Vorschriften im deutschen Verkehrsteuerrecht, *Wilms*, Grenzüberschreitende Lotterietätigkeit S. 12.

[143] *Siekmann* in: Sachs, GG Art. 105 Rdnr. 7, Art. 106 Rdnr. 11.

[144] Das Glücksspielrecht gehört aufgrund der Einordnung als Gefahrenabwehrrecht zum originären Aufgabenbereich der Länder gemäß Art. 70 Abs. 1, 30 GG, siehe *Lukes* in: FS für Stree/Wessels S. 1013 (1017); *Ohlmann* WRP 1998, 1043 (1044); *Tettinger* DVBl. 2000, 868 (869); *Voßkuhle* VerwArch. 87 (1996), 395 (398); Zweifel, ob die gegenwärtige Grenzziehung der verfassungsrechtlichen Kompetenzzuweisung wirklich gerecht wird, äußern *Dickersbach* WiVerw. 1985, 23 (24) sowie *Niestegge*, Kompetenzverteilung S. 90 ff.; aus der Rechtsprechung für die Einordnung des Spielbankenrechts als Gefahrenabwehrrecht BVerfGE 28, 119 (147) sowie BVerwGE 96, 302 (306); für das Lotterierecht als Gefahrenabwehrrecht BVerwGE 6, 294 (295).

[145] BVerwG NVwZ 1995, 461 (482 f.). Unter anderem weist das BVerwG darauf hin, dass anders als beim Betreiben einer Spielbank der Gewinn eines Buchmachers nicht allein Zufallsprodukt eines wechselnden Spielverlaufs ist, sondern vielmehr durch den Buchmacher auch mit der Festlegung der Wettangebote gesteuert wird und daher der Betrieb eines Buchmachers als wirtschaftliche Betätigung einzuordnen ist.

[146] Vgl. BVerwG GewArch 1995, 24 ff.; GewArch 1995, 155 (157). Dabei ging es unter anderem darum, ob unterschiedliche Öffnungszeiten von Spielbanken und Spielhallen mit Art. 3 Abs. 1 GG vereinbar sind. Dies wurde angesichts der unterschiedlichen Zielsetzungen der verschiedenen Rechtsbereiche bejaht. Die gegen diese Entscheidung erhobene Verfassungsbeschwerde wurde nicht zur Entscheidung angenommen.

[147] So die Argumentation des BVerfG in BVerfGE 28, 119 (148).

demnach nicht zum Glücksspielrecht zu zählen. Angesichts der bestehenden Sachnähe soll allerdings kurz auf die Wesensmerkmale des gewerblichen Spielrechts eingegangen werden. Die Erlaubnistatbestände der §§ 33 c–g GewO werden einhellig als präventive Verbote mit Erlaubnisvorbehalt ausgelegt, so dass ein Anspruch auf Erteilung einer Genehmigung besteht, wenn die tatbestandlichen Voraussetzungen erfüllt sind. Zum Schutze der Spieler hängt die Erteilung einer Veranstaltungserlaubnis nicht nur von der Zuverlässigkeit des Antragsstellers ab[148], sondern dieser muss zusätzlich für das betreffende Spiel im Besitz einer vom Bundeskriminalamt erteilten Unbedenklichkeitsbescheinigung sein[149]. Des Weiteren berechtigt die Erlaubnis nur zur Aufstellung von Spielgeräten, deren Bauart von der Physikalisch-Technischen Bundesanstalt zugelassen ist[150]. Weitergehende Anforderungen, denen der Antragsteller entsprechen muss, sind in der Verordnung über Spielgeräte und andere Spiele mit Gewinnmöglichkeit (SpielVO) geregelt[151].

2. Landesrecht

a) Lotterierechtliche Regelungen

Derzeit bestehen in Deutschland zahlreiche Erscheinungsformen von Lotterien[152]. Während ursprünglich mit der Lotterieverordnung vom 6.3.1937[153]eine reichseinheitliche Regelung öffentlicher Lotterien und Ausspielungen bestand, kommt nun angesichts der Einordnung des Lotterierechts als Ordnungsrecht den Ländern gemäß Art. 70 Abs. 1, 30 GG die Lotteriehoheit zu[154]. Aus diesem Grund gilt die Lotterieverordnung nach Inkrafttreten des Grundgesetzes gemäß Art. 123 Abs. 1 GG als Landesrecht fort, sofern sie nicht durch nachkonstitutionelles Recht der Länder ersetzt worden ist[155]. Von ihrer Gesetzgebungskompetenz haben mittler-

---

[148] Siehe die §§ 33 c Abs. 2, 33 d Abs. 3, 33 i Abs. 2 Nr. 1 GewO.

[149] Siehe die §§ 33 d Abs. 2, 33 e GewO. Näheres dazu ist in der aufgrund des § 33 f Abs. 2 GewO ergangenen Verordnung zur Erteilung von Unbedenklichkeitsbescheinigungen idF. der Bekanntgabe vom 10.4.1995 (BGBl. I S. 510) geregelt.

[150] Siehe die §§ 33 c Abs. 1 S. 2, 33 e GewO. Dazu *Odenthal* GewArch 1988, 183 ff.

[151] Siehe die aufgrund des § 33 f Abs. 1 GewO ergangenen SpielVO in der Fassung der Bekanntmachung vom 11.12.1985 (BGBl. I S. 2245).

[152] Das Angebot reicht von Zahlenlotterien wie „Lotto am Samstag" über Zusatzlotterien wie „Spiel 77", die Lotterie „Glücksspirale", die „11er Wette" bis hin zu den Rubbellotterien und Kleinlotterien des Deutschen Roten Kreuzes, siehe dazu *Ohlmann* WRP 1998, 1043 ff.

[153] RGBl. I S. 283.

[154] Dagegen führt *Ossenbühl* VerwArch. 86 (1995), 187 (192) Besonderheiten beim Lotteriespiel an, welche einer Einordnung des Lotterierechts als Recht der Gefahrenabwehr entgegenstünden. Dem widersprechen insbesondere *Tettinger/Ennuschat*, Grundstrukturen S. 18 (21 ff.) und bezeichnen das Lotterierecht als integralen Teil des Glücksspielrechts.

[155] Siehe BVerwGE 4, 294 (295); BayVGH BayVBl. 1983, 467; *Höfling* GewArch 1987, 222 Fußn. 7; *Lukes* in: FS für Stree/Wessels S. 1013 (1017). Derzeit ist die LotterieVO noch in den Ländern Bayern, Berlin, Hamburg, Hessen, Nordrhein-Westfalen, Saarland und Schleswig-Holstein anwendbar.

weile die meisten Länder Gebrauch gemacht[156]. Dabei ist die gesetzliche Ausgestaltung in den einzelnen Ländern recht unterschiedlich: Manche unterscheiden zwischen den einzelnen Lotteriearten (Klassen-, Zahlen-, Zusatz-, Losbrief- und sonstigen Lotterien), andere stellen auf den Veranstalter ab und differenzieren zwischen staatlich und privat veranstalteten Lotterien[157]. Einen Sonderfall stellen die beiden Klassenlotterien dar, welche auf der Grundlage eines Staatsvertrags beziehungsweise einer Ländervereinbarung und der entsprechenden Zustimmungsgesetze der beteiligten Länder veranstaltet werden[158]. Derzeit wird der Entwurf eines Staatsvertrags zum Lotteriewesen in Deutschland diskutiert. Soweit nicht die Länder selbst als Anbieter auftreten, ist in den §§ 6 ff. des Staatsvertragsentwurfs geregelt, unter welchen Voraussetzungen eine Erlaubnis erteilt werden darf[159].

Die Lotterien machen in Deutschland den wirtschaftlich größten Teil des Glücksspielmarkts aus. Daher drängen zunehmend private Anbieter darauf, eine Erlaubnis für die Veranstaltung einer Lotterie zu erlangen[160]. Ein Beispiel hierfür ist der Versuch einer Arbeitsgemeinschaft gemeinnütziger Organisationen, bundesweit eine Umweltlotterie zu veranstalten. Mit dem Hinweis auf das staatliche Ziel der Reglementierung des Glücksspielbereichs wurde der Arbeitsgemeinschaft in den meisten Bundesländern die Erteilung einer entsprechenden Erlaubnis zunächst verweigert[161].

---

[156] Sämtliche Rechtsgrundlagen zum Lotterierecht (Stand 2000) sind in einem Anhang bei *Tettinger/Ennuschat*, Grundstrukturen S. 63 ff. abgedruckt.

[157] Ausführlich dazu vgl. *Tettinger/Ennuschat*, Grundstrukturen S. 1 ff.; einen Überblick bietet *Tettinger* DVBl. 2000, 868 ff.

[158] Für die Süddeutsche Klassenlotterie (SKL) siehe die Neufassung des Staatsvertrags am 29.1.1993 zwischen den Ländern Baden-Württemberg, Bayern, Hessen, Rheinland-Pfalz, Sachsen und Thüringen (veröffentlicht z. B. in BayGVBl. 1993, 26 ff.). Zur Norddeutschen Klassenlotterie (NKL) siehe die Ländervereinbarung zwischen den übrigen Ländern.

[159] Gemäß § 7 Abs. 2 des Entwurfes darf eine Erlaubnis unter anderem nicht erteilt werden, wenn der Höchstgewinn einen Wert von 1 Million Euro übersteigt. Zu Recht erhebt *Ossenbühl* DVBl. 2003, 881 ff. erhebliche Bedenken gegen diese und andere Regelungen des Staatsvertrags aus verfassungsrechtlicher und europarechtlicher Sicht.

[160] *Ennuschat* DVBl. 2000, 1625 (1627) vergleicht eine Erlaubnis zur Veranstaltung einer Lotterie mit einer Lizenz zum Gelddrucken. Die Attraktivität der Veranstaltung einer Lotterie ist für Private nicht dadurch ausgeschlossen, dass in den allgemeinen Lotteriegesetzen inhaltsgleich vorgesehen ist, dass der Reinertrag für gemeinnützige Zwecke zu verwenden ist, vgl. z. B. § 2 Nr. 2 der LotterieVO vom 6.3.1937; § 3 Nr. 2 LoG (BW); § 4 Abs. 1 Nr. 2 LottG (Bbg). Denn durch den Aufbau der Betriebsorganisation lassen sich Arbeitsplätze mit lukrativen Gehältern schaffen, deren Kosten als Aufwand gelten. Zudem können dann private Anbieter teilweise selbst bestimmen, wem die jeweiligen Zweckerträge zufließen und damit zielgerichtet besondere Gemeinwohlbelange fördern, siehe dazu *Voßkuhle* VerwArch. 87 (1996), 395 (427 f.).

[161] Näher dazu im 2. Teil unter § 4 C. III. 2.

b) Spielbankenrechtliche Regelungen

Das Spielbankenrecht hat in Deutschland eine lange und wechselvolle Geschichte hinter sich[162]. Erste Konzessionen wurden bereits im 18. Jahrhundert erteilt[163], während zwischen 1872 und 1933 in Deutschland der Betrieb von Spielbanken gänzlich verboten war[164]. In den Jahren nach Ende des 2. Weltkriegs kam es in Deutschland dann zu einem regelrechten „Konzessionswettlauf" zwischen den Ländern[165]. Derzeit wird das Spielbankennetz kontinuierlich weiter ausgebaut[166]. Die historische Entwicklung des Spielbankenrechts zeigt deutlich den Widerstreit zwischen den finanziellen Interessen des Staates und dem staatlichen Bestreben, den Betrieb von Spielbanken wegen den damit verbundenen Gefahren für die Allgemeinheit völlig zu unterbinden. Auch das Spielbankenrecht ist als Gefahrenabwehrrecht Ländersache. Daher galt das Reichsgesetz zum Spielbankenbetrieb vom 14.7.1933[167] gemäß Art. 126 Abs. 1 GG zunächst als Landesrecht fort[168], bevor die Länder selbst gesetzgeberisch tätig wurden[169].

Wie bei den Lotterien drängen Private zunehmend darauf, eine Spielbank betreiben zu können. Hinsichtlich der Frage, wem eine Zulassung erteilt werden kann, enthalten die Landesgesetze sehr unterschiedliche Regelungen: Ausschließlich Private als Erlaubnisnehmer sehen die Spielbankgesetze von Berlin und Mecklenburg-Vorpommern vor. Dagegen liegt es in den Ländern Hamburg, Rheinland-Pfalz, Hessen, Saarland und neuerdings Baden-Württemberg im Ermessen der Erlaubnisbehörde, ob einem privaten oder öffentlich-rechtlichen (bzw. öffentlich-rechtlich beherrschten) Betreiber eine Zulassung erteilt wird. In allen übrigen und damit in den meisten Landesgesetzen ist dagegen ein staatliches Monopol für den Spielbankbetrieb normiert[170]. Ob im Spielbankbereich ein staatliches Monopol mit der Berufsfreiheit pri-

[162] Ausführlich dazu *Niestegge*, Kompetenzverteilung S. 1 ff.; *Lauer*, Staat und Spielbanken S. 9 ff.

[163] Etwa in Aachen (1764) und Wiesbaden (1771).

[164] Siehe das Preußische Gesetz betreffend der Schließung der öffentlichen Spielbanken zu Wiesbaden, Ems und Homburg vom 5.3.1868 (Gesetzessammlung für die Königlichen Preußischen Staaten, S. 209) sowie durch das Gesetz des Norddeutschen Bundes vom 1.7.1868 (Bundesgesetzblatt des Norddeutschen Bundes S. 367).

[165] Siehe *Lauer*, Staat und Spielbanken S. 14.

[166] Ein Überblick über das aktuelle Spielbankennetz in Deutschland ist abrufbar unter http://www.casinoland.de.

[167] RGBl. I S. 480.

[168] BVerfG 28, 119 ff.

[169] Nachweise der verschiedenen Landesgesetze finden sich bei *Pieroth/Störmer* GewArch 1998, 177 (177 Fn. 12). Diese ordnen im Übrigen das Spielbankenrecht angesichts des ständigen Ausbaus des Angebots dem Recht der Wirtschaft gemäß Art. 74 Abs. 1 Nr. 11 GG zu und bejahen damit die konkurrierende Gesetzgebungskompetenz des Bundes, GewArch 1998, 177 (179).

[170] Zu den Nachweisen der einzelnen landesrechtlichen Vorschriften siehe *Pieroth/Störmer* GewArch 1998, 177 (182); siehe auch *Papier* in: FS für Stern S. 543 (544).

vater Betreiber vereinbar ist[171], hatte das Bundesverfassungsgericht jüngst zu entscheiden[172]. Im konkreten Fall hat das Bundesverfassungsgericht das Änderungsgesetz vom 12.2.1996 zum Spielbankgesetz Baden-Württemberg, welches einen vollständigen Ausschluss privater Anbieter vorsah, aufgrund eines Verstoßes gegen Art. 12 Abs. 1 GG für nichtig erklärt. Der baden-württembergische Gesetzgeber hat in Konsequenz dieser Rechtsprechung das zuvor bestehende staatliche Monopol gänzlich aufgehoben und ausführlich das Erlaubnisverfahren sowie die Auswahlkriterien gesetzlich neu geregelt[173].

c) Sportwettenrechtliche Regelungen

Schließlich sind als eigenständiger Bereich die sportwettenrechtlichen Regelungen zu erwähnen. Unter Sportwetten in diesem Sinne sind alle Wetten auf das Ergebnis einer Sportveranstaltung zu fassen, die keinen Bezug zum Pferdesport haben[174]. Während das klassische Fußballtoto eine eher unbedeutende Rolle spielt, genießt vor allem die Oddset-Sportwette angesichts der festen Gewinnquoten und der daraus resultierenden Kalkulationsmöglichkeit eine große Beliebtheit in der Bevölkerung[175]. Diese Wettform wurde erst 1999 in den einzelnen Bundesländern eingeführt, um den zahlreichen ausländischen Anbietern, welche über das Internet oder Telefon ihre Wetten anbieten, ein eigenes staatliches Angebot entgegenzusetzen[176]. Dieser Bereich ist von einer öffentlich-rechtlichen Monopolsituation geprägt[177]. Das Bundesverwaltungsgericht hat zuletzt die staatliche Monopolstellung im Sportwettenbereich auch im Hinblick auf die Berufsfreiheit privater Anbieter grundsätzlich nicht beanstandet[178].

C. Das Glücksspielrecht
zwischen staatlicher Reglementierung und
privatwirtschaftlicher Betätigungsfreiheit

Ungeachtet der weitreichenden Privatisierungstendenzen in vielen Bereichen ist das deutsche Glücksspielrecht nach wie vor von einer öffentlich-rechtlichen Mono-

---

[171] Seit der Entscheidung des BVerwG vom 23.4.1994 ist anerkannt, dass das Betreiben einer Spielbank in den Schutzbereich von Art. 12 Abs. 1 GG fällt, BVerwG NVwZ 1995, 478 ff.

[172] BVerfG GewArch 2001, 61 ff. Siehe dazu im 2. Teil unter § 4 C. II. 1. a.

[173] Siehe das Gesetz zur Änderung des Spielbankengesetzes vom 26.9.2001, LT-Drucks. (BW) 13/281. Zum Entwurf mit Begründung siehe LT-Drucks. (BW) 13/59 S. 1 ff.

[174] Wettveranstaltungen im Pferdesport sind abschließend im RWG geregelt.

[175] Nähere Beschreibung der Oddset-Sportwette bei *Janz* NJW 2003, 1694 (1695).

[176] *Voßkuhle/Bumke*, Sportwette S. 11. Die Bundesländer wollten vor allem den beträchtlichen Kapitalabfluss in das Ausland stoppen.

[177] Zum normativen Regelungsbestand S. 42 f.

[178] BVerwG NJW 2001, 2648 ff.

polsituation geprägt[179]. Bevor der Frage nachgegangen wird, ob dies angesichts der verfassungsrechtlich gewährleisteten Berufsfreiheit privater Anbieter noch haltbar ist, soll der konkrete gesetzliche Hintergrund der staatlichen Reglementierung näher erläutert werden[180].

I. Die staatliche Reglementierung

Ausgangspunkt der restriktiven Haltung des Staates gegenüber der Veranstaltung von Glücksspielen stellt das strafrechtliche Glücksspielverbot dar. Insoweit ist von Bedeutung, welcher Schutzzeck diesem zugrunde liegt.

1. Der Schutzzweck des strafrechtlichen Glücksspielverbots

Der Schutzzweck der §§ 284, 287 StGB ist bis heute äußerst umstritten. Als geschützte Rechtsgüter werden genannt: die Absicherung eines ordnungsgemäßen Spielbetriebs[181], der Schutz der Sittlichkeit[182], das staatliche Ausbeutungsmonopol, die öffentliche Sicherheit, die Bekämpfung der Organisierten Kriminalität[183], der Vermögensschutz[184], die Arbeits- und Wirtschaftsmoral[185], die öffentliche Wohlfahrt sowie die wirtschaftliche Ordnung des modernen Kulturstaates[186]. Dabei ist zu beachten, dass einige der genannten Schutzgüter heutzutage nicht mehr als Rechtfertigung für das strafrechtliche Glücksspielverbot herangezogen werden können. In Zeiten eines regen Börsenhandels auch innerhalb breiter Bevölkerungskreise sowie zahlreicher Spielshows im Fernsehen kann nicht mehr ernsthaft davon ausgegangen werden, dass der Erwerb von Geld ohne die Leistung einer wertschaffenden Tätigkeit als unsittlich einzustufen ist. Ebenso wenig kann infolge des gesellschaftlichen Wandels seit den Nachkriegsjahren vertreten werden, dass die Arbeitsmoral der Bevölkerung durch Glücksspiele untergraben werde[187]. Hinsichtlich des schützenswerten Rechtsguts des Vermögens ist zu differenzieren: Soweit es um den ge-

---

[179] Vgl. den Überblick bei *Voßkuhle* VerwArch. 87 (1996), 395 (398 ff.).

[180] Seit Mitte der Neunziger Jahre ist in der Rechtsprechung anerkannt, dass die Veranstaltung von Glücksspielen in den Schutzbereich des Art. 12 Abs. 1 GG fällt, vgl. BVerwG NVwZ 1995, 475 ff. für Sportwetten; BVerwG NVwZ 1995, 478 ff. für Spielbanken; BVerwG NVwZ 1995, 481 ff. für Pferdewetten.

[181] *Lange* in: FS für Dreher S. 573 ff.; *Schmitt* in: FS für Maurach S. 113 (114); siehe auch *Weber* in: Pfister, Rechtsprobleme S. 39 (44); *Belz*, Glücksspiel S. 123 ff.; *Göhler* NJW 1974, 833 (833 Fn. 127); *Lampe* GA 1977, 33 (55).

[182] *Epple*, Glücksspiel S. 76.

[183] *Klam*, Die rechtliche Problematik S. 43 f.

[184] *Gülzow* Jura 1983, 102 (102).

[185] *Seelig*, Das Glücksspielstrafrecht S. 86 f.

[186] Siehe dazu *Voßkuhle/Bumke*, Sportwette S. 16 m. w. N. sowie *Niestegge*, Kompetenzverteilung S. 52 ff.; *Lauer*, Staat und Spielbanken S. 38 m. w. N.

[187] Ausführlich dazu *Klam*, Die rechtliche Problematik S. 40 ff.

nerellen Schutz des Spielers vor Verlust seines Spieleinsatzes geht, kann dies nicht als Rechtfertigung für eine Inkriminierung des Glücksspiels herangezogen werden. Denn dies würde nicht erklären, warum das Veranstalten eines Glücksspiels durch staatliche Stellen erlaubt ist, obwohl hierbei ebenfalls Spieler häufig ihren Spieleinsatz verlieren. Zudem sind Selbstschädigung und Selbstgefährdung im deutschen Strafrecht straflos gestellt[188]. Jedoch wird das Vermögen des Spielers in besonderem Maße durch strafbare Handlungen wie Betrug im Rahmen falschen Spiels gefährdet. So wird in der Rechtsprechung immer wieder betont, dass es nach dem Sinn und Zweck der §§ 284, 287 StGB darum geht, die wirtschaftliche Ausbeutung und Täuschung der Spieler zu verhindern. Das Bundesverfassungsgericht führt insoweit aus:

> „Der Betrieb einer Spielbank ist eine an sich unerwünschte Tätigkeit, die der Staat gleichwohl erlaubt, um das illegale Glücksspiel einzudämmen, dem nicht zu unterdrückenden Spieltrieb des Menschen staatlich überwachte Betätigungsmöglichkeiten zu verschaffen und dadurch die natürliche Spielleidenschaft vor strafbarer Ausbeutung zu schützen."[189]

Das Vermögen des Spielers ist demnach vor strafbarer Ausbeutung zu schützen. Hinzu kommt als geschütztes Rechtsgut die Gesundheit des Spielers, welcher der Spielsucht erliegen kann[190]. Aber nicht nur die Individualrechtsgüter des Spielers werden geschützt. Denn durch die staatliche Kontrolle des Glücksspiels wird beispielsweise auch verhindert, dass Gewinne vollständig von Privaten abgeschöpft werden. Zudem können so die fiskalischen Interessen des Staates besser verfolgt werden. Die verschiedenen mit dem Glücksspielverbot verfolgten Ziele kommen auch in der Gesetzesbegründung zu § 287 StGB n. F.[191] zum Ausdruck, in der es heißt:

> In Deutschland dürfen Glücksspiele nur mit behördlicher Erlaubnis öffentlich veranstaltet werden (§§ 284, 286 StGB [a. F.]). Zweck dieser Regelung ist es
>
> „1. eine übermäßige Anregung der Nachfrage nach Glücksspielen zu verhindern,
>
>   2. durch staatliche Kontrolle einen ordnungsgemäßen Spielablauf zu gewährleisten,
>
>   3. eine Ausnutzung des natürlichen Spieltriebs zu privaten oder gewerblichen Gewinnzwecken zu verhindern und
>
>   4. einen nicht unerheblichen Teil der Einnahmen aus Glücksspielen (mindestens 25 %) zur Finanzierung gemeinnütziger oder öffentlicher Zwecke heranzuziehen."[192]

---

[188] *Schmitt* in: FS für Maurach S. 113 (113). Beispielsweise zur Straflosigkeit der Selbsttötung *Fischer* in: Tröndle/Fischer, StGB vor § 211 Rdnr. 10.

[189] BVerfG GewArch 2001, 61 (62).

[190] Die Spielsucht kann im Extremfall ein psychopathologisches Verhalten mit Krankheitswert darstellen, *Meyer*, Kriminalistik 1986, 212 (212). Aus der zahlreichen Literatur im Zusammenhang mit der Spielsucht siehe *Hippel* ZRP 2001, 558 ff. m. w. N. Eine umfangreiche Liste der Fachliteratur zum Thema Spielsucht ist abrufbar unter http://www.gluecksspielsucht.de.

[191] Neugefasst durch das 6. Strafrechtsreformgesetz vom 26.1.1998.

[192] BT-Drucksache 13/8587 S. 67 vom 25.9.1997; vgl. auch BVerwG NJW 2001, 2648 ff.

Das Glücksspielverbot verfolgt demnach nicht ein bestimmtes Ziel, sondern setzt sich aus mehreren Zielen zusammen, die sowohl dem Schutz der Individualrechtsgüter des Spielers als auch Kollektivrechtsgüter dienen[193].

2. *Der Strafgrund der §§ 284, 287 StGB*

Durch die Bestimmung der Schutzziele des Glücksspielverbots ist noch nicht geklärt, ob bereits das Veranstalten eines Glücksspiels selbst als Strafgrund anzusehen ist oder erst das Fehlen einer entsprechenden Erlaubnis. Damit einher geht die Entscheidung der Frage, ob das Vorliegen einer behördlichen Erlaubnis als besonderer Rechtfertigungsgrund oder deren Nichtvorliegen als negatives Tatbestandsmerkmal zu qualifizieren ist.

Von der Rechtsprechung wird ganz überwiegend die Veranstaltung eines Glücksspiels als eine an sich unerwünschte Tätigkeit und damit das Vorliegen einer Erlaubnis als Rechtfertigungsgrund angesehen[194], auch wenn die Rechtsprechung die Sozialschädlichkeit der Veranstaltung von Glücksspielen verneint[195]. Das Bundesverwaltungsgericht führt diesbezüglich aus:

„[...] Dem liegt die Einschätzung zu Grunde, dass das Glücksspiel grundsätzlich wegen seiner möglichen Auswirkungen auf die psychische (Spielsucht) und wirtschaftliche Situation der Spieler (Vermögensverlust) und seiner Eignung, Kriminalität namentlich im Bereich der Geldwäsche zu befördern, unerwünscht und schädlich ist."[196]

Dagegen vertritt ein Teil der Literatur die Ansicht, dass der Schutzzweck der §§ 284, 287 StGB in erster Linie in der „staatlichen Kontrolle einer Kommerzialisierung der natürlichen Spielleidenschaft" zu sehen ist und demnach Strafgrund nur das Nichtvorliegen einer *erforderlichen* Erlaubnis sein könne[197].

Angesichts der weiten Verbreitung und Akzeptanz von Glücksspielen in der Gesellschaft ist es lebensfremd und anachronistisch, dem Veranstalten eines Glücksspiels an sich einen sozialethischen Unwert beizumessen. Vielmehr überzeugt das Verständnis, dass die §§ 284, 287 StGB den Gefahren des Glücksspiels dort begegnen sollen, wo unkontrolliert gespielt wird. Das strafrechtliche Glücksspielverbot fungiert lediglich als Instrument zur Kanalisierung des Spieltriebs in geordneten

---

[193] Andere Ansicht dagegen *Fischer* in: Tröndle/Fischer, StGB § 284 Rdnr. 1, nach dem die Vorschrift allein die staatliche Kontrolle einer Kommerzialisierung der natürlichen Spielleidenschaft sichern soll. Nach *Eser* in: Schönke/Schröder, StGB § 284 Rdnr. 1 ist unmittelbarer Schutzzweck die staatliche Kontrolle des Glücksspiels, während nur mittelbar auch der Schutz des Vermögens des Einzelnen bezweckt ist.

[194] Z. B. der VGH München GewArch 2001, 65 (67 f.); ebenso in der Literatur *Tettinger/Ennuschat*, Grundstrukturen S. 11 (m. w. N.); *Goldmann*, Rechtfertigungsgrund S. 21 ff.; *Gülzow* Jura 1983, 103 (103); *Roxin*, Strafrecht AT, § 10 Rdnr. 32; *Fortun*, Deliktsaufbau S. 46.

[195] Siehe dazu BVerwG NVwZ 1995, 475 ff.; 478 ff.; 481 ff.

[196] BVerwG NJW 2001, 2648 (2648).

[197] *Voßkuhle/Bumke*, Sportwette S. 16, 39; *Fischer* in: Tröndle/Fischer, StGB § 284 Rdnr. 1; *Belz*, Glücksspiel S. 98; *Heghmanns*, Grundzüge S. 144 ff., 178 ff.

Bahnen und gewährleistet vor allem die staatliche Kontrolle über das Glücksspiel-angebot. Dementsprechend ist der Terminus „ohne behördliche Erlaubnis" in den §§ 284, 287 StGB als negatives Tatbestandsmerkmal einzuordnen[198].

3. Die Verwaltungsakzessorietät

Um den von staatlicher Reglementierung geprägten Wesensgehalt des Glücks-spielrechts richtig zu erfassen, genügt es nicht allein, den strafrechtlichen Rege-lungskomplex zu beleuchten. Denn für eine Bestrafung gemäß den §§ 284, 287 StGB kommt es entscheidend darauf an, ob eine das konkrete Glücksspielangebot erfassende behördliche Erlaubnis fehlt. Der Charakter des Glücksspielrechts hängt damit maßgeblich von den verwaltungsrechtlichen Vorgaben für die Erlangung ei-ner behördlichen Erlaubnis ab. Demnach wirkt das Verwaltungsrecht auf die straf-rechtliche Regelung ein, indem es Maßstäbe für deren inhaltliche Bestimmung setzt. Das Verwaltungsrecht stellt insoweit die Primärordnung dar, die den Pflichtenkreis inhaltlich umreißt, während das Strafrecht sekundär als Sanktionsordnung hinzu-tritt[199]. Aufgrund dieser „Verzahnung" von Strafrecht und Verwaltungsrecht, welche durch den Begriff der „Verwaltungsakzessorietät"[200] bezeichnet wird, soll im Fol-genden überblicksartig darauf eingegangen werden, wie die öffentlich-rechtlichen Regelungen das im Strafrecht normierte Glücksspielverbot beeinflussen und ausfül-len. Dabei ist insbesondere von Bedeutung, in welchem Umfang der Gesetzgeber die Veranstaltung von Glücksspielen durch private Anbieter zulässt. Dies soll bei-spielhaft anhand der gesetzlichen Vorgaben im Sportwettenrecht untersucht werden.

4. Die Vorgaben des öffentlichen Glücksspielrechts im Sportwettenrecht

a) Gesetzlich normiertes Monopol des Staates

In den meisten Ländern hat der Gesetzgeber ausdrücklich ein öffentliches Mono-pol für die Veranstaltung von Sportwetten errichtet[201]. Insofern besteht für private Veranstalter ein absolutes Verbot der Veranstaltung von Sportwetten.

---

[198] Ebenso *Fischer* in: Tröndle/Fischer, StGB § 284 Rdnr. 15; *Wilms*, Grenzüberschreitende Lotterietätigkeit S. 37; dagegen offen gelassen von *Eser/Heine* in: Schönke/Schröder, StGB § 284 Rdnr. 18.

[199] Siehe dazu *Frisch*, Verwaltungsakzessorietät S. 7 ff.

[200] Vgl. *Ohlmann* WRP 2001, 672 (682); *Voßkuhle* VerwArch. 87 (1996), 395 (399) sowie *Wrage* JR 2001, 405 (405). Zur Unterscheidung der Begriffe Verwaltungsrechts- und Verwal-tungsaktsakzessorietät siehe *Hundt*, Wirkungsweise S. 19 ff. sowie *Ossenbühl* DVBl. 1990, 963 (971 ff.).

[201] In Hessen, Niedersachsen, Nordrhein-Westfalen, Saarland, Sachsen-Anhalt, Thüringen. Der Gesetzeswortlaut der einschlägigen Vorschriften ist abgedruckt bei *Voßkuhle/Bumke*, Sportwette S. 31, 32 (Fußn. 87, 88, 89).

b) Genehmigungsvorbehalt für Private

In einigen anderen Ländern ist dagegen vorgesehen, dass auch private Wettunternehmen zugelassen werden können[202]. Aufgrund der Schutzintension des Glücksspielrechts wird von Teilen der Rechtsprechung[203] und der Literatur[204] angenommen, dass dem Veranstalter selbst dann kein Anspruch auf Erteilung der Erlaubnis zusteht, wenn er alle Voraussetzungen des Tatbestandes erfüllt (repressives Verbot mit Befreiungsvorbehalt). Die Behörden hätten bei der Ermessensentscheidung die ordnungspolitische Aufgabe der §§ 284, 287 StGB zu berücksichtigen[205]. Dagegen mehren sich Stimmen in der Rechtsprechung und der Literatur, die der Behörde angesichts der verfassungsrechtlich geschützten Berufsfreiheit der privaten Unternehmer insoweit nur noch ein limitiertes Restermessen zubilligen[206].

Dieser neue Ansatz zeigt, dass Bewegung in die Bewertung des Glücksspielrechts kommt und die restriktive Haltung des Staates zunehmend aufgeweicht wird. Nichtsdestotrotz hat sich diese Entwicklung noch nicht durchgesetzt. Jedenfalls derzeit ist der Sportwettenbereich auch in den Ländern, welche gesetzlich die Möglichkeit der Zulassung privater Wettunternehmen vorsehen, im Tatsächlichen nach wie vor von einer öffentlich-rechtlichen Monopolsituation geprägt. Denn die Praxis der Genehmigungsbehörden in diesen Ländern belegt, dass privaten Unternehmern keine Erlaubnis für die Veranstaltung von Sportwetten erteilt wird[207].

c) Fehlen einer Regelung hinsichtlich der Veranstaltung durch Private

Schließlich hat der Landesgesetzgeber in einigen Ländern darauf verzichtet, die Rechtslage hinsichtlich der privaten Veranstaltung von Sportwetten ausdrücklich zu regeln. In den Stadtstaaten Berlin und Hamburg fehlt gänzlich eine gesetzliche Re-

---

[202] In Brandenburg, Bremen, Rheinland-Pfalz, Schleswig-Holstein. Der Gesetzeswortlaut der einschlägigen Vorschriften ist abgedruckt bei *Voßkuhle/Bumke*, Sportwette S. 28, 29.

[203] BVerwGE 96, 293 ff.

[204] *Tettinger/Ennuschat*, Grundstrukturen S. 49 ff.

[205] *Ohlmann* WRP 1998, 1043 (1045).

[206] Aus der Literatur siehe *Voßkuhle/Bumke*, Sportwette S. 31. In diesem Zusammenhang ist insbesondere auf die Verfahren bezüglich der Zulassung einer Bundesumweltlotterie hinzuweisen, OVG Lüneburg GewArch 2000, 116 (118); VGH München NVwZ-RR 2002, 29 (30); VG Düsseldorf 18 K 11762/96 vom 31.8.2001, abrufbar unter http://www.jurawelt.com/ gerichtsurteile/oerecht/VerwG/3245?stylelite=1; offen gelassen dagegen vom BVerwG DVBl. 2000, 1625 (1627). Die den genannten Entscheidungen zugrundliegende Argumentation ist auf das Sportwettenrecht weitgehend übertragbar.

[207] Eine Sonderstellung genießt die bundesweit tätige Sportwetten-Gera GmbH. Dieser wurde am 11.4.1990 eine Erlaubnis nach Maßgabe des Gewerbegesetzes der DDR vom 6.3.1990 erteilt. Die Rechtsprechung war zunächst uneins, ob die erteilte Erlaubnis eine zureichende behördliche Erlaubnis für die (bundesweite) Veranstaltung von Sportwetten darstellt. Das wettbewerbsrechtliche Vorgehen gegen die Sportwetten-Gera GmbH führte letztlich nicht zum Erfolg. Siehe dazu BGH GewArch 2002, 162 ff.; OLG Köln GRUR 2000, 533 ff.; ThürOVG GewArch 2000, 118 ff.

gelung[208]. In den Ländern Baden-Württemberg, Bayern, Mecklenburg-Vorpommern und Sachsen ist dagegen lediglich normiert, dass die Länder selbst Sportwetten veranstalten können. Insoweit fehlen Regelungen über die Zulassung privater Wettunternehmer ebenso wie die Festsetzung eines staatlichen Monopols. Aus dieser Gesetzeslage lässt sich aber nicht im Umkehrschluss auf ein eigenständiges landesrechtliches Verbot der Veranstaltungen von Sportwetten schließen[209]. Die Rechtslage in diesen Ländern ist damit vergleichbar mit der Rechtslage in den Ländern, in welchen gar keine Sportwettengesetze existieren[210].

(1) Meinungsstand hinsichtlich der daraus resultierenden Rechtslage

Streitig ist, welche rechtliche Folgerung daraus zu ziehen ist, dass der Landesgesetzgeber auf eine Regelung der privaten Veranstaltung von Sportwetten verzichtet hat. Nahezu einhellig wird für die Beantwortung dieser Frage auf den Sinngehalt des § 284 Abs. 1 StGB zurückgegriffen. Entscheidend ist mithin die bereits aufgeworfene Frage, worin der Strafgrund der §§ 284, 287 StGB liegt. Während die Rechtsprechung davon ausgeht, dass § 284 Abs. 1 StGB den Abschluss und die Vermittlung eines Glücksspiels auch dann verbiete, wenn ein normativer Erlaubnistatbestand gar nicht existiert[211], hält dem ein Teil der Literatur entgegen, dass eine solche Auslegung nicht der Zielrichtung der Strafnorm entspreche und die Bedeutung der Verwaltungsakzessorietät missachtet werde. Außerdem wäre es dem Bundesgesetzgeber bereits aus kompetenzrechtlichen Gründen verwehrt, dem Landesgesetzgeber bei dessen Verzicht auf eine Regelung ein generelles Glücksspielverbot vorzuschreiben[212]. § 284 Abs. 1 StGB solle dem Landesgesetzgeber keine Handlungspflicht auferlegen, sondern nur dann eingreifen, wenn einem Gesetz zuwidergehandelt werde, welches eine Erlaubnispflicht vorsehe[213]. § 284 StGB sei so zu verstehen, dass der Tatbestand nur solche Glücksspielveranstaltungen erfasse, die ohne eine *erforderliche* behördliche Erlaubnis erfolgen[214].

---

[208] Das staatliche Veranstalten des Fußball-Totos fällt daher unter die Reichs- und Lotterieverordnung vom 6.3.1937, die mangels des Erlasses neuer Lotteriegesetze durch diese Länder gemäß Art. 123 Abs. 1 GG als Landesrecht fortgilt, siehe BVerwGE 4, 294 (295).

[209] So zu Recht VGH München GewArch 2001, 65 (67); ebenso *Voßkuhle/Bumke*, Sportwette S. 34, 35.

[210] So auch *Rausch* GewArch 2001, 102 (104); *Voßkuhle/Bumke*, Sportwette S. 35.

[211] VGH München GewArch 2001, 65 (67 f.); BVerwG NJW 2001, 2648 (2649). Ebenso BGH GRUR 2002, 636 (637); aus dem Beschluss des BVerfG GewArch 2001, 61 leitet der BGH ab, dass eine Veranstaltung von Sportwetten ohne Erlaubnis auch dann gegen § 284 StGB verstößt, wenn die Versagung der Erlaubnis Grundrechte des Antragstellers verletzt.

[212] *Voßkuhle/Bumke*, Sportwette S. 39.

[213] *Voßkuhle/Bumke*, Sportwette S. 39. Ablehnend gegenüber einer Auslegung des § 284 Abs. 1 StGB als absolute Verbotsnorm auch VG Gera ThürVBl. 2000, 66 (67); *Rausch* GewArch 2001, 102 (104 f.); ebenso *Ossenbühl* für § 286 StGB a. F. VerwArch. 86 (1995), 187 ff.

[214] Eine solche verfassungskonforme Auslegung geht der Erklärung als verfassungswidrig vor. Dabei werden die verfassungsrechtlichen Grenzen verfassungskonformer Auslegung nicht missachtet, wie *Voßkuhle/Bumke*, Sportwette S. 67 m. w. N. zutreffend feststellt.

(2) Stellungnahme

Der Kritik an der Auslegung des Bundesverwaltungsgerichts ist zuzustimmen. Dies ergibt sich daraus, dass der Strafgrund der §§ 284, 287 StGB – wie oben bereits festgestellt – darin besteht, die staatliche Kontrolle einer Kommerzialisierung der natürlichen Spielleidenschaft zu gewährleisten. Inkriminiert ist damit allein ein Verstoß gegen bestehende Erlaubnisvorschriften. Zudem vernebelt das Bundesverwaltungsgericht durch die Auslegung des § 284 Abs. 1 StGB als absolute Verbotsnorm das Verhältnis zwischen dem strafrechtlichen Glücksspielverbot und öffentlich-rechtlichen Erlaubnisregelungen, wenn es ausführt:

> „Der Ausschluss privater Veranstalter oder Vermittler von Oddset-Wetten beruht in Bayern darauf, dass der Landesgesetzgeber keine Norm erlassen hat, nach der eine behördliche Erlaubnis erteilt werden kann. Damit hat der Landesgesetzgeber von der ihm in Ermangelung einer bundesrechtlichen Vorschrift aus Art. 72 in Verbindung mit Art. 73 Abs. 1 Nr. 11 GG oder aus Art. 70 Abs. 1 GG zustehenden Gesetzgebungsbefugnis für das Recht der Wirtschaft oder das Sicherheits- und Ordnungsrecht dahin gehend Gebrauch gemacht, dass er keine Konzession ermöglicht. [...] Das Strafrecht trifft selbst keine Entscheidung darüber, ob und inwieweit Glücksspiele abweichend von ihrer grundsätzlichen Unerlaubtheit zugelassen werden können oder nicht."[215]

Den Ausführungen des Bundesverwaltungsgerichts kann nicht eindeutig entnommen werden, worin nun genau der Eingriff in die Berufsfreiheit zu sehen ist. Angesichts der seit jeher bestehenden vielfältigen gesetzlich vorgesehenen Möglichkeiten des Glücksspiels und im Interesse der Rechtsklarheit ist davon auszugehen, dass durch die Ausgestaltung der §§ 284, 287 StGB als verwaltungsakzessorische Tatbestände die Entscheidung über die Strafbarkeit des Veranstaltens eines Glücksspiels vollständig dem jeweiligen Landesgesetzgeber übertragen werden sollte[216]. Solange dieser nicht tätig geworden ist, kann jedoch nicht von einem Verbot ausgegangen werden. Ein solches im Nichttätigwerden des Landesgesetzgebers in einer Zusammenschau mit dem strafrechtlichen Glücksspielverbot zu erblicken, ist hinsichtlich des gemäß Art. 103 Abs. 2 GG zu beachtenden Bestimmtheitsgebots abzulehnen.

(3) Praktische Relevanz des Meinungsstreits

Dieser Auslegungsproblematik kommt in praktischer Hinsicht jedoch nur eine untergeordnete Rolle zu. Denn es ist davon auszugehen, dass Länder ohne gesetzliche Regelung ein staatliches Monopol notfalls gesetzlich festsetzen würden[217]. Für

---

[215] BVerwG NJW 2001, 2648 (2649).

[216] Instruktiv zur Verwaltungsakzessorietät, allerdings im Rahmen des Umweltstrafrechts *Frisch*, Verwaltungsakzessorietät S. 8.

[217] Als Beleg sei nur auf das Geschehen in Thüringen hingewiesen: Das VG Gera folgerte aus dem Umstand, dass das thüringische Sportwettengesetz zwar eine staatliche Veranstaltung von Sportwetten vorsah, die Frage einer parallelen Veranstaltung derartiger Wetten durch Private aber nicht explizit behandelte, dass den Privaten der freie Zugang zum Sportwettenmarkt

die weitere Entwicklung im Glücksspielrecht wird es vielmehr maßgeblich darauf ankommen, ob der Eingriff in die Berufsfreiheit durch eine staatliche Monopolstellung verfassungsrechtlich gerechtfertigt ist.

II. Verfassungsmäßigkeit staatlicher Monopole

An den bestehenden Rechtsstrukturen im Glücksspielrecht kann nur dann festgehalten werden, wenn die noch bestehenden staatlichen Glücksspielmonopole mit dem Verfassungsrecht, insbesondere mit der Berufsfreiheit vereinbar sind. Im Zuge der allgemeinen Privatisierungstendenz drängen immer mehr private Anbieter darauf, selbst Glücksspiele zu veranstalten, und akzeptieren nicht länger die weitgehende Monopolstellung des Staates.

1. Haltung der höchstrichterlichen Rechtsprechung

Sowohl das Bundesverwaltungsgericht als auch das Bundesverfassungsgericht hatten sich jüngst mit der Verfassungsmäßigkeit staatlicher Monopole für die Veranstaltung von Glücksspielen auseinander zu setzen.

a) Der Spielbankenbeschluss des Bundesverfassungsgerichts[218]

Das Bundesverfassungsgericht hatte sich mit der Frage auseinander zu setzen, ob das Änderungsgesetz vom 12.2.1996 zum Spielbankengesetz Baden-Württemberg verfassungsgemäß ist. Dessen Hauptziel bestand darin, den Spielbankenbetrieb im Lande vollständig in staatliche Hand zu überführen und die wenigen bestehenden Privat-Konzessionen auslaufen zu lassen. Im Ergebnis beurteilt das Bundesverfassungsgericht den vollständigen Ausschluss privater Anbieter als unangemessen und bejaht einen Verstoß gegen Art. 12 Abs. 1 GG. Ausschlaggebend hierfür ist für das Bundesverfassungsgericht, dass die vom Gesetzgeber angestrebte Verbesserung der Gefahrenabwehr nicht als so wirkungsvoll einzustufen sei, als dass die Schwere des Grundrechtseingriffs ausgeglichen und damit gerechtfertigt werden könne[219]. Diese Beurteilung des Gerichts stützt sich konkret darauf, dass der Landtag 1995 und damit wenige Monate vor Erlass des Änderungsgesetzes vom 12.2.1996 selbst ausführte, dass die privat geführten Spielbanken seit Jahrzehnten beanstandungsfrei, ja vorbildlich betrieben worden seien[220]. Eine diesbezügliche Änderung der Verhält-

---

zu gewähren sei, VG Gera ThürVBl. 2000, 66 ff. Der Landesgesetzgeber reagierte umgehend in Gestalt einer Gesetzesnovellierung, mit der die „ausschließliche" Trägerschaft des Landes für Sportwetten klargestellt wurde, siehe dazu *Dietlein* BayVBl. 2002, 161 (165).

[218] BVerfG GewArch 2001, 61 ff.

[219] BVerfG GewArch 2001, 61 (64).

[220] So ausdrücklich in den Plenarprotokollen des Landtages (BW) Band 8 1995/96 S. 6791 (6796).

nisse bis zum Zeitpunkt der vom Gesetzgeber vorgesehenen Monopolisierung ist für das Bundesverfassungsgericht nicht erkennbar und von der Landesregierung auch nicht behauptet worden[221]. Indem das Bundesverfassungsgericht die Angemessenheit des Eingriffs verneint, macht es deutlich, dass es einen hohen Maßstab an die Verhältnismäßigkeitsprüfung anlegt[222].

Gleichwohl kann der Entscheidung des Bundesverfassungsgerichts aber nicht entnommen werden, dass das Gericht grundsätzlich ein staatliches Monopol im Spielbankenbereich als einen unverhältnismäßigen Eingriff in die Berufsfreiheit bewertet. Vielmehr stellt es die Erforderlichkeit der Festsetzung eines staatlichen Monopols grundsätzlich nicht in Abrede, wenn es ausführt:

„Dem Gesetzgeber ist [...] auch bei Grundrechtsbeschränkungen der vorliegenden Art ein Beurteilungs- und Prognosespielraum eingeräumt. [...] Infolge dieser Einschätzungsprärogative können Maßnahmen, die der Gesetzgeber zum Schutze eines wichtigen Gemeinschaftsguts [...] für erforderlich hält, verfassungsrechtlich nur beanstandet werden, wenn nach den dem Gesetzgeber bekannten Tatsachen und im Hinblick auf die bisher gemachten Erfahrungen feststellbar ist, dass Beschränkungen, die als Alternativen in Betracht kommen, die gleiche Wirksamkeit versprechen, die Betroffenen indessen weniger belasten. [...] Die Erwartung, dass interne Kontrolle des Staates über eigene Spielbankunternehmen auf der Grundlage von § 5 SpBG und unter Inanspruchnahme allgemeiner haushalts- und gesellschaftsrechtlicher Kontroll- und Ingerenzbefugnisse effektiver sein wird als externe Kontrolle über Unternehmen in privater Trägerschaft, ist ohne gegenteilige Erfahrungswerte nicht widerlegbar."[223]

Dieser Textstelle ist zu entnehmen, dass das Bundesverfassungsgericht sich für den Spielbankenbereich mit einer Evidenzkontrolle begnügt[224]. Es setzt sich gar nicht erst damit auseinander, ob die gesetzgeberische Prognose möglicherweise durch die bereits bestehenden Erfahrungen mit privaten Anbietern widerlegt ist. Das Bundesverfassungsgericht hat damit zum Ausdruck gebracht, dass es die staatlichen Monopole im Spielbankenbereich grundsätzlich für verfassungsgemäß erachtet.

Dem kann nicht entgegengehalten werden, dass das Bundesverfassungsgericht in seinem Beschluss einen Verstoß gegen die Berufsfreiheit privater Anbieter bejaht hat. Denn für diese Beurteilung waren Besonderheiten des Einzelfalls verantwort-

---

[221] BVerfG GewArch 2001, 61 (64).

[222] *Thiel* GewArch 2001, 96 (101) hält es systematisch nur schwer vertretbar, dass das BVerfG angesichts der positiven Erfahrungen mit den privaten Spielbankbetreibern die Monopolisierung nicht bereits als nicht erforderlich einstuft, sondern diese Erwägung erst im Rahmen der Angemessenheitsprüfung aufgreift.

[223] BVerfG GewArch 2001, 61 (63).

[224] Der genaue Verlauf der gesetzgeberischen Gestaltungsgrenzen hängt von den Eigenheiten des zu regelnden Sachbereichs, der Bedeutung der betroffenen privaten und öffentlichen Interessen sowie der Möglichkeit ab, ein sicheres Urteil zu bilden, siehe BVerfGE 50, 290 (332 ff.). Weiterführend zum Beurteilungsspielraum des Gesetzgebers *Meßerschmidt*, Gesetzgebungsermessen; *Voßkuhle* in: Mangoldt/Klein/Starck, GG, Bd. 3, Art. 93 Rdnr. 44; *Schlaich/Korioth*, Bundesverfassungsgericht Rdnr. 494; *Bertossa*, Beurteilungsspielraum; *Raabe*, Grundrechte; *Kirchhof* in: FS für Lerche S. 133 (146 ff.).

lich[225]. Dafür spricht zum einen, dass das Bundesverfassungsgericht den Eingriff in die Berufsfreiheit zur Erreichung einer effektiven Gefahrenabwehr als erforderlich ansieht und erst angesichts der Besonderheiten des Einzelfalls im Rahmen der Angemessenheit die Rechtfertigung des Eingriffs verneint. Zum anderen hat das Bundesverfassungsgericht trotz des Umstandes, dass die Errichtung eines staatlichen Monopols im Rahmen des Art. 12 Abs. 1 GG als objektive Zulassungsbeschränkung einzuordnen ist, eine Beschränkung aufgrund wichtiger Gemeinwohlbelange für ausreichend erachtet[226]. Das Gericht hat diese Abweichung von der üblichen Schrankendogmatik[227] damit begründet, dass der Betrieb einer Spielbank eine „unerwünschte Tätigkeit"[228] sei. Eine solche „Herabstufung" der Rechtfertigungsvoraussetzungen zu Lasten privater Betreiber wäre sinnwidrig, wenn das Bundesverfassungsgericht staatliche Monopole im Spielbankenbereich als generell verfassungswidrig hätte einstufen wollen.

b) Das Sportwettenurteil des Bundesverwaltungsgerichts[229]

Das Bundesverwaltungsgericht hatte zu beurteilen, ob ein staatliches Monopol für die Veranstaltung von Oddset-Sportwetten insbesondere im Hinblick auf Art. 12 Abs. 1 GG verfassungsgemäß ist[230]. Das Bundesverwaltungsgericht bejahte dies, wobei es maßgeblich darauf abstellte, dass dem Gesetzgeber ein weiter Beurteilungsspielraum zuzugestehen sei und die gesetzgeberische Prognose mangels gegenteiliger Erfahrungen nicht widerlegbar sei. Insoweit folgt das Bundesverwaltungsgericht den Erwägungen des Bundesverfassungsgerichts in dem oben bereits dargestellten Spielbankenbeschluss, wenn es ausführt:

---

[225] So auch BayVGH GewArch 2003, 115 ff.; BVerwG NJW 2001, 2648 (2650) sowie *Thiel* GewArch 2001, 96 (102); *Ennuschat* NVwZ 2001, 771 (772).

[226] BVerfG GewArch 2001, 61 (62).

[227] Zur üblichen Schrankendogmatik grundlegend das Apothekenurteil BVerfGE 7, 377 (397). Die Abweichung des BVerfG hiervon ist nicht nachvollziehbar, zumal dies im konkreten Fall nicht entscheidungserheblich war. Das BVerfG führt selbst aus, dass das Regelungsziel der Effektuierung der Gefahrenabwehr zur Rechtfertigung auch zum Schutz überragend wichtiger Gemeinschaftsgüter hätte herangezogen werden können, BVerfG GewArch 2001, 61 (62); kritisch insoweit auch *Thiel* GewArch 2001, 96 (99) sowie insbesondere *Voßkuhle/Bumke*, Sportwette S. 51 ff.

[228] Indem das BVerfG von vornherein den Betrieb einer Spielbank als unerwünschte Tätigkeit einordnet, werden Aspekte der Kollisionslösung und damit des Übermaßverbotes antizipiert. Der Ansatz des BVerfG erweist sich somit als Rückfall in längst überwunden geglaubte Zeiten, als die Rechtsprechung die Anwendbarkeit der Berufsfreiheit von der einfachgesetzlichen, insbesondere der strafrechtlichen Zulässigkeit des Handelns abhängig machte, vgl. dazu *Drews/Wacke/Vogel/Martens*, Gefahrenabwehr S. 172 sowie *Dietlein* BayVBl. 2002, 161 (163).

[229] BVerwG NJW 2001, 2648 ff.

[230] Einige Sportwettengesetze sind mit Verweis auf die Verfassungswidrigkeit eines staatlichen Monopols im Sportwettenbereich vor dem BVerfG angefochten worden und zwar die Staatslotteriegesetze Hessens, Bayerns und Thüringens, vgl. BvR 1896/99, BvR 1897/99, BvR 2320/00, BvR 1054/01. Es bleibt abzuwarten, wie das BVerfG entscheiden wird.

„In Anbetracht des ihm zustehenden Beurteilungs- und Prognosespielraumes (vgl. BVerfG, Beschluss vom 19. Juli 2000) durfte der Landesgesetzgeber insbesondere die alleinige Veranstaltung von Oddset-Wetten durch die Staatliche Lotterieverwaltung unter strafbewehrter Fernhaltung privater Anbieter als zur Abwehr der von ihm angenommenen Gefahren des Glücksspiels geeignet und erforderlich ansehen. Namentlich im Hinblick auf in Deutschland angesichts der Neuartigkeit der Oddset-Wetten fehlenden Erfahrungen mit diesem Glücksspiel und das große Publikumsinteresse bestand kein hinreichend gesicherter Anhalt dafür, dass eine private Veranstaltung oder Vermittlung bei einem strengen Konzessions- und Kontrollsystem ebenso gut wie die Veranstaltung in staatlicher Regie die Gefahren des Glücksspiels beherrschbar machen könnte."[231]

Das Bundesverwaltungsgericht vertritt damit ebenso wie das Bundesverfassungsgericht die Auffassung, dass staatliche Monopole im Glücksspielbereich jedenfalls nicht grundsätzlich gegen Art. 12 Abs. 1 GG verstoßen.

2. Die Gegenauffassung in der Literatur

Ein Teil der Literatur zweifelt dagegen bereits seit längerem die Verfassungsmäßigkeit staatlicher Monopole in den einzelnen Glücksspielbereichen an[232]. Kritisiert wird insbesondere der Ausgangspunkt der Rechtsprechung, nämlich die Widerlegbarkeit der gesetzgeberischen Prognose angesichts des gesetzgeberischen Beurteilungsspielraums zu verneinen. Im Rahmen der Erforderlichkeit des Eingriffs in die Berufsfreiheit privater Anbieter wird bezogen auf die mit der Veranstaltung von Glücksspielen einhergehenden Gefahren[233] dargelegt, dass diesen gleich wirksam durch staatlich kontrollierte private Veranstalter begegnet werden könne. Diesbezüglich dürfe die Reichweite des Erforderlichkeitsgebots nicht überdehnt werden[234]. Konkret werden die positiven Erfahrungen mit der Veranstaltung von Sportwetten in Österreich und mit der Veranstaltung von Pferdewetten durch Private in

---

[231] BVerwG NJW 2001, 2648 (2650).

[232] *Papier* in: FS für Stern S. 543 ff. für das Spielbankenrecht; *Voßkuhle/Bumke*, Sportwette S. 40 ff., *Janz* NJW 2003, 1694 ff. sowie *Rausch* GewArch 2001, 102 ff. für das Sportwettenrecht; kritisch für das Lotterierecht *Ossenbühl* VerwArch. 86 (1995), 187 ff. Für eine grundsätzliche Verfassungsmäßigkeit staatlicher Monopole in den einzelnen Glücksspielbereichen sprechen sich dagegen aus: *Pieroth/Störmer* GewArch 1998, 177 ff. sowie *Thiel* GewArch 2001, 96 ff. für den Spielbankenbereich; *Dietlein/Thiel* NWVBl. 2001, 170 ff. für den Sportwettenbereich; *Jarass* DÖV 2000, 753 ff. für den Lotteriebereich.

[233] Zu nennen sind insbesondere die Eindämmung der Spielleidenschaft, der Schutz vor strafbarer Ausbeutung sowie das Verhindern des Entstehens von Umfeldkriminalität, siehe *Voßkuhle/Bumke*, Sportwette S. 58 ff.

[234] Ein Ziel kann von verschiedenen Mitteln gleich „wirksam" im juristischen Sinne verwirklicht werden, auch wenn es den Anschein hat, dass eines der beiden das Ziel noch „wirksamer" verwirklicht als das andere. So könnte man sagen, dass einer Gefahr, welche von einer Person ausgeht, durch Erschießen der Person wirksamer begegnet werden kann als durch deren Fesselung. Gleichwohl ist nicht daran zu zweifeln, dass die Fesselung ein milderes und ein gleich wirksamen Mittel im juristischen Sinne ist. Zu diesem anschaulichen Beispiel siehe *Voßkuhle/Bumke*, Sportwette S. 57.

Deutschland angeführt, welche die Notwendigkeit eines staatlichen Monopols widerlegten[235].

3. Stellungnahme

In der Literatur wird überzeugend begründet, dass staatliche Monopole in den verschiedenen Glücksspielbereichen nicht erforderlich sind und der Eingriff in die Berufsfreiheit privater Anbieter angesichts dessen Unverhältnismäßigkeit nicht gerechtfertigt ist[236]. Auch wenn man dem Gesetzgeber für die Wirksamkeit der Mittel zur Gefahrenabwehr einen Beurteilungsspielraum einräumt, bleibt doch zu überprüfen, ob die Prognose des Gesetzgebers angesichts bestehender Erfahrungen widerlegt wird. Mit der Veranstaltung von Glücksspielen durch Private bestehen zahlreiche Erfahrungen sowohl im Ausland als auch innerhalb Deutschlands. Zu denken ist nur an die Erfahrungen mit privaten Buchmachern, privaten Spielbankbetreibern oder dem Angebot der Sportwetten-Gera-GmbH[237]. Vergleicht man die privaten Angebote mit den staatlichen, drängt sich keineswegs die Erkenntnis auf, dass staatliche Veranstalter effektiver den mit der Veranstaltung von Glücksspielen entstehenden Gefahren begegnen würden, als dies staatlich kontrollierte private Veranstalter tun könnten. Die Rechtsprechung hätte sich diesen Erfahrungen, welche die gesetzgeberische Prognose widerlegen, nicht verschließen dürfen. Die staatlichen Monopole im Glücksspielbereich stellen nicht das mildeste Mittel dar, um den Gefahren des Glücksspiels zu begegnen, und verstoßen somit gegen die Berufsfreiheit privater Anbieter[238]. Vor diesem Hintergrund wäre es nur konsequent, wenn die Rechtsprechung bei nochmaliger Befassung mit der Verfassungsmäßigkeit staatlicher Monopole im Glücksspielbereich einen Verstoß gegen die Berufsfreiheit privater Anbieter bejahen würde[239].

---

[235] Vertiefend zur Prüfung der Verfassungsmäßigkeit staatlicher Monopole siehe speziell für den Spielbankenbereich *Papier* in: FS für Stern, S. 543 (559 ff.), für den Lotteriebereich *Ossenbühl* VerwArch. 86 (1995), 187 ff. sowie für den Sportwettenbereich *Voßkuhle/Bumke*, Sportwette S. 56 ff. Zudem bejahen *Voßkuhle/Bumke* einen Verstoß gegen den allgemeinen Gleichheitssatz gemäß Art. 3 Abs. 1 GG hinsichtlich der Vergleichsgruppen „hoheitlicher Veranstalter von Sportwetten" sowie „privater Veranstalter von Pferdewetten".

[236] Eine ausführliche Prüfung der Verfassungsmäßigkeit eines absoluten Verbots der Veranstaltung von Sportwetten durch Private nehmen *Voßkuhle/Bumke*, Sportwette S. 40 ff. vor. Zu Recht wird ein Verstoß sowohl gegen Art. 12 I GG sowie Art. 3 I GG festgestellt.

[237] Deren Angebot ist abrufbar unter http://www3.sportwetten-online.de. Ein weiterer deutscher Sportwettenanbieter ist abrufbar unter http://www.betandwin.de. Dabei ist zu berücksichtigen, dass private Anbieter weitgehend der staatlichen Kontrolle entzogen sind. Die Effektivität der Gefahrenabwehr könnte durch eine gesetzliche Regelung bestimmter Offenlegungspflichten deutlich erhöht werden.

[238] Ebenso u. a. *Voßkuhle/Bumke*, Sportwette S. 40 ff.; *Janz* NJW 2003, 1694 ff.

[239] Insofern darf man gespannt sein, wie das BVerfG entscheiden wird, dem vier Beschwerden privater Wettanbieter gegen das staatliche Monopol vorliegen, siehe *Janz* NJW 2003, 1694 (1698).

Teilweise klingen bereits in der Rechtsprechung Zweifel an, ob die staatlichen Monopole im Glücksspielbereich mit der Verfassung in Einklang zu bringen sind. So wird beispielsweise die Frage aufgeworfen, ob das staatliche Veranstalterverhalten tatsächlich vom Ziel der Gefahrenabwehr getragen ist, mithin die staatlichen Monopole wirklich geeignet sind, das Ziel der Gefahrenabwehr zu verwirklichen. Die insoweit aufkommenden Privatisierungstendenzen in der Rechtsprechung sollen nachfolgend näher untersucht werden.

III. Privatisierungstendenzen in der Rechtsprechung

1. Das Sportwettenurteil des Bundesverwaltungsgerichts
vom 28.3.2001

Auch wenn das Bundesverwaltungsgericht in seiner Sportwettenentscheidung letztlich die Verfassungsmäßigkeit eines staatlichen Monopols bejaht, klingen diesbezüglich doch Zweifel an. So führt das Bundesverwaltungsbericht aus:

> „Allerdings wird der Gesetzgeber nach Ablauf einer gewissen Zeitspanne, in der weitere Erfahrungen mit Oddset-Wetten, auch hinsichtlich ihrer privaten Veranstaltung im Ausland, gewonnen werden können und müssen, zu überprüfen haben, ob seine Einschätzung über das Erfordernis der Fernhaltung privater Veranstalter und Vermittler von derartigen Glücksspielen noch durch sachgerechte Erwägungen, die namentlich auch die Grundrechtsposition potentieller privater Interessenten einbeziehen, gerechtfertigt werden kann. Zudem wird der kritischen Überprüfung durch den Gesetzgeber bedürfen, ob die Veranstaltung von Sportwetten in staatlicher Monopolregie wirklich geeignet ist, die mit der Veranstaltung von Glücksspielen verbundenen Gefahren einzudämmen. Davon wird bei mit aggressiver Werbung einhergehender extremer Ausweitung des Spielangebots keine Rede mehr sein können. Namentlich wird darauf Bedacht zu nehmen sein, dass die in § 284 StGB vorausgesetzte Unerwünschtheit des Glücksspiels nicht in unauflösbaren Widerspruch gerät zum staatlichen Veranstalterverhalten."[240]

Dieser Textpassage können für die zukünftige Überprüfung der Verfassungsmäßigkeit staatlicher Monopole im Glücksspielbereich wichtige Kriterien entnommen werden.

a) Das staatliche Veranstalterverhalten

Das Bundesverwaltungsgericht macht deutlich, dass das staatliche Veranstalterverhalten nicht vorwiegend daran ausgerichtet sein darf, möglichst viel Gewinn mit der Veranstaltung von Glücksspielen für die leeren Staatskassen zu erwirtschaften, sondern dem Ziel der Eindämmung der mit Glücksspielen verbundenen Gefahren verhaftet sein muss. Zudem weist das Bundesverwaltungsgericht darauf hin, dass die mit der privaten Veranstaltung von Sportwetten gesammelten Erfahrungen bei

---

[240] BVerwG NJW 2001, 2648 (2650).

der verfassungsrechtlichen Beurteilung mit einzubeziehen sind. Es bringt deutlich zum Ausdruck, dass diesbezüglich noch nicht das letzte Wort gesprochen ist. Insoweit hat das Bundesverwaltungsgericht den staatlichen Veranstaltern nur eine gewisse Zeitspanne als „Schonfrist" gewährt.

Angesichts der Werbemaßnahmen staatlicher Anbieter wird offenkundig, dass diese vor allem im fiskalischen Interesse tätig werden. Werbeplakate und Werbebroschüren sind ebenso allgegenwärtig wie Werbemaßnahmen in Funk und Fernsehen. Auch im Internet wird auf zahlreichen Websites auf die Spielmöglichkeiten im Internet hingewiesen, obwohl selbst nach staatlicher Einschätzung dies dazu führt, dass neue Spielerkreise erschlossen werden[241]. Der Stil der Werbung ist aggressiv und allein darauf ausgerichtet, den Spieltrieb zu fördern. Ein Hinweis auf die geringen Gewinnchancen oder die Gefahr der Entwicklung einer Spielsucht fehlen gänzlich. So heißt es beispielsweise in einem Rundschreiben vom 26.3.2002 vonseiten einer staatlichen Lotterie-Annahmestelle der SKL:

> „Neue Millionäre! Dringend gesucht: Von der staatlichen SKL Lotterie [...] Wollen Sie im EURO Jahr 2002 einmal zu den Gewinnern zählen? Dann nutzen Sie jetzt Ihre Chance und lassen Sie nicht anderen den Vortritt. Vom 1. Juni bis zum 30. November 02 sind Sie jeden Tag bei der Auslosung von 1 Million € (fast 2 Mill. DM) dabei. Das sind 183 Chancen für Sie, sorglos Ihr Leben zu genießen. [...] Greifen Sie zu!"

Der aggressive Werbestil staatlicher Stellen ist auch den Gerichten nicht verborgen geblieben. So führt das Bundesverwaltungsgericht aus:

> „Dies erfordert es, die Genehmigungsvoraussetzungen im Lichte der Grundrechte zu würdigen. [...] Unter diesen Umständen kommt es nicht darauf an, ob bereits die Annahme eines Repressivverbotes für Lotterien allgemein oder doch für bestimmte Lotterien durchgreifenden Bedenken begegnen kann, die auch aus einer mit dem Ziel der Eindämmung des Spieltriebs nur schwer zu vereinbarenden aggressiven und ausufernden „Geschäftspolitik" bestimmter Veranstalter abgeleitet werden könnten, wie sie im Lotteriewesen vielfach zu beobachten ist und von den Aufsichtsbehörden offenbar unbeanstandet bleibt."[242]

Besonders deutlich wird in diesem Zusammenhang das Verwaltungsgericht Düsseldorf in einem Urteil vom 31.8.2001:

> „Seine Behauptung [gemeint ist das Innenministerium des Landes Nordrhein-Westfalen als Beklagter, Anm. des Verfassers] im vorliegenden Verfahren, nicht die staatlichen Lotterien, sondern vorwiegend die am Markt tätigen Spielvermittler betrieben in aggressiver Weise Werbung, ist nachweislich falsch. Nahezu täglich wird in Fernsehen und Rundfunk gerade auf die staatlichen Klassenlotterien aufmerksam gemacht. In Internet wirbt etwa die X Lotterie unter http://www.cyberlotto.dewie folgt: ‚Ran an die Millionen! Bei CyberLotto.de können Sie in ganz NRW mit Lotto und Oddset klasse Kasse machen.' Die Kläger haben auf

---

[241] Vgl. die LT-Drucks. (BW) 12/5112 S. 13: „Er [der Staatssekretär des Finanzministeriums, Anm. des Verfassers] sehe im Internetgeschäft die Chance, zusätzliche Bevölkerungskreise anzusprechen, ohne dass die Annahmestellen vor Ort davon wesentlich tangiert würden."
[242] BVerwG GewArch 2002, 23 (224).

ähnliche Werbeaussagen der X Lotterie hingewiesen, wie beispielsweise: ‚Du bringst Dich um die Chance Deines Lebens, wenn Du nicht spielst.'"[243]

Hinzu kommt, dass das Spielangebot ständig erweitert und durch hohe Jackpots der Spielreiz noch erhöht wird. Von staatlicher Seite werden diese Maßnahmen damit gerechtfertigt, dass nur so ein staatliches Glücksspielangebot seiner ordnungspolitischen Aufgabe, keinen „Markt" und kein Bedürfnis für illegale Spielangebote aufkommen zu lassen, gerecht werden könne[244]. Jedoch überzeugt dies nicht[245]. Das staatliche Veranstalterverhalten lässt nahezu keine Unterschiede zu rein wirtschaftlich orientierten Unternehmen erkennen. So müssten die staatlichen Stellen bei der Entscheidung, ob beziehungsweise wie das Spielangebot zu erweitern ist, angesichts der gesetzlich vorausgesetzten Unerwünschtheit von Glücksspielen darum „ringen", eine Erweiterung möglichst zu vermeiden. Denn es ist offensichtlich, dass der Staat dadurch Spielanreize setzt und damit Gefahren für die Bevölkerung selbst schafft. Erst angesichts der konkreten Gefahr der Herausbildung eines illegalen Glücksspielmarkts sollte der Staat sich gezwungen fühlen, sein eigenes Spielangebot maßvoll zu erweitern und dem Spielbedürfnis in der Bevölkerung anzupassen.

Diese Anforderungen wurden beispielsweise bei der Etablierung der Oddset-Sportwette, welche im Jahre 1999 eingeführt wurde, keinesfalls erfüllt. Nach der Gesetzesbegründung sollte dem Angebot ausländischer Anbieter, welche deutschen Kunden per Internet oder Telefon Oddset-Sportwetten anbieten, ein eigenes entgegengesetzt werden[246]. Daraufhin wurde die Oddset-Sportwette flächendeckend wie das klassische Zahlenlotto eingeführt und dafür nachhaltig geworben. Es kann nicht davon ausgegangen werden, dass die Länder aus Gesichtspunkten der Gefahrenabwehr dazu „gezwungen" waren, in einem solchen Umfang selbst Oddset-Sportwetten zu veranstalten und zu bewerben. Dadurch wurden Spielanreize auch bei solchen Personen gesetzt, die nie zuvor eine Oddset-Sportwette bei einem ausländischen Anbieter mittels Internet oder Telefon abgeschlossen haben. Richtigerweise hätte die Oddset-Sportwette zunächst allenfalls für eine Teilnahme über das Internet und Telefon eingeführt werden dürfen, um den ausländischen Angeboten in diesem beschränkten Rahmen entgegenzutreten. Das Verhalten der staatlichen Veranstalter, die Oddset-Sportwette in großem Umfang zu etablieren und zu bewerben, steht jedenfalls in Widerspruch zu der gesetzlich vorausgesetzten Unerwünschtheit des Glücksspiels. Zudem ist kritisch zu hinterfragen, ob ausländische Anbieter, welche

---

[243] VG Düsseldorf 18 K 11762/96 vom 31.8.2001 Umdruck S. 11, 12, abrufbar unter http://www.jurawelt.com.

[244] *Ohlmann* WRP 1998, 1043 (1047).

[245] A. A. *Stein* RIW 1993, 838 (840), der davon ausgeht, dass ein staatliches Glücksspielangebot, welches seiner ordnungspolitischen Aufgabe, kein Bedürfnis für illegale Spielangebote aufkommen zu lassen, gerecht werden will, das Maximum an Spielbedürfnis abschöpfen müsse. *Stein* verkennt dabei, dass die ordnungspolitische Aufgabe allein darin besteht, legale Spielangebote nur in dem Umfang zu schaffen, welcher die Herausbildung eines illegalen Marktes verhindert. Mit dem Gefahrenabwehrgedanken nicht zu vereinbaren ist, dass ein staatliches Angebot selbst das Maximum an Spielbedürfnis abschöpfen muss.

[246] Siehe *Voßkuhle/Bumke*, Sportwette S. 12.

mittels Internet die Möglichkeit der Spielteilnahme auch in Deutschland anbieten, sich nach deutschem Strafrecht überhaupt strafbar machen. Nur in diesem Fall kann angenommen werden, dass es sich um ein illegales Angebot handelt, dem vonseiten des Staates entgegenzutreten ist. Richtigerweise ist derzeit bereits die Anwendbarkeit deutschen Strafrechts diesbezüglich zu verneinen[247]. Im Rahmen der Einführung der Oddset-Sportwette wurde diese Frage gar nicht erst erörtert. Dies ist ein weiteres Indiz dafür, dass es den staatlichen Stellen allein darum ging, den Kapitalabfluss aus Deutschland zu verhindern. Der eigentliche Grund für die Einführung der Oddset-Sportwette bestand mithin in der Wahrung der fiskalischen Interessen[248].

b) Ausstrahlung auf die Verfassungsmäßigkeit eines staatlichen Monopols

Fraglich ist, ob das zu beanstandende staatliche Veranstalterverhalten auf die Verfassungsmäßigkeit eines gesetzlich angeordneten staatlichen Monopols negativ ausstrahlt. Dabei ist zu berücksichtigen, dass Defizite in der Umsetzung von Gesetzen durch die staatliche Verwaltung nicht ohne weiteres auf die Verfassungsmäßigkeit der jeweiligen Gesetze zurückschlagen[249]. Dies ist nur dann anzunehmen, wenn die zu beanstandende Verwaltungspraxis auf strukturelle Mängel der gesetzlichen Regelungen zurückzuführen ist. Zu denken ist insoweit daran, dass häufig durch Gesetz der Rahmen für eine Ausweitung des Spielangebots erst geschaffen wird. Zudem fehlen gesetzliche Bestimmungen, die einem aggressiven Werbestil entgegenwirken und beispielsweise Hinweispflichten auf die Gefahren des Glücksspiels vorschreiben. Dies spricht dafür, dass die beschriebene Verwaltungspraxis tatsächlich auf strukturelle Mängel der gesetzlichen Regelungen basiert. Letztlich kommt es darauf aber gar nicht an, da gesetzlich angeordnete staatliche Monopole im Sportwettenbereich bereits unabhängig vom tatsächlichen staatlichen Veranstalterverhalten wegen Verstoß gegen Art. 12 Abs. 1 GG sowie Art. 3 Abs. 1 GG verfassungswidrig sind.

2. Entscheidungen zur Bundesumweltlotterie

Auch der Rechtsprechung im Zusammenhang mit der Erlaubnis einer Bundesumweltlotterie sind starke Privatisierungstendenzen zu entnehmen. Vor mehreren Jahren stellte eine Arbeitsgemeinschaft gemeinnütziger Organisationen[250] einen Antrag

---

[247] Dazu ausführlich auf S. 141 ff.

[248] Ähnlich sehen *Adams/Tolkemitt* ZBB 2001, 170 ff.; *Dickersbach* GewArch 1998, 265 (266); *Odenthal* GewArch 2001, 276 (280); *Papier* in FS für Stern S. 543 ff.; *Wilms*, Grenzüberschreitende Lotterietätigkeit S. 81.

[249] So zu Recht *Dietlein* BayVBl. 2002, 161 (164); BayVGH GewArch 2003, 115 ff.

[250] Zu diesen gehören „Deutsche Welthungerhilfe", „terre des hommes", „Deutsches Komitee für UNICEF", „Greenpeace", „Umweltstiftung WWF-Deutschland", „Naturschutzbund Deutschland",, „Bund für Umwelt und Naturschutz Deutschland", „Bischöfliches Hilfswerk für Misereor" und „Kindernothilfe".

auf Erlaubnis einer Lotterie, deren Erträge für Zwecke des Natur- und Umweltschutzes und der Entwicklungszusammenarbeit eingesetzt werden sollen. Die Lotterie soll bundesweit als „Neue Bundeslotterie für Umwelt und Entwicklung" durchgeführt werden[251]. Voraussetzung für eine bundesweite Veranstaltung der geplanten Lotterie ist angesichts der Lotteriehoheit der Länder[252], dass den Veranstaltern eine entsprechende Erlaubnis von allen zuständigen Landesbehörden erteilt wird. Da seitens einiger Landesbehörden dies abgelehnt wurde, hatte sich die Rechtsprechung mit der Frage zu befassen, ob nach den jeweiligen gesetzlichen Vorgaben ein Anspruch auf die Erteilung einer Erlaubnis besteht.

a) Position der überwiegenden Rechtsprechung

Die ganz überwiegende Rechtsprechung bejaht im Ergebnis einen Anspruch auf Erteilung der beantragten Erlaubnis. Insbesondere das in Niedersachsen durchgeführte Pilotverfahren endete mit einer rechtskräftigen Verpflichtung zur Erteilung der begehrten Zusicherung einer Erlaubnis[253].

(1) Hinreichendes öffentliches Bedürfnis

Ein wesentlicher Streitpunkt in diesem Verfahren bestand zunächst in der Frage, ob das gemäß § 11 Abs. 3 Nr. 1 NLottG erforderliche hinreichende öffentliche Bedürfnis für die Veranstaltung der Lotterie damit begründet werden kann, dass die vorgesehene Verwendung des Zweckertrags einem durch andere Lotterien noch nicht geförderten Zweck[254] dienen soll. Das Oberverwaltungsgericht Lüneburg bejaht dies und beruft sich bei seiner Begründung unter anderem auf das herkömmliche Verständnis dieses Merkmals, wie es in verschiedenen Verwaltungsvorschriften zum Ausdruck komme[255]. Daneben führt es aus, dass die Mitberücksichtigung des genannten Kriteriums auch aus Gründen des Grundrechtsschutzes angezeigt sei[256]. Die Gegenauffassung in der Literatur verneint dagegen ein öffentliches Bedürfnis bei einer Angebotslücke dann, wenn die Gefahr besteht, dass neue Spielerschichten angesprochen werden[257]. Eine Ausnahme sei nur dann anzunehmen, wenn diese Lücke durch ausländische oder illegale Veranstaltungen geschlossen zu werden drohe[258]. Diese Ansicht konnte sich jedoch in der Rechtsprechung nicht durchsetzen[259].

---

[251] Vorbild ist eine seit 1990 in den Niederlande veranstaltete Lotterie, welche auf der Verwendung von Postleitzahlen beruht.

[252] Siehe nur *Ohlmann* WRP 1998, 1043 (1048, 1051); *Stögmüller* K & R 2002, 27 (29).

[253] Nds. OVG GewArch 2000, 116 ff.

[254] Insbesondere Umweltschutz und Entwicklungshilfe.

[255] Nds. OVG GewArch 2000, 116 (117).

[256] Nds. OVG GewArch 2000, 116 (117).

[257] *Tettinger* DVBl. 2000, 868 (873).

[258] *Tettinger* DVBl. 2000, 868 (873). *Tettinger* begründet diese restriktive Ansicht mit dem Gesetzeszweck der lotterierechtlichen Vorgaben, welche primär der Eindämmung und Kana-

Das Bundesverwaltungsgericht hat die Rechtsauffassung des Oberverwaltungsgerichts Lüneburg nicht beanstandet und eine fehlerhafte Anwendung von Bundesrecht verneint[260].

(2) Limitiertes Restermessen

Eine ähnliche, die privaten Antragssteller begünstigende Wertung nimmt die Rechtsprechung auf Rechtsfolgenseite im Rahmen des Ermessens vor. Das Oberverwaltungsgericht Lüneburg verneint die Möglichkeit, eine Genehmigung aus Ermessensgründen abzulehnen. Solche seien weder vorgetragen worden noch ersichtlich. Im Übrigen sei ein Restermessen wegen der Freiheitsrechte der Antragsteller nur limitiert zuzubilligen[261]. Auch diesbezüglich hat sich die Ansicht des Oberverwaltungsgerichts Lüneburg in der Rechtsprechung durchgesetzt[262].

b) Stellungnahme

Diese Rechtsprechung ist bemerkenswert, kommt sie doch einem Paradigmenwechsel im Lotterierecht gleich[263]. Sowohl bei der Auslegung des Tatbestandsmerkmals „hinreichendes öffentliches Bedürfnis" als auch auf Rechtsfolgenseite im Rahmen des Ermessens werden die Interessen privater Anbieter nicht mehr mit dem pauschalen Hinweis auf den Charakter des Lotterierechts als Gefahrenabwehrrecht hinten angestellt. Vielmehr wird die verfassungsrechtlich gewährleistete Berufsfreiheit privater Anbieter zunehmend ernst genommen. Mitverantwortlich für diese Entwicklung dürfte vor allem die bereits beschriebene Tatsache sein, dass bei den staatlichen Veranstaltern eine aggressive und ausufernde Geschäftspolitik zu beobachten ist. Nachdem nunmehr die Rechtsprechung im Streit um die Zulassung der Bundesumweltlotterie sich auf die Seite der privaten Anbieter gestellt hat, wird von den Ländern teilweise versucht, dieser Rechtsprechung gezielt die Grundlage zu entziehen. So hat der Landtag von Sachsen-Anhalt am 15.4.2001 ein Gesetz ver-

---

lisierung des Spieltriebs dienten, DVBl. 2000, 868 (872). Näher dazu *Tettinger/Ennuschat*, Grundstrukturen S. 32 ff.

[259] Auch der BayVGH folgt der Auffassung des OVG Lüneburg, siehe BayVGH GewArch 2002, 23 (24).

[260] BVerwG DVBl. 2000, 1625 (1626). Das BVerwG ist gemäß § 137 Abs. 1 VwGO auf die Prüfung beschränkt, ob das angefochtene Urteil auf der Verletzung von Bundesrecht oder einer mit dem BVwVfG wortgleichen Verwaltungsvorschriften beruht.

[261] Nds. OVG GewArch 2000, 116 (118). Das Nds. OVG hatte den lotterierechtlichen Erlaubnistatbestand gleichwohl als „Repressivverbot mit Erlaubnisvorbehalt" eingeordnet; anders *Ossenbühl* VerwArch. 86 (1995) 187 (200 ff.).

[262] Siehe BVerwG DVBl. 2000, 1626 (1627); BayVGH GewArch 2002, 23 (24, 25); ebenso *Jarass* DÖV 2000, 753 (761) mit Verweis auf den Grundrechtsschutz der privaten Antragsteller. Die Gegenauffassung kritisiert, dass dadurch ein Repressivverbot unzulässigerweise in ein Präventivverbot umgedeutet werde, siehe *Ennuschat* DVBl. 2000, 1625 (1629).

[263] So auch *Martell* LKV 2001, 452 (453).

abschiedet, in dem er klarstellt, dass für das hinreichende öffentliche Bedürfnis der Zweck der Veranstaltung, namentlich die vorgesehene Verwendung des Zweckertrags, außer Betracht bleibe[264]. Gegen eine solche Regelung sind im Hinblick auf die verfassungsrechtlich gewährleistete Berufsfreiheit erhebliche Bedenken zu erheben[265]. Angesichts der zahlreichen Hürden in verschiedenen Ländern ließ sich die Arbeitsgemeinschaft der gemeinnützigen Organisatoren schließlich auf einen Kompromiss ein: Die Umweltlotterie ging im Oktober 2003 zwar an den Start. Anders als geplant wird diese jedoch nun von der Westdeutschen Lotterie GmbH & Co OHG veranstaltet und steht damit unter staatlicher Regie.

Gleichwohl ist der Rechtsprechung im Zusammenhang mit der Zulassung einer Bundesumweltlotterie eine nicht zu unterschätzende Bedeutung beizumessen. Es wurde seitens der Rechtsprechung deutlich gemacht, dass die Monopolstellung des Staates im Glücksspielbereich nicht weiterhin unantastbar ist und damit einen Paradigmenwechsel im Glücksspielrecht eingeleitet.

3. Der Beschluss des Bundesgerichtshofs zu
den gewerblich organisierten Lottospielgemeinschaften

Bei einer Untersuchung der Privatisierungstendenzen in der Rechtsprechung zum Glücksspielrecht darf der Beschluss des Bundesgerichtshofs vom 9.3.1999 hinsichtlich gewerblich organisierter Lottospielgemeinschaften nicht fehlen[266]. Die Organisatoren von gewerblich organisierten Lottospielgemeinschaften versprechen höhere Gewinnchancen aufgrund der Verwendung bestimmter Systeme, wobei davon auszugehen ist, dass die Gewinnchancen in der Regel zu Lasten von „Spitzengewinnen" erhöht werden[267]. Im Rahmen eines mit jedem einzelnen Spieler abgeschlossenen Geschäftsbesorgungsvertrags fasst der Organisator die Spieler anhand des von diesen jeweils gewählten Spielsystems zu einzelnen Spielgemeinschaften zusammen. Aufgrund der dem Organisator seitens der Spieler erteilten Vollmacht füllt dieser die Spielscheine in deren Namen aus und schließt in deren Namen die Spielverträge ab. Zudem obliegt es dem Organisator, die einzelnen Zahlen, die gespielt werden sollen, zu bezeichnen. Nur manche Organisatoren hinterlegen nach Abschluss des Spielvertrags die Spielscheine bei einem Treuhänder, der für die Spieler

---

[264] Vgl. § 3 Abs. 1 S. 3 SachsAnhLottG, abgedruckt im SachsAnhGVBl. S. 172; siehe dazu auch *Martell* LKV 2001, 452 ff.

[265] Siehe dazu die eingehende Argumentation des VG Düsseldorf 18 K 11762/96, Urteil vom 31.8.2001, abrufbar unter http://www.jurawelt.com/gerichtsurteile/oerecht/VerwG/ 3245?stylelite=1, Umdruck S. 8 ff. Das VG Düsseldorf stuft bereits das Tatbestandsmerkmal „hinreichendes öffentliches Bedürfnis" per se als verfassungswidrig ein. Fraglich ist, ob das VG Düsseldorf nicht die Sache an das Bundes- oder Landesverfassungsgericht hätte vorlegen müssen statt selbst Regelungen der LotterieVO (NRW) für nichtig zu erklären. Denn die LotterieVO ist formalgesetzlich im Lotteriegesetz (NRW) fundiert, siehe *Dietlein* BayVBl. 2002, 161 (164).

[266] BGH ZIP 1999, 1021 ff.

[267] Siehe *Fruhmann* MDR 1993, 822 (824).

auf Grund einer von ihnen erteilen Vollmacht eventuelle Gewinne bei den Lottoge-
sellschaften geltend macht und die Auszahlung an die Spieler veranlasst[268]. Für die
Leistungen des Organisators im Rahmen seiner Geschäftsbesorgung haben die Mitspieler ihm ein zusätzliches Entgelt zum Spieleinsatz zu erbringen[269].

a) Der Beschluss der Gesellschafter
des Deutschen Toto- und Lottoblocks

Am 30.5.1995 beschlossen die Gesellschafter des Deutschen Toto- und Lottoblocks mit der erforderlichen qualifizierten Mehrheit, dass den gewerblich organisierten Spielgemeinschaften sowie deren gemeinsam spielenden Mitgliedern die
Spielteilnahme nicht weiter zu gestatten ist[270]. Im Wesentlichen beruht der Erlass
des Beschlusses auf folgenden Aspekten, die vonseiten der meisten Gesellschafter
des Deutschen Toto- und Lottoblocks als zu bekämpfende Missstände bewertet
werden:

– Die gewerblichen Organisatoren von Spielgemeinschaften sind bundesweit tätig
  und schließen als Vertreter der von ihnen gebildeten Spielgemeinschaften die
  Spielverträge nur mit bestimmten Lotterieunternehmen ab, ohne territoriale Gegebenheiten zu beachten[271].

– Die Vermittlungstätigkeit der gewerblichen Organisatoren wird staatlich nicht
  kontrolliert, obwohl ähnliche Gefahren für die Spielteilnehmer bestehen, wie
  wenn die Organisatoren selbst eine Lotterie veranstalten würden.

– Die nicht unerheblichen Umsätze der gewerblichen Organisatoren unterfallen
  nicht der Lotteriesteuer, so dass die privaten Organisatoren sich ungeschmälert im
  Zusammenhang mit der Veranstaltung eines Glücksspiels bereichern können[272].

---

[268] Zu der üblichen Ausgestaltung der Vermittlungstätigkeit durch gewerbliche Organisatoren von Spielgemeinschaften siehe *Pönicke* WRP 1998, 830 ff.; *Fruhmann* MDR 1993, 822 ff.;
Otto Jura 1997, 385 ff.

[269] Die an den Organisator zu leistende Gebühr beträgt häufig circa 30 % des Spieleinsatzes.

[270] Näher zu den Einzelheiten des Beschlusses siehe BGH ZIP 1999, 1021 (1021).

[271] *Ohlmann* WRP 1998, 1043 (1053) bezeichnet das Handeln der Lotterieunternehmen, die
mit den gewerblichen Organisatoren zusammenarbeiten, als „Freibeuter-Aktivität".

[272] Derzeit wird ein Staatsvertragsentwurf zum Lotteriewesen in Deutschland diskutiert,
siehe LT-Drucks. (BW) 13/1039 S. 1 ff. In diesem soll unter anderem die Tätigkeit der gewerblichen Spielvermittler näher geregelt werden. Gemäß § 14 Abs. 2 Nr. 3 des Entwurfes ist beispielsweise vorgesehen, dass der gewerbliche Spielvermittler mindestens 80 % der von den
Spielern vereinnahmten Beträge für die Teilnahme am Spiel an den Veranstalter weiterzuleiten hat. Dadurch soll der vom Staat vereinnahmte Gewinn zu Gunsten der Haushalte erhöht
werden.

b) Aufhebungsbeschluss des Bundeskartellamts und dessen Bestätigung
durch den Bundesgerichtshof

Das Bundeskartellamt hat mit Beschluss vom 22.11.1995 den Blockgesellschaftern die Durchführung ihres Beschlusses mit der Begründung untersagt, dass dieser eine kartellrechtswidrige Absprache enthalte. Denn indem durch den Beschluss der Mitglieder des Deutschen Toto- und Lottoblocks Organisatoren von Spielgemeinschaften ohne sachlichen Grund ausgeschlossen werden, würde damit zugleich der Wettbewerb der Blockgesellschafter untereinander beeinträchtigt. Der Bundesgerichtshof hat die Ansicht des Bundeskartellamtes letztinstanzlich bestätigt. Dabei ist zu beachten, dass der Bundesgerichtshof durch den Wortlaut seiner Entscheidungsformel die Gesellschafter des Deutschen Toto- und Lottoblocks nicht generell verpflichtete, gewerblich organisierte Spielgemeinschaften zum Spielbetrieb zuzulassen. Die Entscheidung lässt insoweit die Frage offen, ob ein den Ausschluss rechtfertigender Grund darin gesehen werden kann, dass ein Blockgesellschafter beim Abschluss eines Spielvertrags mit einer Spielgemeinschaft nicht hinreichend die territoriale Bezogenheit einer Erlaubnis zur Veranstaltung eines Glücksspiels beachtet und sich möglicherweise dadurch strafbar macht[273]. Jedoch bringt der Bundesgerichtshof deutlich zum Ausdruck, dass ein Verstoß gegen § 1 GWB bereits darin liege, dass derartige Spielgemeinschaften ohne Vorliegen weiterer sachlicher Gründe vom Spielbetrieb ausgeschlossen werden[274].

c) Problem der Anwendbarkeit des Gesetzes
gegen Wettbewerbsbeschränkungen

Aus wettbewerbsrechtlicher Sicht wird ernsthaft nicht bestritten, dass der Beschluss der Gesellschafter des Deutschen Lotto- und Totoblocks kartellrechtswidrig ist[275]. Denn dieser schränkt den Wettbewerb der einzelnen Blockgesellschafter untereinander ein, indem gänzlich untersagt wird, mit gewerblichen Spielvermittler zusammenzuarbeiten. Problematisch ist allein, ob die Gesellschafter des Deutschen Toto- und Lottoblocks zueinander im Wettbewerb stehen, mithin das Gesetz gegen Wettbewerbsbeschränkungen auf die Gesellschafter des Deutschen Toto- und Lottoblocks überhaupt anwendbar ist. Dies setzt voraus, dass die Gesellschafter des Deutschen Toto- und Lottoblocks wirtschaftlich tätige „Unternehmen" im Sinne des § 1 GWB sind.

---

[273] BGH ZIP 1999, 1021 (1022); zur möglichen Strafbarkeit der Blockgesellschafter, welche mit gewerblichen, bundesweit agierenden Spielvermittler zusammenarbeiten siehe dazu im 3. Teil § 9.

[274] BGH ZIP 1999, 1021 (1022).

[275] Auch *Ohlmann* WRP 2001, 672 (673) stimmt dem Ergebnis der Entscheidung insoweit zu, auch wenn er im Übrigen dieser sehr kritisch gegenübersteht.

(1) Haltung des Bundesgerichtshofs

Der Bundesgerichtshof bejaht einen Wettbewerb unter den Gesellschafter des Deutschen Toto- und Lottoblocks und legt dabei einen weiten Unternehmensbegriff zugrunde[276]. Daran ändere nichts, dass die Gesellschafter des Deutschen Toto- und Lottoblocks Träger hoheitlicher Gewalt sind, da diese nicht ausschließlich als solche, sondern auch wirtschaftlich tätig seien[277].

(2) Kritik in der Literatur

Ohlmann kritisiert die Haltung des Bundesgerichtshofs und trägt vor, dass die Gesellschafter des Deutschen Toto- und Lottoblocks gerade nicht Akteure des Wirtschaftslebens seien, sondern allein Kompetenzträger. Ihr Status sowie ihr Handeln sei allein verwaltungsrechtlich zu beurteilen. Durch die Erstreckung des allgemeinen Wettbewerbsrechts bestehe die Gefahr, die ganze Systematik und Dogmatik des öffentlichen Rechts zu unterlaufen[278].

(3) Eigene Stellungnahme

Der Bundesgerichtshof vertritt zu Recht die Ansicht, dass die Regelungszuständigkeit der Länder weder rechtlich noch logisch einen Wettbewerb der Blockgesellschafter ausschließt und zeigt auf, dass unter diesen ein Wettbewerb besteht. Dem steht nicht entgegen, dass ein Wettbewerb der Gesellschafter untereinander lediglich in geringem Umfang zu verzeichnen ist. Angesichts des in der Rechtsprechung anerkannten weiten Unternehmensbegriffs genügt es, dass überhaupt eine Wettbewerbssituation der einzelnen Blockgesellschafter untereinander besteht. Zudem ist der eingeschränkte Wettbewerb nicht rechtliche Folge der Lotteriehoheit, sondern beruht auf der weitgehenden Vereinheitlichung der Teilnahmebedingungen infolge des Zusammenschlusses der Länder im Deutschen Toto- und Lottoblock[279]. Der abweichenden Ansicht in der Literatur ist entgegenzuhalten, dass Träger hoheitlicher Gewalt, welche auch wirtschaftlich tätig werden, ebenfalls den Regeln des Kartellrechts unterliegen[280]. Der Anwendung des Gesetzes gegen Wettbewerbsbeschränkungen auf den Beschluss der Gesellschafter des Deutschen Toto- und Lottoblocks ist somit zuzustimmen.

---

[276] Der Unternehmensbegriff wird durch jedwede Tätigkeit im geschäftlichen Verkehr erfüllt, BGH ZIP 1999, 1021 (1023). Zur Erläuterung der Schutzfunktion des Kartellrechts siehe *Bechtold*, Kartellgesetz, Einf. Rdnr. 43.

[277] BGH ZIP 1999, 1021 (1023).

[278] *Ohlmann* WRP 2001, 672 (674 f.).

[279] So auch BGH ZIP 1999, 1021 (1024).

[280] Etwas anderes gilt nur, wenn ein Träger hoheitlicher Gewalt ausschließlich als solche tätig sind, EuGH NJW 1975, 2162 (2162).

d) Auswirkungen der Rechtsprechung
des Bundesgerichtshofs

Der Beschluss des Bundesgerichtshofs ist insofern von weitreichender Bedeutung, als dadurch die Verdrängung der Organisatoren von Spielgemeinschaften vom Glücksspiel„markt" verhindert wurde. Nach wie vor nehmen daher Spieler über gewerbliche Spielvermittler am staatlichen Lotterieangebot teil. Angesichts dieser „Vorschaltung" privater Organisatoren büßen die Gründe für eine staatliche Monopolstellung im Lotterierecht zusätzlich an innerer Überzeugungskraft ein. Denn der Spieler steht bei der Spielvermittlung in direktem Kontakt mit privaten Organisatoren, leistet insbesondere an diese seinen Geldeinsatz. Er ist deshalb den Gefahren des Glücksspiels bei der Spielvermittlung durch private Unternehmer ebenso ausgesetzt wie bei der Veranstaltung eines Glücksspiels durch diese selbst. Dies wirft die Frage auf, warum dann überhaupt noch zum Schutze der Spieler ein staatliches Monopol bei der eigentlichen Veranstaltung erforderlich sein soll. Die Bestätigung der Zulässigkeit privater gewerblicher Spielvermittler durch die Rechtsprechung des Bundesgerichtshofs zeigt einmal mehr auf, dass das Festhalten an einer staatlichen Monopolstellung im Glücksspielbereich nicht mehr zeitgemäß ist[281].

D. Das Glücksspielrecht als Querschnittsmaterie

Das Glücksspielrecht lässt sich – wie andere Rechtsbereiche auch[282] – als Querschnittsmaterie bezeichnen. Durch die Verwendung des Begriffs „Querschnittsmaterie" wird die Besonderheit zum Ausdruck gebracht, dass der Blickwinkel auf den betroffenen Rechtsbereich nicht mit einer Beschränkung auf eine der klassischen Fächerdisziplinen Strafrecht, Zivilrecht und Öffentliches Recht einhergeht. Speziell das deutsche Glücksspielrecht zeichnet sich darüber hinaus dadurch aus, dass Rechtsgrundlagen für verschiedene Arten von Glücksspielen ebenso existieren wie Regelungen im Bundes- und Landesrecht. Diese „mehrfache Verwobenheit" macht das Glücksspielrecht zu einer äußerst komplizierten Rechtsmaterie. Nachdem oben bereits ein Überblick über das gesetzliche Regelungswerk gegeben wurde, soll nunmehr den Gründen für die Zersplitterung des Glücksspielrechts nachgegangen werden.

---

[281] *Ohlmann* WRP 1998, 1043 (1053) zieht zu Recht vor diesem Hintergrund den Schluss, dass die Entscheidung des Bundesgerichtshofs möglicherweise einen Paradigmenwechsel im Glücksspielrecht einleitet.

[282] So beispielsweise das Informationsrecht vgl. *Sieber* NJW 1989, 2569 (2579), ausführlich zu diesem Regelungskomplex *Kloepfer*, Informationsrecht; das Datenschutzrecht vgl. *Gola* NJW 1996, 3312 ff.; *derselbe* NJW 1994, 3138 ff.; das Kapitalmarktrecht vgl. *Schneider* AG 2001, 269 (270).

I. Gründe für die Bezeichnung des Glücksspielrechts als Querschnittsmaterie

Das Glücksspielrecht passt nicht in das System der klassischen Teilrechtsgebiete[283]. Das Glücksspielrecht ist vielmehr Ausfluss eines fächerübergreifenden Ansatzes, der alle mit den verschiedenen Glücksspielen zusammenhängenden Fragen zu einem Komplex zusammenfasst[284]. Insoweit fungiert der Begriff „Glücksspielrecht" als Oberbegriff, der an einen bestimmten Lebenssachverhalt – nämlich die Veranstaltung von oder die Teilnahme an Glücksspielen – anknüpft. Gerade in jüngerer Zeit werden spezifische Rechtsprobleme eines bestimmen Lebenssachverhalts zu einer Rechtsmaterie zusammengefasst. Man denke nur an die Bereiche Informationsrecht, Medienrecht oder Internetrecht[285]. Eine solche Zusammenfassung zu einem eigenen Rechtsbereich geht nicht konform mit der Einteilung der klassischen Rechtsgebiete, welche grundsätzlich eine systematische und dogmatische Geschlossenheit aufweisen. Jedoch ist es kein neues Phänomen, dass Rechtsbereiche entstehen, welche die Grenzen zwischen den klassischen Fächerdisziplinen aufweichen. Man denke nur an die institutionell eigenständigen Bereiche des Sozialrechts, Umweltrechts oder Arbeitsrechts, bei denen sich Prinzipien, Figuren, Methoden und Denkweisen des Zivilrechts und Öffentlichen Rechts vermischen[286]. Als Ausgangspunkt für die Entstehung einer Querschnittsmaterie wie das Glücksspielrecht ist somit nicht zuletzt der Vorteil eines fächerübergreifenden Blickwinkels auf die Rechtsprobleme eines spezifischen Lebenssachverhaltes anzusehen.

Zu klären bleibt, was die Gründe für das Bedürfnis sind, glücksspielrechtliche Fragestellungen aus den verschiedenen Teilrechtsordnungen in Zusammenhang zu bringen und unter den Begriff „Glücksspielrecht" zusammenzufassen. Dies erschließt sich erst, wenn man sich die Gefahr von Wertungswidersprüchen innerhalb der Rechtsordnung vergegenwärtigt. Im Interesse der Einheit der Rechtsordnung sind unterschiedliche Bewertungen innerhalb der verschiedenen Teilrechtsordnungen zu verhindern, Verwaltungsrecht, Zivilrecht und Strafrecht müssen miteinander verbunden, abgestimmt und in eine widerspruchslose Ordnung gebracht werden[287].

---

[283] Nur wenige Beiträge setzen sich mit dem Glücksspielrecht als zusammenhängende Rechtsmaterie auseinander, siehe z. B. die Beiträge von *Voßkuhle* VerwArch. 87 (1996), 395 ff. und *Bargmann-Huber* BayVBl. 1996, 165 ff. *Bargmann-Huber* bezeichnet das Glücksspielrecht treffend als Randmaterie im Schnittfeld von Strafrecht, Verwaltungsrecht, Privatrecht sowie Medien- und Kartellrecht, BayVBl. 1996, 165 (170).

[284] Ähnliches gilt beispielsweise für das „Online-Recht". Nach *Strömer* stellt die unter diesen Begriff gefasste Rechtsmaterie kein eigenständiges Rechtsgebiet dar, sondern ist Ausfluss der Betrachtung eines bestimmten Lebenssachverhalts aus verschiedenen juristischen Blickwinkeln, siehe *Strömer*, Online-Recht S. 2.

[285] Zu diesen verschiedenen Rechtsbereichen siehe nur *Kloepfer*, Informationsrecht; *Bechtold*, Informationsrecht; *Fechner*, Medienrecht; *Kröger*, Internetrecht; *Eichhorn*, Internet-Recht.

[286] *Ossenbühl* DVBl. 1990, 963 (964).

[287] *Ossenbühl* DVBl. 1990, 963 (964); *Sieber* NJW 1989, 2569 (2679).

Durch einen fächerübergreifenden Ansatz wird der Blickwinkel nicht auf einen Teilbereich der Rechtsordnung begrenzt, so dass es leichter fällt, Wertungswidersprüche innerhalb der Rechtsordnung zu erkennen und diese im Interesse der Einheit der Rechtsordnung[288] nach Möglichkeit aufzulösen[289]. Wertungswidersprüche innerhalb der Rechtsordnung drohen insbesondere dann zu entstehen, wenn die betroffene Rechtsmaterie sehr zersplittert ist und gleichwohl zwischen den einzelnen Teilbereichen Querverbindungen und Zusammenhänge bestehen. Die Rechtsmaterie Glücksspielrecht wird im Folgenden auf diese Besonderheiten hin untersucht. Damit wird zugleich den Gründen für die Bezeichnung des Glücksspielrechts als Querschnittsmaterie nachgegangen.

1. Dogmatische Querverbindungen und gegenseitige Beeinflussung

Im Glücksspielrecht bestehen einige bedeutende Querverbindungen zwischen den einzelnen Regelungskomplexen. Als wichtigste wurde bereits oben die Verwaltungsakzessorietät des strafrechtlichen Regelungskomplexes beschrieben. Diese beinhaltet nicht nur, dass das Verwaltungsrecht auf das Strafrecht einwirkt, sondern auch dass die für die Erteilung einer Erlaubnis zuständigen Behörden die ordnungspolitische Aufgabe der §§ 284 ff. StGB zu beachten haben. Der strafrechtliche und öffentlichrechtliche Regelungsbereich sind somit eng miteinander verbunden, so dass beide nicht losgelöst voneinander betrachtet werden können. Diese enge dogmatische Verbundenheit ist ein wichtiger Grund für die treffende Bezeichnung des deutschen Glücksspielrechts als Querschnittsmaterie[290]. Eine weitere Querverbindung stellt § 763 BGB her und zwar zwischen dem Öffentlichen Recht und dem Zivilrecht. In Ausnahme zum in § 762 BGB geregelten Grundsatz der Unverbindlichkeit von Spiel und Wette ist ein Lotterie- oder Ausspielungsvertrag dann verbindlich, wenn eine staatliche Genehmigung vorliegt[291]. Damit ist § 763 BGB ebenso wie die §§ 284, 287 StGB tatbestandlich davon abhängig, ob eine öffentlich-rechtliche Erlaubnis erteilt wurde.

---

[288] Siehe dazu ausführlich *Felix*, Einheit der Rechtsordnung.

[289] Ziel der Einheit der Rechtsordnung ist es, den gerecht aufeinander abgestimmten Interessen der Menschen zu dienen, vgl. *Sieber* NJW 1989, 2569 (2579). Auch das BVerfG hat die Widerspruchsfreiheit der Rechtsordnung als hohes Gut hervorgehoben, vgl. NJW 1999, 841 ff.; NJW 1998, 2346 ff.; NJW 1998, 2341 ff. Instruktiv dazu auch *Sodan* JZ 1999, 864 ff.

[290] Diese Konstruktion wird teilweise kritisiert. Beispielsweise empfindet es *Dickersbach* GewArch 1998, 265 (266) als „widersinnig, dass das Strafrecht, indem es nur die verbotenen Glücksspiele erfasst, auf die Erlaubnisregelungen verweist und dass die Erlaubnisregelungen ihrerseits auf das Strafrecht verweisen".

[291] Der Wortlaut des § 763 BGB bezieht sich aus historischen Gründen nur auf Lotterien und Ausspielungen. Die Regelung gilt daher für alle staatlich genehmigten Spiel- und Wettveranstaltungen aufgrund desselben Normzwecks zumindest analog, siehe BGH JuS 1999, 399 (399). Sehr anschaulich zu den unverbindlichen aleatorischen Verträgen *Henssler*, Risiko S. 419 ff.

a) Das Problem der Einhaltung
einer widerspruchsfreien Rechtsordnung

Das Problem der Einhaltung einer widerspruchsfreien Rechtsordnung wird deutlich, wenn man eine die Landesgrenzen überschreitende Veranstaltung eines Glücksspiels, welches nur in einem Bundesland aufgrund eines Landesgesetzes erlaubt ist, aus strafrechtlicher und zivilrechtlicher Sicht untersucht und die jeweiligen Rechtsfolgen miteinander vergleicht.

(1) Grenzüberschreitendes Glücksspiel aus strafrechtlicher Sicht

Nach überwiegender Auffassung entfaltet eine landesrechtliche Erlaubnis für die Veranstaltung eines Glücksspiels nur in dem Land Geltung, in dem sie erteilt worden ist[292]. Begründet wird dies damit, dass ein landesrechtlicher Akt auf Grundlage eines Landesgesetzes nicht dazu führen kann, dass eine Veranstaltung bundesweit erlaubt ist. So kam es beim Versenden von Spielscheinen einer Lotterie in ein anderes Bundesland zu einer Verurteilung wegen unerlaubter Veranstaltung einer Lotterie, da die räumliche Reichweite des Wirkungskreises der behördlichen Erlaubnis nicht beachtet wurde[293].

(2) Grenzüberschreitendes Glücksspiel aus zivilrechtlicher Sicht

Dessen ungeachtet wird von der ganz überwiegenden Meinung im Rahmen des § 763 BGB davon ausgegangen, dass Verträge innerhalb aller Bundesländer als verbindlich anzusehen sind, wenn nur überhaupt eine staatliche Erlaubnis für das betreffende Glücksspiel erteilt wurde[294]. Dies gelte insbesondere auch dann, wenn die räumliche Reichweite des Wirkungskreises einer Erlaubnis missachtet werde[295]. Begründet wird diese Wirkungserstreckung mit der Geltung des Bürgerlichen Gesetzbuches als Bundesgesetz.

---

[292] OLG Braunschweig NJW 1954, 1777 ff.; *Eser/Heine* in: Schönke/Schröder, StGB § 287 Rdnr. 16; *Fischer* in: Tröndle/Fischer, StGB § 287 Rdnr. 13. Hinweise auf weitere, unveröffentlichte Rechtsprechung finden sich bei *Ohlmann* WRP 1998, 1043 (1051) sowie *ders.* WRP 2001, 672 (683).

[293] OLG Braunschweig NJW 1954, 1777 ff.; ebenso BGH, Urteil vom 28.5.1957 – 1StR 339/56 – (unveröffentlicht).

[294] *Engel* in: Staudinger, BGB § 763 Rdnr. 15 mit Hinweis auf RGZ 48, 178; *Sprau* in: Palandt, BGB § 763 Rdnr. 3.

[295] Siehe dazu *Ohlmann* WRP 2001, 672 (678).

b) Möglichkeit einer Stimmigkeitsprüfung
innerhalb des Glücksspielbereichs

Folgt man nun der jeweils herrschenden Meinung, so kommt man zu dem Ergebnis, dass eine grenzüberschreitende Veranstaltung zwar strafbar, die insoweit abgeschlossenen Lotterieverträge aber gleichwohl gemäß § 763 BGB verbindlich sind[296]. Ein stimmiges Ergebnis wird auch nicht über § 134 BGB erreicht. Demgemäss kann zwar ein strafrechtlicher Verstoß auf die zivilrechtliche Wirksamkeit durchschlagen[297]. Dies setzt jedoch einen beidseitigen Verstoß der Vertragsparteien voraus[298]. § 285 StGB erfasst jedoch nur die Teilnahme an einem unerlaubten Glücksspiel im Sinne des § 284 StGB und nicht an einer unerlaubten Lotterie, so dass die Teilnahme an einer solchen nicht strafbar ist[299]. Es bleibt daher auch bei Einbeziehung des § 134 BGB bei der Verbindlichkeit eines Lotterievertrags, dessen Abschluss ein strafbares Verhalten gemäß § 287 StGB darstellt. Angesichts dessen ist kritisch zu hinterfragen, ob allein der Umstand, dass das Bürgerliche Gesetzbuch ein Bundesgesetz ist, dazu führen kann, den Wirkungskreis einer Erlaubnis jedenfalls in zivilrechtlicher Hinsicht auszudehnen. Ob damit gleichzeitig auch der Grundsatz der Einheit der Rechtsordnung verletzt ist, soll an dieser Stelle dahingestellt bleiben. Denn es ist anerkannt, dass es in den unterschiedlichen Teilrechtsordnungen zu berechtigten Wertungsdifferenzen kommen kann[300]. Es bleibt für den hier interessierenden Kontext jedoch festzustellen, dass der Vorteil der Betrachtung des Glücksspielrechts als Querschnittsmaterie gerade darin liegt, solche inneren Zusammenhänge zu erkennen und möglicherweise auftretende Wertungswidersprüche aufzulösen.

2. Die Unterscheidung nach verschiedenen Glücksspielarten

Die Zersplitterung im Glücksspielrecht ist des Weiteren dadurch geprägt, dass vor allem im öffentlichen Recht für das Glücksspiel nicht ein einheitlicher Regelungskomplex zur Anwendung kommt, sondern das Gesetz nach verschiedenen Glücksspielarten differenziert[301]. Zu unterscheiden sind vor allem Pferdewetten, sonstige

---

[296] Ebenso *Ohlmann* WRP 2001, 672 (678).

[297] Allgemein zur Bedeutung und Auslegung des § 134 BGB siehe *Larenz/Wolf*, BGB AT S. 733 ff.

[298] *Heinrichs* in: Palandt, BGB § 134 Rdnr. 8.

[299] *Eser/Heine* in: Schönke/Schröder, StGB § 285 Rdnr. 1; *Engel* in: Staudinger, BGB § 763 Rdnr. 17.

[300] *Vogel* NJW 1985, 2986 ff.

[301] Diese Unterscheidung nach den verschiedenen Glücksspielarten ist nicht zuletzt bedingt durch die Unterschiede der verschiedenen Glücksspielarten in ihrer historischen Entwicklung. Allgemein zur Geschichte des Glücksspiels siehe *Zollinger*, Geschichte. Im Strafrecht dagegen sind lediglich Lotterien und Ausspielungen als Sonderformen des Glücksspiels in § 287 StGB speziell geregelt. Im Gegensatz dazu fehlt im Zivilrecht nicht nur eine Differenzierung nach verschiedenen Glücksspielarten, sondern es werden sogar Spiel und Wette einheitlich behandelt, siehe § 762 BGB.

Sportwetten, Lotterien sowie die in Spielbanken betriebenen Spielformen. Dabei ist zu berücksichtigen, dass die Regelungskomplexe der einzelnen Glücksspielarten nicht beziehungslos nebeneinander stehen. So ist es beispielsweise bei der Prüfung der Verfassungsmäßigkeit einer gesetzlichen Regelung erforderlich, die entsprechenden Wertentscheidungen bei den jeweils anderen Glücksspielarten mit einzubeziehen. So ist bei einer unterschiedlichen Sachregelung vergleichbarer Glücksspielarten an eine Verletzung des allgemeinen Gleichheitssatzes gemäß Art. 3 Abs. 1 GG zu denken.

Beispielsweise lassen sich Private, für welche das Veranstaltungsverbot für Sportwetten gilt, und andere Private, welche Pferdewetten veranstalten dürfen, miteinander vergleichen. Dabei ist zu beachten, dass nach ständiger Rechtsprechung des Bundesverfassungsgerichts der Gleichheitsgrundsatz nur gegenüber dem nach der Kompetenzverteilung konkret zuständigen Träger der öffentlichen Gewalt besteht[302]. Für die Vergleichbarkeit kommt es daher auf die zugrundeliegende Kompetenzzuweisung beider Bereiche an. Richtigerweise ist auch die Veranstaltung von Sportwetten ebenso wie die Veranstaltung von Pferdewetten nach Art. 74 Abs. 1 Nr. 11 GG zum Recht der Wirtschaft zu zählen[303]. Unter dieser Prämisse ist der Gleichheitsgrundsatz anzuwenden. Dieser verlangt nach der Rechtsprechung des Bundesverfassungsgerichts eine bereichsspezifische Sachangemessenheit der gesetzlichen Differenzierung[304]. Demnach ergeben sich aus dem allgemeinen Gleichheitsgrundsatz je nach Regelungsgegenstand und Differenzierungsmerkmalen unterschiedliche Grenzen für den Gesetzgeber, die vom bloßen Willkürverbot bis zu einer strengen Bindung an Verhältnismäßigkeitserfordernisse reichen. Das Maß der Bindung hängt unter anderem davon ab, inwieweit die Betroffenen in der Lage sind, durch ihr Verhalten die Verwirklichung der Merkmale zu beeinflussen, nach denen unterschieden wird[305]. Insofern handelt es sich bei der Unterscheidung nach der Art der Sportwette um verhaltensgebundene Regelungen. Gleichwohl erscheint angesichts der erheblichen Beeinträchtigung der Berufsfreiheit eine deutlich über die Willkür- oder Evidenzkontrolle hinausgehende Prüfung geboten[306]. Unter dieser Prämisse kann der Bundesgesetzgeber den Anforderungen von Art. 3 Abs. 1 GG nicht dadurch entgehen, dass er die Pferderennwette regelt, den Sportwettenbereich im Übrigen aber der Regulierung der Länder überlässt. Vielmehr müssen nachvollziehbare Gründe für die erhebliche Ungleichbehandlung dieser beiden Bereiche bestehen. Solche sind jedoch nicht ersichtlich, so dass von einer gleichheitswidrigen Begünstigung der privaten Veranstalter von Pferdewetten auszugehen ist[307].

---

[302] BVerfGE 10, 354 (371). Ebenso die ganz überwiegende Literatur, vgl. *Starck* in: v. Mangoldt/Klein/Starck, GG Art. 3 Abs. 1 Rdnr. 226 m. w. N.

[303] Offen gelassen von BVerwG NJW 2001, 2648 (2649). Dazu sogleich näher, S. 70 f.

[304] BVerfGE 99, 367 (388 f.); *Voßkuhle/Bumke*, Sportwette S. 63 m. w. N.

[305] BVerfGE 99, 367 (388 f.).

[306] Ebenso *Voßkuhle/Bumke*, Sportwette S. 64.

[307] Näher dazu siehe *Voßkuhle/Bumke*, Sportwette S. 66.

Dieser Vergleich unterschiedlicher Sachregelungen von Glücksspielarten im Rahmen der Überprüfung der Verfassungsmäßigkeit macht deutlich, dass die einzelnen Glücksspielarten wechselseitig im Rahmen ihrer rechtlichen Einordnung aufeinander Einfluss nehmen können und es sich auch aus diesem Grund anbietet, die einzelnen Regelungskomplexe unter dem Begriff „Glücksspielrecht" zusammenzufassen.

3. Zersplitterung des Glücksspielrechts aufgrund der föderalen Strukturen

Die Gemengelage im Glücksspielrecht ist schließlich auch darauf zurückzuführen, dass glücksspielrechtliche Regelungen sowohl auf Bundes- als auch Landesebene bestehen. *Höfling* spricht insoweit von einer vertikalen Gliederung der Spielrechtsmaterie, durch welche der grundgesetzlichen Kompetenzverteilung im Gesetzgebungsbereich Rechung getragen wird[308]. Bei der Bestimmung der einschlägigen Gesetzgebungskompetenz kommt es auf den Schwerpunkt des maßgeblichen Gesetzeszwecks[309] ebenso wie auf die überkommene traditionelle Einordnung an[310]. Bei glücksspielrechtlichen Regelungen geht die tradierte Auffassung der Rechtsprechung dahin, diese als Regelungen zur Wahrung der öffentlichen Sicherheit und Ordnung einzuordnen, so dass das Glücksspielrecht überwiegend als Gefahrenabwehrrecht zum originären Aufgabenbereich der Länder gemäß Art. 70 Abs. 1, 30 GG gezählt wird[311]. Dem Bund verbleibt dagegen die konkurrierende Gesetzgebungskompetenz in den Bereichen Strafrecht (Art. 74 Abs. 1 Nr. 1 GG), Recht der Wirtschaft (Art. 74 Abs. 1 Nr. 11 GG) und Steuerrecht (Art. 105 Abs. 2 GG).

Teilweise gestaltet es sich schwierig, die verschiedenen Kompetenzbereiche voneinander abzugrenzen. So stellt sich beispielsweise die Frage, ob die Regelung der Oddset-Sportwette durch die Länder gegen die verfassungsmäßige Kompetenzordnung verstößt. Möglicherweise ist die Oddset-Sportwette nicht dem Gefahrenabwehrrecht, sondern dem Recht der Wirtschaft zuzuordnen. Das Bundesverwaltungs-

---

[308] *Höfling* GewArch 1987, 222 (222). Die horizontale Gliederung der Spielrechtsmaterie besteht demgegenüber in der Unterteilung nach verschiedenen Glücksspielarten.

[309] BVerwGE 97, 12 (15 f.); BVerfGE 97, 228 (251 f.); *Stettner* in: Dreier, GG, Bd. II, Art. 70 Rdnr. 32.

[310] Aufgrund des Bedürfnisses nach einem hohen Maß an Festigkeit und Berechenbarkeit der Zuständigkeitsgrenzen ist die historische Zugehörigkeit zu einem Regelungsbereich von großer Bedeutung, vgl. BVerwGE 85, 134 (144) sowie *Stettner* in: Dreier, GG, Bd. II, Art. 70 Rdnr. 26.

[311] Aus der Literatur vgl. *Lukes* in: FS für Stree/Wessels S. 1013 (1017); *Ohlmann* WRP 1998, 1043 (1044); *Tettinger* DVBl. 2000, 868 (869); *Voßkuhle* VerwArch. 87 (1996), 395 (398); Zweifel, ob die gegenwärtige Grenzziehung der Kompetenzzuweisung durch die Verfassung wirklich gerecht wird, äußern *Dickersbach* WiVerw. 1985, 23 (24) sowie *Niestegge*, Kompetenzverteilung S. 90 ff.; aus der Rechtsprechung für die Einordnung des Spielbankenrechts als Gefahrenabwehrrecht BVerfGE 28, 119 (147) sowie BVerwGE 96, 302 (306); für das Lotterierecht als Gefahrenabwehrrecht BVerwGE 6, 294 (295).

gericht hat diese Frage jüngst ausdrücklich offen gelassen[312]. Für eine Zuordnung zum Recht der Wirtschaft könnte sprechen, dass auch die Pferdewette als kleiner Ausschnitt aus dem Sachbereich der Sportwette dem Recht der Wirtschaft gemäß Art. 74 Abs. 1 Nr. 11 GG zugeordnet wird[313]. Das Bundesverwaltungsgericht stützt dieses Ergebnis neben dem Verweis auf die historisch bedingte Einordnung entscheidend darauf, dass der Buchmacher nicht nur Wetten zum Totalisatorkurs[314], sondern auch zu festen „Odds"[315] anbieten könne. Damit sei der Gewinn – anders als etwa bei einer Spielbank – nicht allein Zufallsprodukt eines wechselnden Spielverlaufs, sondern könne durch den Buchmacher mit der Festlegung der Wettangebote und der Quoten gesteuert werden. Der Betrieb eines Buchmachers sei somit vorrangig als wirtschaftliche Betätigung einzuordnen[316].

Diese Argumentation ist auch auf das Angebot der Oddset-Sportwette übertragbar. Die Quoten für einzelne Sportereignisse werden dabei vom Toto- und Lottoblock festgelegt. Richtigerweise ist daher auch für die gesetzliche Regelung der Oddset-Sportwetten die konkurrierende Gesetzgebungskompetenz des Bundes gemäß Art. 74 Abs. 1 Nr. 11 GG zu bejahen[317]. Gleichwohl verstößt die landesgesetzliche Regelung derzeit nicht gegen die verfassungsrechtliche Kompetenzordnung. Denn solange der Bundesgesetzgeber von seiner konkurrierenden Gesetzgebungskompetenz keinen Gebrauch gemacht und keine abschließende Regelung getroffen hat, tritt die Sperrwirkung des Art. 72 Abs. 1 GG nicht ein[318].

II. Die Vision der Schaffung eines einheitlichen Glücksspielgesetzes

Angesichts der Querschnittslage und der damit einhergehenden Zersplitterung der gesetzlichen Regelungen stellt sich die Frage, ob mit der Schaffung eines einheitlichen Glücksspielgesetzes den Wertungswidersprüchen innerhalb des Glücksspielrechts besser begegnet werden könnte. Die Regelungskomplexe aus dem Strafrecht, Zivilrecht und Öffentlichen Recht zusammenzuführen ist als nicht sinnvoll einzustufen, da sonst die klassischen Teilrechtsgebiete zu sehr eingeebnet würden und systematisch zusammenhängendes auseinandergerissen würde. Dagegen wäre

---

[312] BVerwG NJW 2001, 2648 (2649).

[313] BVerwGE 97, 12 (14 ff.).

[314] Bei Wetten zum Totalisatorkurs wird die Gewinnquote durch den Totalisator berechnet. Zum Begriff des Totalisators siehe S. 28.

[315] Der Begriff „Odds" wird etwa in § 4 Abs. 3 RWG verwendet. Er ist von dem aus dem Englischen stammenden Begriff „Oddset" abgeleitet, der Wetten mit von vornherein feststehenden Gewinnquoten bezeichnet.

[316] BVerwGE 97, 12 (15).

[317] Ausführlich dazu *Voßkuhle/Bumke*, Sportwette S. 47 ff., welche den Bereich der Veranstaltung von Sportwetten ebenfalls dem Recht der Wirtschaft im Sinne des Art. 74 Abs. 1 Nr. 11 GG zuordnen.

[318] BVerfGE 85, 134 (142 m. w. N.).

eine einheitliche Kodifizierung für den öffentlich-rechtlichen Glücksspielbereich durchaus zu begrüßen. Wertungswidersprüche unter den verschiedenen Glücksspielarten könnten aufgelöst werden. Bei einer bundesrechtlichen Regelung würden zudem die durch die unterschiedlichen Zuständigkeitsträger in den Ländern bestehenden Koordinationsprobleme wegfallen, die dadurch auftreten, dass trotz der Bejahung der Zuständigkeit der Länder viele Glücksspielarten bundesweit veranstaltet werden[319].

Voraussetzung für ein einheitliches Gesetz auf dem Gebiet des öffentlichen Glücksspielrechts ist allerdings, dass für den Glücksspielbereich insgesamt die Gesetzgebungskompetenz des Bundes zu bejahen ist. Zu denken ist insbesondere daran, den Glücksspielbereich insgesamt dem Recht der Wirtschaft im Sinne des Art. 74 Abs. 1 Nr. 11 GG zuzuordnen, indem man ähnlich wie beim Rennwett- und Lotteriegesetz oder der Gewerbeordnung dem Gefahrenabwehrgedanken nur eine untergeordnete Rolle beimisst. Für den Bereich der Oddset-Sportwette hat das Bundesverwaltungsgericht bereits Zweifel an der Einordnung als Gefahrenabwehrrecht erkennen lassen. Für das Lotterie- und Spielbankenrecht wird kritisch zu hinterfragen sein, ob in diesen Rechtsbereichen nach wie vor der Gefahrenabwehrgedanke überwiegt[320]. Sollten die Gerichte die bestehenden staatlichen Monopole in diesen Bereichen wegen Verstoßes gegen die Berufsfreiheit privater Anbieter als verfassungswidrig einstufen, hätte dies zur Folge, dass endgültig der Paradigmenwechsel im Glücksspielrecht „weg vom Ordnungsrecht hin zum Wirtschaftsrecht" vollzogen wäre. Damit wäre der Unterschied zu anderen Tätigkeiten, die trotz Elementen der Gefahrenabwehr zum Wirtschaftsverwaltungsrecht gezählt werden, aufgehoben. Konsequenterweise wäre dann die konkurrierende Gesetzgebungskompetenz des Bundes gemäß Art. 74 Abs. 1 Nr. 11 GG auch für diese Regelungsbereiche zu bejahen und damit der Weg frei für eine zu begrüßende einheitliche Regelung des öffentlich-rechtlichen Glücksspielbereichs.

§ 5 Vorgaben des Europarechts für die grenzüberschreitende Veranstaltung von Glücksspielen

A. Das Nebeneinander der nationalen Märkte

Die glücksspielrechtlichen Regelungen aller Mitgliedsstaaten der Europäischen Gemeinschaft stimmen insofern überein, als sie alle für die Veranstaltung eines

---

[319] Einen Überblick über die kooperative Staats- und Verwaltungspraxis im Lotteriewesen bietet *Ohlmann* WRP 1998, 1043 ff.

[320] Siehe dazu die zahlreichen kritischen Stimmen in der Literatur wie z. B. *Voßkuhle* VerwArch. 87 (1996), 395 ff.; *ders.* GewArch 2001, 177 ff.; *Adams/Tolkemitt* ZBB 2001, 170 ff.; *Wrage* JR 2001, 405 ff.; *Rausch* GewArch 2001, 102 ff.; *Papier* in: FS Stern S. 543 ff.; *Ossenbühl* VerwArch. 86 (1995), 187 ff.

Glücksspiels grundsätzlich eine staatliche Zulassung voraussetzen. Eine solche wird im Regelfall inländischen Veranstaltern erteilt, so dass beim Glücksspiel im Grundsatz von einem Nebeneinander der nationalen Märkte auszugehen ist[321]. Eine europaweite Harmonisierung und Liberalisierung des Glücksspiels erfolgte bislang nicht[322]. Angesichts eines zusammenwachsenden Europas stellt sich die Frage, ob nationale Vorschriften, die einer grenzüberschreitenden Veranstaltung innerhalb der Europäischen Union entgegenstehen, mit Europarecht vereinbar sind. Insbesondere kommt ein Verstoß gegen die Grundfreiheiten in Betracht. Dabei sind verschiedene Konstellationen des grenzüberschreitenden Glücksspiels denkbar[323]. Zum einen kann der Spieler sich in einen anderen Mitgliedstaat begeben und dort am Glücksspiel teilnehmen. Zum anderen kann aber auch ein Veranstalter sein Tätigkeitsfeld auf einen anderen Mitgliedsstaat ausdehnen, indem er dort beispielsweise eine Annahmestelle aufbaut oder Mitarbeiter vorübergehend in einen anderen Mitgliedstaat entsendet, um dort Kunden für einen Losverkauf zu gewinnen[324]. Schließlich liegt eine Grenzüberschreitung dann vor, wenn Spieler und Veranstalter in ihren Mitgliedsstaaten bleiben und nur Angebot und Annahme die Grenze per Post, Telefon, Telefax oder Internet überschreiten (sogenannter „Korrespondenzverkehr"). Gerade letzteres stellt angesichts des Siegeszuges der Neuen Medien die nationalen glücksspielrechtlichen Regelungen aufgrund der fehlenden Harmonisierung und Liberalisierung innerhalb Europas auf eine harte Probe.

B. Die Rechtsprechung des Europäischen Gerichtshofs

Der Europäische Gerichtshof hat sich bislang in mehreren Vorlageverfahren mit der Frage befasst, ob nationales Recht, welches der grenzüberschreitenden Veranstaltung von Glücksspielen entgegensteht, mit den europarechtlichen Vorgaben vereinbar ist. Von wegweisender Bedeutung ist hierbei zunächst das sogenannte Schindler-Urteil[325].

---

[321] *Voßkuhle* VerwArch. 87 (1996), 395 (414); *Sura* NJW 1995, 1470 (1470); *Hattig*, Vereinbarkeit S. 19.

[322] Versuche der Kommission in dieser Richtung scheiterten am Widerstand des Rates, siehe dazu *Voßkuhle* VerwArch. 87 (1996), 395 (414); *Bargmann-Huber* BayVBl. 1996, 165 (166). Keine Wirkung entfaltet die Richtlinie 75/368/EWG vom 3.6.1975, da diese die Anerkennung ausländischer Genehmigungen für die Veranstaltung von Glücksspielen ins freie Ermessen der Mitgliedsstaaten stellt. Siehe dazu *Stein* RIW 1993, 838 (840 f.).

[323] Ausführlich dazu *Sura*, Grenzüberschreitende Veranstaltung S. 103.

[324] Etwa in den USA gibt es die Praxis, dass sog. „runners" Lotterielose in Nachbarstaaten verkaufen, in denen es keine Lotterie gibt; siehe dazu *Sura*, Grenzüberschreitende Veranstaltung S. 103.

[325] EuGH (Schindler) NJW 1994, 2013 ff.

I. Das Schindler-Urteil

Dem vom Europäischen Gerichtshof zu entscheidenden Fall lag folgender Sachverhalt zugrunde: Die Brüder Schindler versandten Werbematerial und Lotterielose von den Niederlanden nach Großbritannien. Diese übten dabei die selbstständige Tätigkeit als Bevollmächtigte der Süddeutschen Klassenlotterie aus. Die Lose wurden von den britischen Behörden mit der Begründung beschlagnahmt, dass die Einfuhr von Lotterielosen und entsprechenden Werbematerialien nach britischem Recht untersagt sei[326]. Der Europäische Gerichtshof hatte nach Vorlage durch den High Court of Justice zu entscheiden, ob das britische Einfuhrverbot von Lotterielosen und entsprechenden Werbematerialien mit Europarecht vereinbar ist.

Zunächst ordnet der Europäische Gerichtshof entgegen der Auffassung einiger Mitgliedsstaaten die Veranstaltung von Glücksspielen als wirtschaftliche Tätigkeit ein und hat damit die zu entscheidende Frage seiner letztinstanzlichen Entscheidungsbefugnis unterworfen[327]. Daraufhin stellt er fest, dass das britische Einfuhrverbot einen Eingriff in die Dienstleistungsfreiheit (Art. 49 ff. EG)[328] der Brüder Schindler darstellt, sieht diesen jedoch als gerechtfertigt an[329]. Der Europäische Gerichtshof verneint somit einen Verstoß des britischen Einfuhrverbots gegen Europarecht und hat die alleinige Regelungshoheit der Mitgliedsstaaten im Glücksspielwesen bestätigt.

---

[326] Siehe Section 1 ii Revenue Act 1898 in Verbindung mit Section 2 Lotteries and Amusements Act 1976 in der damals geltenden Fassung vor der Einführung der nationalen Lotterie in Großbritannien.

[327] Dagegen ist *Stein* RIW 1993, 838 (840) der Auffassung, dass der Staat im Glücksspielbereich nicht „unternehmerähnlich" am Wirtschaftsleben teilnimmt und daher die Freiheiten des EG-Vertrags auf die Veranstaltung von Glücksspielen generell unanwendbar sind.

[328] Die Dienstleistung ist abzugrenzen von den übrigen Grundfreiheiten des EG. Eine solche liegt entsprechend der Negativdefinition des Art. 50 Abs. 1 EG bei einer in der Regel gegen Entgelt erbrachten Leistung vor, die nicht unter den freien Waren- sowie Kapitalverkehr und unter die Freizügigkeit fällt. Im vorliegenden Fall könnte das Verschicken des Werbematerials und der Lotterielose insbesondere unter die Warenverkehrsfreiheit fallen. Jedoch sieht der EuGH die Versendung der Waren nur als reine Nebentätigkeit an, während die auf der Veranstaltung der Lotterie erbrachte Dienstleistung im Vordergrund stehe, EuGH (Schindler) NJW 1994, 2013 (2014 Tz. 22). Ausführlich zum Begriff der Dienstfreiheit und der Abgrenzung zu den übrigen Grundfreiheiten *Hattig*, Vereinbarkeit S. 31 ff. sowie *Voßkuhle/Bumke*, Sportwette S. 79.

[329] Indem der EuGH die Versendung von Lotterielosen als Teil einer Dienstleistung qualifiziert und nicht die Vorschriften über den freien Warenverkehr (Art. 23 ff. EG) anwendet, entfällt auch eine Überprüfung anhand der steuerrechtlichen und zollrechtlichen Vorschriften des EG. Denn für die Anwendung beider Regelungskomplexe ist Voraussetzung, dass „Waren" vorliegen, siehe *Wilms*, Grenzüberschreitende Lotterietätigkeit S. 63, 68.

1. Diskriminierende oder
nicht diskriminierende Rechtsvorschriften

Angesichts eines unterschiedlichen Grades der Rechtfertigungsanforderungen hatte der Europäische Gerichtshof zunächst zu entscheiden, ob es sich beim britischen Einfuhrverbot um eine diskriminierende oder nicht diskriminierende Rechtsvorschrift handelt[330]. Eine Diskriminierung wurde seitens der Kommission und der Brüder Schindler geltend gemacht. Diese argumentierten, vergleichbare inländische Glücksspiele seien zugelassen, so dass das Verbot großer Lotterien in besonderem Maße ausländische Lotterien betreffen würde. Als vergleichbare erlaubte inländische Lotterien wurden die gleichzeitige Veranstaltung mehrerer kleinerer Lotterien durch ein und dieselbe Person sowie Fußballtoto und Bingo angeführt[331]. Dieser Argumentation folgt der Europäische Gerichtshof jedoch nicht. Er begründet dies damit, dass die genannten Spiele sich hinsichtlich ihres Gegenstandes, ihrer Regeln sowie der Einzelheiten ihrer Durchführung von den großen Lotterien erheblich unterscheiden würden[332]. Aus diesem Grund legt der Europäische Gerichtshof für die Prüfung der Rechtfertigung des Eingriffs in die Dienstleistungsfreiheit den Maßstab für nicht diskriminierende Rechtsvorschriften zugrunde. Dem britischen Verbot der Einfuhr von Lotterielosen müssen demnach zwingende Gründe des Allgemeininteresses zugrunde liegen und die daraus resultierenden Beschränkungen haben auch im Übrigen verhältnismäßig zu sein[333].

2. Zwingende Gründe des Allgemeininteresses

Hinsichtlich zwingender Gründe des Allgemeininteresses stellt der Europäische Gerichtshof auf die ordnungspolitischen Ziele des britischen Lotterierechts ab und beruft sich vorrangig auf den Schutz der Sozialordnung sowie der Betrugsbekämpfung. Beschränkungen des Glücksspiels dienten insoweit zwingenden Gründen des Allgemeinwohls. Nur ergänzend führt der Europäische Gerichtshof aus, dass auch die Finanzierung gemeinnütziger Tätigkeiten durch den bei der Veranstaltung staatlicher Lotterien erzielten Gewinn nicht ohne Bedeutung sei. Er stellt jedoch

---

[330] Zu den unterschiedlichen Rechtfertigungsanforderungen siehe ausführlich *Hattig*, Vereinbarkeit S. 41 ff.

[331] EuGH (Schindler) NJW 1994, 2013 (2015 Tz. 49).

[332] EuGH (Schinder) NJW 1994, 2013 (2015 Tz. 51). Kritisch diesbezüglich *Voßkuhle* VerwArch. 87 (1996), 395 (418), der aber zu bedenken gibt, dass der EuGH auch mittelbare Diskriminierungen teilweise anhand von Allgemeinzwecken als gerechtfertigt ansieht und die erhöhten Rechtfertigungsvoraussetzungen auf formal diskriminierende Maßnahmen beschränkt. Siehe dazu auch *Hakenberg* in: Lenz, EG Art. 49/50 Rdnr. 25 ff.

[333] Zu diesen Rechtfertigungsanforderungen siehe EuGH, Urteil vom 3.12.1974 – Rs. 33/74 (van Binsbergen) Slg. 1974, 1299, Tz. 10 ff.; EuGH, Urteil vom 25.7.1991 – Rs. C-76/90 (Säger) Sgl. 1991 I, 4221, Tz. 12; EuGH, Urteil vom 12.12.1996 – Rs. C-3/95 (Reisebüro Broede) Sgl. 1996 I, 6511, Tz. 28.

ausdrücklich klar, dass dies allein als sachliche Rechtfertigung nicht ausreichen könne[334].

3. Verhältnismäßigkeitsprüfung

Im Rahmen der Verhältnismäßigkeitsprüfung war sodann festzustellen, ob das englische Verbot tatsächlich die Gelegenheiten zum Spiel vermindern soll und das Interesse an der Finanzierung gemeinnütziger Tätigkeiten nur eine erfreuliche Nebenfolge ist. Hinsichtlich dieses Punktes räumt der Europäische Gerichtshof den Mitgliedstaaten einen weiten Einschätzungsspielraum ein, wie folgender Passage zu entnehmen ist:

„Zunächst einmal können nämlich die sittlichen, religiösen oder kulturellen Erwägungen, die in allen Mitgliedsaaten zu Lotterien ebenso wie zu den anderen Glücksspielen angestellt werden, nicht außer Betracht bleiben. Sie sind allgemein darauf gerichtet, die Ausübung von Glücksspielen zu begrenzen oder sogar zu verbieten und zu verhindern, dass sie zu einer Quelle persönlichen Gewinns werden. [...] Diese Besonderheiten rechtfertigen es, dass die staatlichen Stellen über ein ausreichendes Ermessen verfügen, um festzulegen, welche Erfordernisse sich bezüglich der Art und Weise der Veranstaltung von Lotterien, der Höhe der Einsätze sowie der Verwendung der dabei erzielten Gewinne aus dem Schutz der Spieler und allgemeiner nach Maßgaben der soziokulturellen Besonderheiten jedes Mitgliedstaates aus dem Schutz der Sozialordnung ergeben."[335]

Der Europäische Gerichtshof sieht aufgrund der seiner Ansicht nach gebotenen Zurückhaltung keine Veranlassung, das britische Einfuhrverbot aus Verhältnismäßigkeitsgründen zu beanstanden. Damit setzt der Europäische Gerichtshof eine neuere Tendenz fort, die Autonomie der Mitgliedsstaaten im Sinne des Subsidiaritätsprinzips durch die Einräumung eines weiten Ermessens zu wahren[336]. Gebrochen wird insoweit mit früheren Entscheidungen, in welchen der Europäische Gerichtshof noch feststellte, dass die Mitgliedstaaten zu beweisen hätten, ob die vorgegebenen Ziele tatsächlich verfolgt werden, und die ergriffenen Maßnahmen angemessen sind[337].

II. Die Urteile Läärä und Zenatti

In den Urteilen Läärä und Zenatti hat der Europäische Gerichtshof seine im Schindler-Urteil entwickelte Haltung bestätigt und noch einmal betont, dass den Mitgliedsstaaten ein Ermessen dahingehend zuzusprechen sei, wie und in welchem

---

[334] EuGH (Schindler) NJW 1994, 2013 (2016 Tz. 60).

[335] EuGH (Schindler) NJW 1994, 2013 (2016 Tz. 60, 61).

[336] Siehe EuGH, Urteil vom 24.11.1993 (Keck und Mithourd) Rs. C – 267 – 268/91, Sgl. 1993 I, 6097; EuGH, Urteil vom 15.12.1993 (Hühnermund) Rs. C – 292/92, Sgl. 1993 I, 6787. Siehe dazu auch *Ackermann* RIW 1994, 189 ff.; *Möschel* NJW 1994, 429 ff.

[337] Siehe dazu *Troberg* in: Groeben/Thiesing/Ehlermann, EWGV Art. 59 Rdnr. 22.

Umfang sie auf ihrem Gebiet den von der Veranstaltung von Glücksspielen ausgehenden Gefahren begegnen möchten[338]. Im Unterschied zum Schinder-Urteil enthalten die in den Rechtssachen Lärää und Zenatti zu untersuchenden Rechtsvorschriften kein vollständiges Verbot eines bestimmten Glücksspiels, sondern sehen für einen bestimmten Glücksspielbereich ein staatliches Monopol vor. Der Europäische Gerichtshof stellt fest, dass auch in diesem Fall eine Beschränkung der Dienstleistungsfreiheit gerechtfertigt sei[339]. Denn die Tatsache einer begrenzten Erlaubnis von Glücksspielen biete den Vorteil, die Spiellust in kontrollierte Bahnen zu lenken und diene somit ebenfalls den zur Rechtfertigung herangezogenen ordnungspolitischen Zielen[340]. Die Urteile Lärää und Zenatti gehen diesbezüglich über das Schindler-Urteil hinaus und verfestigen somit das Nebeneinander der nationalen Märkte. Jedoch lässt der Europäische Gerichtshof in der Rechtssache Zenatti zum ersten Mal Zweifel anklingen, ob die nationalen Rechtsvorschriften angesichts der konkreten Anwendungsmodalitäten wirklich vorrangig der Gefahrenabwehr dienen:

> „Wie jedoch der Generalanwalt in Rdnr. 32 seiner Schlussanträge ausgeführt hat, ist eine solche Begrenzung nur zulässig, wenn sie in erster Linie wirklich dem Ziel dient, die Gelegenheiten zum Spiel zu vermindern, und wenn die Finanzierung sozialer Aktivitäten mit Hilfe einer Abgabe auf die Einnahmen ans genehmigten Spielen nur eine erfreuliche Nebenfolge, nicht aber der eigentliche Grund der betriebenen restriktiven Politik ist. [...] Es ist Sache des nationalen Gerichts, zu überprüfen, ob die nationalen Rechtsvorschriften angesichts ihrer konkreten Anwendungsmodalitäten wirklich Zielen dienen, mit denen sie gerechtfertigt werden können, und ob die in ihnen enthaltenen Beschränkungen nicht außer Verhältnis zu diesen Zielen stehen."[341]

III. Das Gambelli-Urteil

Mit dem sogenannten Gambelli-Urteil scheint der Europäische Gerichtshof – ohne seine bisherige Rechtsprechung gänzlich aufzugeben – eine Kehrtwende bei der Beurteilung der Europarechtskonformität staatlicher Restriktionen im Glücksspielbereich einzuleiten. Die in der Rechtssache Zenatti angeklungenen Zweifel werden aufgegriffen und konkrete Gesichtspunkte herausgearbeitet, die für eine Verletzung der Grundfreiheiten sprechen. Der Europäische Gerichtshof überlässt den nationalen Gerichten lediglich, die dafür erforderlichen rechtstatsächlichen Voraussetzungen festzustellen.

---

[338] EuGH (Zenatti) EuZW 2000, 151 (153 Tz. 33); EuGH (Lärää) DVBl. 2000, 111 (113 Tz. 33).

[339] EuGH (Zenatti) EuZW 2000, 151 (153 Tz. 33); EuGH (Läärä) DVBl. 2000, 111 (114 Tz. 33).

[340] EuGH (Zenatti) EuZW 2000, 151 (153 Tz. 35); EuGH (Lärää) DVBl. 2000, 111 (114 Tz. 37).

[341] EuGH (Zenatti) EuZW 2000, 151 (153 Tz. 36, 37).

Im Gambelli-Urteil hatte sich der Europäische Gerichtshof damit auseinander zu setzen, ob eine innerstaatliche Regelung, die strafbewehrte Verbote im Zusammenhang mit der Veranstaltung von Wetten auf den Ausgang von Sportereignissen enthält, mit den Grundfreiheiten des EG-Vertrags vereinbar ist [342]. Dabei ging es konkret um Regelungen des italienischen Rechts, die – ähnlich der deutschen Regelungen in den §§ 284 ff. StGB – das Organisieren von staatlich nicht genehmigten Wetten ebenso unter Strafe stellen, wie das Werben für solche Wetten, und die Teilnahme an solchen [343]. Der Entscheidung lag der Sachverhalt zugrunde, dass Herr Gambelli und weitere Personen von einem italienischen Strafgericht verurteilt worden waren, widerrechtlich Wetten in Italien organisiert zu haben. Dabei wurden die Wetten in Italien gesammelt und per Internet an ein Londoner Unternehmen übermittelt. Dieses Unternehmen besaß lediglich für den englischen Raum eine Lizenz, jedoch nicht für das Hoheitsgebiet Italiens.

1. Beschränkung der Niederlassungsfreiheit und
der Dienstleistungsfreiheit

Zunächst stellt der Europäische Gerichtshof fest, dass strafbewehrte Verbote der Entfaltung der Tätigkeit des Sammelns, der Annahme, der Bestellung und der Übertragung von Wetten eine Beschränkung sowohl der Niederlassungs- als auch der Dienstleistungsfreiheit darstellen. Die Niederlassungsfreiheit sei dadurch beschränkt, dass es für Kapitalgesellschaften, die in einem Mitgliedsstaaten auf dem Glücksspielsektor zugelassen sind, angesichts der strafbewehrten Verbote in anderen Mitgliedsstaaten praktisch ausgeschlossen ist, Konzessionen zu erhalten [344].

Die Dienstleistungsfreiheit wird durch die beschriebenen strafbewehrten Verbote aus Sicht des Gerichts gar in mehrfacher Hinsicht beschränkt: Zum einen dadurch, dass ein Dienstleistungsanbieter mit Sitz in einem Mitgliedsstaat nicht über das Internet – und damit ohne Ortswechsel – in einem anderen Mitgliedsstaat seine Dienstleistungen frei anbieten könne [345]. Zum anderen sei die Dienstleistungsfreiheit dadurch beschränkt, dass das strafbewehrte Verbot die Teilnahme an Wetten verbietet, die in einem anderen Mitgliedsstaat, als in welchem der Teilnehmer ansässig ist, organisiert werden. Insoweit verweist der Europäische Gerichtshof auf seine Rechsprechung, nach welcher ein Leistungsempfänger von einem Leistungserbringer mit Sitz in einem anderen Mitgliedsstaat angebotene Dienstleistungen empfangen oder in Anspruch nehmen könne, ohne durch Beschränkungen beein-

---

[342] EuGH NJW 2004, 139 ff.

[343] Siehe Art. 4, 4 a und 4 b des Gesetzes Nr. 401 vom 13.9.1989 über Interventionen auf dem Gebiet des heimlichen Spiels und der heimlichen Wetten zum Schutz des ordnungsgemäßen Ablaufs sportlicher Wettkämpfe.

[344] EuGH NJW 2004, 139 (139 Tz. 48).

[345] Siehe dazu bereits EuGH NJW 1995, 2541 – Alpine Investments.

trächtigt zu werden[346]. Dasselbe gelte für das Verbot der Vermittlung entsprechender Wettdienstleistungen[347].

2. Rechtfertigung

Im Rahmen der Rechtfertigung dieser Beschränkungen der Niederlassungs- und Dienstleistungsfreiheit greift der Europäische Gerichtshof zunächst seine in den vorangegangenen Entscheidungen vertretene Rechtsprechung auf. Die genannten Beschränkungen müssen demnach aus zwingenden Gründen des Allgemeininteresses gerechtfertigt sein, sie müssen geeignet sein, die Verwirklichung des mit ihnen verfolgten Ziels zu gewährleisten, und sie dürfen nicht über das hinausgehen, was zur Erreichung dieses Ziels erforderlich ist[348]. Jedoch begnügt sich das Gericht nicht damit, den Ball an das vorlegende Gericht mit dem Hinweis auf den weiten Ermessensspielraum der Mitgliedsstaaten zurückzuspielen oder wie im Zenatti-Urteil lediglich Zweifel hinsichtlich der Europarechtskonformität anklingen zu lassen[349]. Der Europäische Gerichtshof bringt nun konkret zum Ausdruck, unter welchen tatsächlichen Voraussetzungen ein Verstoß gegen die Grundfreiheiten durch die nationalen Gerichte zu bejahen ist.

a) Geeignetheit

Die Beschränkungen der Niederlassungs- und Dienstleistungsfreiheit müssen tatsächlich geeignet sein, die Ziele wie den Verbraucherschutz, die Betrugsvorbeugung und die Vermeidung von Spielanreizen zu verwirklichen. Insbesondere müssen sie kohärent und systematisch zur Begrenzung der Wetttätigkeiten beitragen[350]. Diesbezüglich stellt der Europäische Gerichtshof fest, dass die Behörden dem Verbraucher keinen Anreiz bieten und ihn nicht ermuntern dürfen, an Glücksspielen teilzunehmen.

b) Diskriminierungsverbot

Des Weiteren hat das vorlegende Gericht zu prüfen, ob die Voraussetzungen für die Konzessionsvergabe so festgesetzt sind, dass sie in der Praxis von den italienischen Wirtschaftsteilnehmern leichter erfüllt werden können als von denjenigen aus

---

[346] Siehe EuGH NJW 2004, 139/140 Tz. 55) mit Verweis auf EuGH NJW 1984, 1288 – Luisi und Carbone sowie EuGH EuZW 2000, 93 – Eurowings Luftverkehr.

[347] EuGH NJW 2004, 139 (140 Tz. 55, 57 und 58).

[348] EuGH NJW 2004, 139 (140 Tz. 60).

[349] In der Rechtssache Zenatti kam es zu keiner abschließenden Klärung der Frage der Europarechtskonformität durch das vorlegende Gericht, da Herr Zenatti schließlich seine Klage zurücknahm.

[350] EuGH NJW 2004, 139 (141 Tz. 67).

dem Ausland[351]. Falls dies der Fall sei, verstoßen die italienischen Verbotsregelungen gegen das gemeinschaftsrechtliche Diskriminierungsverbot.

c) Verhältnismäßigkeit

Schließlich dürfen die durch die nationalen Verbotsvorschriften auferlegten Beschränkungen nicht über das hinausgehen, was zur Erreichung des mit ihnen verfolgten Ziels erforderlich ist. Dabei greift das Gericht einen kritischen Punkt auf, indem es ausführt:

> „Insoweit wird das Gericht zu prüfen haben, ob die Strafe, die gegen jede Person, die von ihrem Wohnort in Italien aus über das Internet mit einem in einem anderen Mitgliedsstaat ansässigen Buchmacher Wetten durchführt, verhängt wird, nicht vor allem deshalb eine im Licht der Rechtsprechung des EuGH unverhältnismäßige Sanktion darstellt, weil zur Teilnahme an Wetten ermuntert wird, sofern sie im Zusammenhang mit Spielen stattfindet, die von zugelassenen nationalen Einrichtungen organisiert werden."[352]

Des Weiteren gibt das Gericht zu bedenken, dass der Ausschluss der Möglichkeit für Kapitalgesellschaften, die auf den reglementierten Märkten der anderen Mitgliedstaaten notiert sind, Konzessionen für die Verwaltung von Sportwetten zu erhalten, unangemessen sein könnte, da es andere Mittel gibt, die Konten und Tätigkeiten solcher Gesellschaften zu kontrollieren[353].

3. Zur Auslegung des Gambelli-Urteils

Angesichts der nahezu identischen Situation in Italien und Deutschland bezüglich der staatlichen Monopolstellung im Sportwettenbereich ist das Gambelli-Urteil auch in Deutschland von großer Bedeutung. Indem der Europäische Gerichtshof kritische Gesichtspunkte aufführt, könnten sich diejenigen bestärkt fühlen, die bereits seit längerem im Glücksspielbereich von einem Verstoß gegen die Grundfreiheiten ausgehen.

a) Ansätze in der Rechtsprechung

Die Rechtsprechung reagiert bisher uneinheitlich auf das Gambelli-Urteil. Das Bayrische Oberlandesgericht legt in einem Beschluss vom 16.11.2003 dar, dass sich durch das Gambelli-Urteil an der bestehenden Rechtslage nichts geändert habe. Weder die Gesetzesmaterialien noch die bisherige Handhabung der Veranstaltung von Oddset-Wetten würden Anlass zu der Annahme bieten, dass die Erzielung von Einnahmen für den Staatshaushalt der eigentliche Sinn der staatlichen Beschränkung

---

[351] EuGH NJW 2004, 139 (141 Tz. 71).
[352] EuGH NJW 2004, 139 (141 Tz. 72).
[353] EuGH NJW 2004, 139 (141 Tz. 74).

sei[354]. Ähnlich sieht es das VG Stade, das sich durch das Gambelli-Urteil nicht veranlasst sieht, die staatliche Monopolstellung im Glücksspielbereich in Frage zu stellen[355].

Dagegen stellt das LG München fest, dass § 284 I StGB nicht die Bekämpfung beziehungsweise Eindämmung der Spielsucht bezwecke. Der Umstand, dass in Deutschland Wetten unter staatlicher Monopolregie stehen, sei nicht durch rechtsethische oder ordnungspolitische Erwägungen, sondern vor allem durch fiskalische Gesichtspunkte begründet[356]. Soweit die deutschen Vorschriften insoweit gegen die Grundfreiheiten verstoßen, seien sie entsprechend rechtskonform auszulegen. Daraus zieht das LG München den Schluss, dass die Erlaubnis zur Veranstaltung von Sportwetten in einem Mitgliedsstaat ihre Wirksamkeit im gesamten Gemeinschaftsgebiet entfalte. Diesem Ansatz ist das AG Heidenheim gefolgt und hat Werbung in Deutschland für in Österreich zugelassene Sportwetten für nicht verboten erklärt[357].

b) Eigene Position

Auch wenn der Europäische Gerichtshof es bewusst vermeidet, die Europarechtswidrigkeit staatlicher Monopole im Glücksspielbereich selbst festzustellen, so ist doch deutlich zu erkennen, dass der Europäische Gerichtshof dazu tendiert. Während das Gericht im Zenatti-Urteil zunächst lediglich Bedenken bezüglich der Europarechtskonformität der staatlichen Monopole im Glücksspielbereich anklingen ließ, liefert er nun im Gambelli-Urteil hinreichend konkrete Gesichtspunkte für die Feststellung eines Verstoßes gegen die Dienstleistungs- und Niederlassungsfreiheit. Allein die Feststellung der rechtstatsächlichen Voraussetzungen überlässt der Europäische Gerichtshof den nationalen Gerichten. Bemerkenswert ist, dass der Europäische Gerichtshof das vorlegende Ausgangsgericht zitiert, welches davon ausgeht, dass der italienische Staat auf nationaler Ebene eine Politik der starken Ausweitung des Spielens und Wettens zum Zweck der Einnahmeerzielung verfolge und dabei staatliche Konzessionäre schütze[358]. Dadurch bekundet der Europäische Gerichtshof mittelbar, dass er eine solche Tatsachenfeststellung nicht beanstanden wird, und damit auch nicht eine auf dieser Tatsachengrundlage gestützte – nach dem Gambelli-Urteil zwingende – Feststellung eines Verstoßes gegen die Grundfreiheiten im Glücksspielbereich. Zudem ist davon auszugehen, dass der Europäische Gerichtshof nicht übersehen hat, dass eine Kettenreaktion zu erwarten ist, falls (auch nur) ein nationales Obergericht die Europarechtskonformität staatlicher Monopole im Glücksspielbereich verneinen wird. Faktisch würden dadurch die Anbie-

---

[354] BayObLG, Beschluss vom 26.11.2003 – 5 St RR 289/03.

[355] VG Stade, Beschluss vom 27.11.2003 – 6 B 1674/03.

[356] LG München NJW 2004, 171 (171). Dieser Beschluss erging lediglich in Kenntnis der Schlussanträge im Gambelli-Verfahren.

[357] AG Heidenheim, Beschluss vom 1.12.2003 – 3 Ds 424/03.

[358] EuGH NJW 2004, 139 (141 Tz. 68).

ter der anderen Mitgliedsstaaten massiv benachteiligt. Um einen massiven Abfluss der Einnahmen in das Land zu vermeiden, in welchem ein Verstoß gegen die Grundfreiheiten bejaht wird, und demnach ein grenzüberschreitendes Veranstalten zulässig ist, werden die Gesetzgeber der anderen Länder reagieren müssen. Spätestens zu diesem Zeitpunkt wird ein dringendes Bedürfnis danach bestehen, dass der Rat verbindliche Vorgaben für eine Neuregelung des Glücksspielbereichs mittels einer Glücksspielrichtlinie macht. Nur so wäre einem innereuropäischen Verdrängungswettbewerb vorzubeugen und den damit einhergehenden Gefahren entgegenzuwirken.

C. Schlussbemerkung

Angesichts des Veranstalterverhaltens staatlicher Anbieter, welches vor allem auf Gewinnmaximierung ausgerichtet ist, dürfte mittelfristig mit einem vollkommenen Wandel der Strukturen im Glücksspielbereich zu rechnen sein[359]. Es obliegt nun den mitgliedstaatlichen Gerichten, das Veranstalterverhalten der staatlichen Anbieter genau daraufhin zu untersuchen. Der Europäische Gerichtshof wird jedenfalls eine darauf beruhende Feststellung eines Verstoßes gegen die Grundfreiheiten und die daraus resultierende Rechtsentwicklung nicht beanstanden. Vielmehr hat der Europäische Gerichtshof in seinem Gambelli-Urteil die rechtliche Begründung der Europarechtswidrigkeit selbst geliefert und damit den Paradigmenwechsel im Glücksspielbereich über das Europarecht eingeleitet.

---

[359] In diese Richtung auch *Sura* NJW 1995, 1470 (1471), *Ossenbühl* DVBl. 2003, 881 (892) sowie *Hoeller/Bodemann* NJW 2004, 122/124 f.).

3. Teil:

Die Veranstaltung von Glücksspielen im Internet unter den Vorgaben des deutschen Glücksspielrechts

§ 6 Zuständigkeitskonflikte im Internet

A. Das Internet als „entgrenzter Raum"

Der Begriff „Internet" bezeichnet eine Vielzahl von einzelnen Computernetzen weltweit, die miteinander spinnenwebenartig verbunden sind[1]. Ursprünglich wurde das Internet in den Vereinigten Staaten für militärische Zwecke entwickelt. Ziel war es, ein Kommunikationsmedium zu schaffen, welches auch noch nach der teilweisen Zerstörung der Übertragungswege durch den militärischen Gegner funktionieren würde[2]. Hierzu wurde ein einfaches Übertragungsprotokoll entwickelt, welches

---

[1] Zum besseren Verständnis sollen zunächst die Charakteristika des Internet, soweit sie für diese Arbeit von Bedeutung sind, herausgearbeitet werden. Im Übrigen sei auf die zahlreichen Veröffentlichungen in den letzten Jahren verwiesen, die sich zum einen mit den allgemeinen technischen Gegebenheiten des Internet, zum anderen aber auch mit den konkreten, in allen Rechtsbereichen neu aufgetauchten juristischen Problemkreisen auseinandersetzen. Zu den technischen Gegebenheiten siehe z. B. *Germann*, Gefahrenabwehr S. 56 ff.; *Bleisteiner*, Verantwortlichkeit im Internet S. 14 ff.; *Sieber* Verantwortlichkeit im Internet S. 7 ff.; *Hoeren*, Grundzüge des Internetrechts S. 9 ff.; *Sieber* in: Hoeren/Sieber, Handbuch Multimediarecht, Teil 1; *Bremer*, Strafbare Internet-Inhalte S. 23 ff.; *Popp*, Die strafrechtliche Verantwortung S. 21 ff.; *Herzog*, Probleme einer Inhaltsbeschränkung im Internet S. 1 ff.; *Matzky*, Zugriff auf EDV S. 329 ff. Um beispielhaft nur einige konkrete Problemkreise im Zusammenhang mit dem Internet zu nennen: der Vertragsabschluss im Internet, dazu etwa *Gimmy* in: Kröger/Gimmy, Handbuch im Internetrecht S. 65 ff.; *Hoeren*, Grundzüge des Internetrechts S. 181 ff.; *Mehrings* in: Hoeren/Sieber, Handbuch Multimediarecht Teil 13; das Urheberrecht im Internet, dazu etwa *Boehme-Neßler*, CyberLaw S. 219 ff.; *Wiebe/Funkart* MMR 1998, 69 ff.; *Schack* MMR 2000, 135 ff.; *Lejeune* CR 2000, 201 ff.; *Hoeren* MMR 2000, 3 ff.; *Hoeren*, Grundzüge des Internetrechts S. 61 ff.; der Datenschutz im Internet, dazu etwa *Boehme-Neßler*, CyberLaw S. 283 ff.; *Gundermann* K & R 2000, 225 ff.; *Köhntopp/Köhntopp* CR 2000, 248 ff.; *Roßnagel* ZRP 1997, 26 ff.; *Hoeren*, Grundzüge des Internetrechts S. 233 ff.; *Helfrich* in: Hoeren/Sieber, Handbuch Multimediarecht Teil 16; allgemeiner Überblick über die jüngste Entwicklung des Internet-Rechts siehe *Hoffmann* NJW 2003, 2576 ff.

[2] 1969 entstand das ARPA-Net als erster Vorläufer des Internet. Dies beruhte auf einem von *Paul Baran* entwickelten Konzept, wonach in einem verteilten Netzwerk alle Stationen mit den Nachbarstationen verbunden sind, siehe *Hafner/Lyon*, ARPA Kadabra S. 61 ff. Ausführlich zur Geschichte des Internet siehe *Kienle*, Straftaten im Internet S. 4 ff. sowie *Géczy-Sparwasser*, Gesetzgebungsgeschichte des Internet S. 31 ff.

automatisch die einzelnen Nachrichtenpakete vom Absender über verschiedene Vermittlungsrechner leitet bis diese, gegebenenfalls über Umwege, den Zielrechner erreichen[3]. Es dauerte nicht lange, bis sowohl die Wissenschaft als auch die Wirtschaft die Nutzbarkeit dieser Technik für sich entdeckt hatten. Schließlich begann Mitte der 90er Jahre der Siegeszug des Internet auch in breiten Bevölkerungskreisen. Bedingt war dieser durch die Entwicklung der anwenderfreundlichen Benutzeroberfläche des *Word Wide Web*[4]. Damit übernahm das Internet als neues Informationsmedium zunehmend Formen der Werbung, Waren- und Dienstleistungsangeboten und wurde als Mittel für die Abschlüsse von Verträgen genutzt. Durch diese fundamentale Änderung in der Lebensumwelt stellt das Internet einen maßgeblichen Faktor für die Entwicklung hin zur Informationsgesellschaft im Rahmen einer zunehmenden Globalisierung dar[5]. Nunmehr ist es jedermann möglich, mit geringem Aufwand schnell und weltweit Daten zu verbreiten und damit transnational zu agieren[6]. In diesem Zusammenhang stellt sich die schwierige Frage, welche Rechtsordnung beim jeweiligen Handeln im Internet zu berücksichtigen ist. Das Internet an sich kann weder in seiner Gesamtheit noch in Teilen an einem bestimmten geographischen Punkt lokalisiert werden[7]. Angesichts dieser „Entgrenzung des Raumes"[8] verursacht besonders die Anwendung derjenigen Normen Schwierigkeiten, die auf den Raum, das Territorium oder den Sitz Bezug nehmen. Angesichts der grundsätzlich territorial gebundenen Staatsgewalt hat sich aber gerade die territoriale Anknüpfung bei der Behandlung von Sachverhalten mit Bezug zu verschiedenen Rechtsordnungen durchgesetzt[9].

Vor diesem Hintergrund stellt sich die Frage, ob bei Anwendung der bestehenden Rechtsvorschriften auf Internetsachverhalte angemessene Ergebnisse erzielt werden und diese auch insoweit ihrer Aufgabe als Instrument sozialer Steuerung gerecht werden. Angesichts der Deterritorialisierung durch das Internet sind alle Staaten im Cyberspace[10] zu Nachbarstaaten geworden, so dass internationale Zuständigkeits-

---

[3] Jede zu übertragende Information wird in einzelne Datenpakete von maximal 1.500 Zeichen aufgeteilt und einzeln abschickt. Sogenannte „Router" ermitteln den jeweils günstigsten Übertragungsweg. Nicht selten nehmen die Datenpakete ganz unterschiedliche Wege. Dieses sog. „Packet switching" wurde 1974 von den Wissenschaftlern *Vinton Cerf* und *Robert Kahn* entwickelt, siehe *Hafner/Lyon*, ARPA Kadabra S. 260 ff.

[4] Das *Word Wide Web* wurde 1992 am Kernforschungsinstitut CERN in Genf vom britischen Quantenphysiker Tim *Berners-Lee* entwickelt.

[5] Zur Entwicklung einer Informationsgesellschaft *Sieber* NJW 1989, 2569 ff.; *Kudlich* Jura 2001, 305 ff.

[6] Zur Phänomenologie des Internet *Engel* in: Dicke/Hummer u. a., Völkerrecht und Internationales Privatrecht S. 353 (356 ff.).

[7] *Moos* in: Kröger/Gimmy, Handbuch zum Internetrecht S. 4.

[8] Zur Deterritorialisierung des Rechts durch das Internet siehe *Hoeren* NJW 1998, 2849 (2850 f.).

[9] Dazu *Hoeren* NJW 1998, 2849 (2850).

[10] Der Begriff „Cyberspace" ist eine Wortschöpfung des Autors *William Gibson* („Neuromancer"). Umschrieben wird damit ein virtueller Raum, der heute weitgehend gleichbedeutend mit dem Begriff „Internet" gebraucht wird.

konflikte vorprogrammiert sind. Eine besondere Herausforderung wird darin bestehen, die verschiedenen nationalen Interessen völkerrechtlich in Einklang zu bringen.

B. Die Frage nach
der anwendbaren Rechtsordnung

Das Internet stellt nach ganz herrschender Auffassung keinen rechtsfreien Raum dar[11]. Angesichts der Tatsache, dass das Internet einen weltweit einheitlichen Kommunikationsraum schafft, der weder nationale Grenzen kennt noch durch eine zentrale Stelle beherrscht wird, stellt sich die Frage, unter welchen Voraussetzungen eine nationale Rechtsordnung auf Internet-Sachverhalte Anwendung findet. Zu den damit aufgeworfenen Problemen kommt hinzu, dass es für die einzelnen Nationalstaaten nicht möglich ist, ihre Vorschriften im globalen Raum Internet durchzusetzen. Dies darf aber mangels derzeitiger Alternativen auf internationaler Ebene nicht dazu führen, dass die Nationalstaaten tatenlos dem Handeln im Internet gegenüberstehen und nur auf das Herausbilden internationaler Standards in ferner Zukunft hoffen beziehungsweise lediglich auf eine Selbstregulierung des Internet vertrauen können[12]. Es ist vielmehr Aufgabe des Staates, die ihm zur Verfügung stehenden Maßnahmen zum Schutz anerkannter Rechtsgüter zu ergreifen. Bestehende Umgehungsmöglichkeiten dürfen nicht als Rechtfertigung dafür angeführt werden, verfassungsrechtlich geschützte Rechtsgüter vollkommen schutzlos zu stellen[13]. Nationale Sperrverfügungen stellen daher erste mutige Schritte in die richtige Richtung dar[14]. Mittelfristig kann die rechtliche Erfassung des Internet aber nur durch eine

---

[11] Siehe *Sieber* CR 1997, 581 (582); *Mankowski* MMR 2002, 277 (278, Editorial); *Kudlich* in: Merx/Tandler/Hahn, Multimediarecht S. 231 (254). Das Schlagwort des „rechtsfreien Raums Internet" entspringt der Philosophie der Internet-Gemeinde aus den 60er Jahren, die jedes staatliche Eingreifen als Störung empfand und ein solches mit einer Umleitung der zensierten Informationen auf andere Server durch „Spiegelung" beantwortete, siehe dazu *Bremer*, Strafbare Internet-Inhalte S. 66.

[12] Zur Selbstregulierung des Internet siehe *Christiansen* MMR 2000, 123 ff. m. w. N.; *Mayer* K & R 2000, 13 ff.; *Lutterbeck* CR 2000, 51 (57 f.); *Bremer*, Strafbare Internet-Inhalte S. 67. Eine solche kann sinnvoll neben eine staatliche Regulierung treten.

[13] *Wellkamp* RDV 2000, 255 (263); *Engel* AfP 1996, 220 (224). Auch *Weingärtner* AfP 2002, 134 (145) fordert, dass nicht vor der technischen Entwicklung kapituliert werden darf.

[14] So hat beispielsweise die Bezirksregierung Düsseldorf im Februar 2002 den in Nordrhein-Westfalen ansässigen Providern aufgegeben, den Zugang zu zwei US-Websites mit Neonazi-Inhalten zu sperren. Dieses Vorgehen wirft die von den Gerichten nun zu klärende Frage auf, ob und unter welchen Voraussetzungen der Staat mittels polizeilicher Maßnahmen eingreifen kann und ggf. sogar muss; dazu *Germann*, Gefahrenabwehr im Internet; *Greiner*, Verhinderung verbotener Internetinhalte; *ders.* CR 2002, 620 ff.; *Zimmermann* NJW 1999, 3145 ff.; *Mankowski* MMR 2002, 277 f. (Editorial). Das VG Minden MMR 2003, 135 f. hat im Rahmen des vorläufigen Rechtsschutzes entschieden, dass das öffentliche Interesse an der sofortigen Vollziehbarkeit der Sperrverfügung im Rahmen einer allgemeinen Interessenabwägung geringeres Gewicht habe als das entgegenstehende Aufschubinteresse des Providers und daher die aufschiebende Wirkung wiederhergestellt. Dagegen hat das VG Düsseldorf MMR 2003, 205 ff. den Antrag auf Wiederherstellung der aufschiebenden Wirkung abgelehnt (kritisch hierzu

weitere Harmonisierung der bestehenden nationalen Rechtssysteme gekoppelt mit einer internationalen Zusammenarbeit bei der Gesetzesdurchsetzung erfolgsversprechend vorangebracht werden[15]. Dies setzt einen aktiven Gedankenaustausch zwischen den Nationen voraus sowie das Bemühen, konsensfähige Lösungen herauszubilden. Nicht zuletzt das Internet selbst – sozusagen als normative Kraft des Faktischen – wird dazu beitragen, dass die einzelnen Nationen näher zusammenrücken und so die Grundlage dafür geschaffen wird, sich auf einheitliche Standards zu verständigen[16].

Diese Arbeit möchte zu der rechtlichen Erfassung des Internet insofern beitragen, als der Frage nachgegangen wird, unter welchen Voraussetzungen bei Internet-Sachverhalten die deutsche Rechtsordnung überhaupt einen Geltungsanspruch erhebt und welche Vorgaben damit beim Handeln im Internet zu beachten sind. Konkreter Untersuchungsgegenstand ist dabei, unter welchen Voraussetzungen das deutsche Glücksspielrecht bei der Veranstaltung von Glücksspielen im Internet anzuwenden ist und welche Vorgaben damit konkret verbunden sind. Hinsichtlich der nachrangigen Fragestellung, wie derzeit die bestehenden nationalen Maßstäbe im Internet technisch und rechtlich durchgesetzt werden können, sei auf die sich damit speziell auseinandersetzenden zahlreichen Arbeiten verwiesen[17]. Es sei lediglich angemerkt,

---

Freising MMR 2003, 208 ff.). Sperrverfügungen hinsichtlich einem unerlaubten Glücksspiel dürften nicht von den Voraussetzungen des Mediendienste-Staatsvertrags gedeckt sein, siehe *Fritzemeyer/Rinderle* CR 2003, 599 (604).

[15] Zur Harmonisierung der nationalen Rechte im Strafrecht *Sieber* ZRP 2001, 97 (102). Zu erwähnen ist die sogenannte Cyber-Crime Konvention, an der 43 europäische und 4 außereuropäische Staaten mitwirkten. Diese soll einen gemeinsamen strafrechtlichen Mindeststandard in den Vertragsstaaten im Bereich des Computer- und Telekommunikationsstrafrechts schaffen, gemeinsame Grundlagen für eine effektive Strafverfolgung durch strafprozessuale Maßnahmen bieten sowie die internationale Rechtshilfe bei der Verfolgung von Computerdelikten verbessern. Siehe dazu *Kugelmann* DuD 2001, 215 ff.; *Bäumler* DuD 2001, 348 ff.; *Scheffler/ Dressel* ZRP 2000, 514 (515); *Weingärtner* AfP 2002, 134 (135).

[16] *Vec* NJW 2002, 1535 (1539); *Hilgendorf* NJW 1997, 1873 (1877); ähnlich auch *Weigend* in: Hohloch, Recht und Internet S. 85 (92).

[17] Aus den zahlreichen Veröffentlichungen, die sich mit der Verantwortlichkeit im Internet auseinandersetzen etwa *Germann*, Gefahrenabwehr S. 264 ff.; *Barton*, Mulitmediastrafrecht S. 81 ff.; *Bleisteiner*, Verantwortlichkeit im Internet S. 137 ff.; *Sieber*, Verantwortlichkeit im Internet S. 105 ff.; *Müller/Terpitz* in: Kröger/Gimmy, Handbuch zum Internetrecht S. 167 ff.; *Sieber* CR 1997, 581 ff./653 ff.; *Müller-Terpitz* MMR 1998, 478 ff.; *Spindler* K & R 1998, 177 ff.; *Pichler* MMR 1998, 79 ff.; *Waldenberger* MMR 1998, 124 ff.; *Vassilaki* MMR 1998, 630 ff.; *Spindler* in: Roßnagel, Das Recht der Mediendienste 2. Teil § 5 Rdnr. 33 ff.; *Hilgendorf* NStZ 2000, 518 ff.; *Popp*, Die Verantwortung im Internet S. 51 ff. Zur Durchsetzbarkeit des deutschen Strafanspruches *Weingärtner* AfP 2002, 134 (134). Hinzuweisen ist darauf, dass der Blick nicht nur auf die eigentlichen Täter, sondern vor allem auf die Betreiber von elektronischen Kommunikationsdiensten und Netzwerken, deren technische Systeme zur Tatbegehung mißbraucht werden, gerichtet ist. Dies hängt damit zusammen, dass eine Inhaltskontrolle im Internet nur bei diesen als praktikabel eingestuft wird, da diese viel eher als die Täter identifiziert und herangezogen werden können. Siehe dazu die gesetzliche Regelung der Verantwortlichkeit der Diensteanbieter in § 5 TDG sowie § 5 MDStV. Zur Abgrenzung beider Gesetze voneinander vgl. *Bullinger/Mestmäcker*, Multimediadienste; *Kuch* ZUM 1997, 225 ff.

dass in den Vereinigten Staaten von Amerika derzeit ein Gesetzesentwurf diskutiert wird, nach dem Kreditkarten-Unternehmen oder Online-Bezahldienste keine Geschäfte mit Internet-Casinos abwickeln dürfen. Damit wird versucht, den Hebel bei den Bezahlsystemen anzusetzen. Jedoch dürfte auch dieser Ansatz nicht den erwünschten Erfolg bringen, da nicht alle bestehenden Bezahlwege – wie zum Beispiel das Eröffnen eines Kontos im Ausland – erfasst werden können[18].

Während die Rechtsprobleme im Zusammenhang mit der Veranstaltung von Glücksspielen im Internet trotz deren enormer wirtschaftlicher Bedeutung bisher nur selten thematisiert wurden[19], wird die Bekämpfung von Rassendiskriminierung im Internet sehr kontrovers diskutiert. Ebenso wie bei der Veranstaltung eines Glücksspiels im Internet stellt sich dabei die Frage nach der Anwendbarkeit des deutschen Strafrechts. Der Bundesgerichtshof hatte sich jüngst mit der Verbreitung der Auschwitzlüge im Internet auseinander zu setzen. Zur Verdeutlichung der bei Internet-Sachverhalten bestehenden internationalen Zuständigkeitskonflikte soll auf diese Rechtsprechung zunächst näher eingegangen werden.

C. Die Verbreitung der Auschwitzlüge im Internet

I. Der Ansatz der Rechtsprechung

Der Bundesgerichtshof hatte sich erstmals in seinem Urteil vom 12.12.2000 mit der rechtspolitisch bedeutsamen Frage auseinander zu setzen, ob das deutsche Strafrecht anzuwenden ist, wenn auf einem ausländischen Server nach deutschem Recht strafbare Inhalte bereitgestellt werden, die auch in Deutschland abrufbar sind[20]. Dieser Frage liegt das Spannungsverhältnis zwischen dem durchaus nachvollziehbaren Interesse des deutschen Staates an einem effektiven Rechtsgüterschutz auch im Internet einerseits und der Vermeidung völkerrechtswidriger Eingriffe in die Souveränität anderer Staaten andererseits zugrunde. In dem vom Bundesgerichtshof zu beurteilenden Sachverhalt hatte ein (deutschstämmiger) australischer Staatsbürger

---

[18] Zwar haben amerikanische Kreditinstitute bereits eigene Richtlinien aufgestellt, nach denen illegale Glücksspiele blockiert bzw. illegale Anbieter nicht mehr als Vertragspartner akzeptiert werden. Aufgrund der bestehenden Möglichkeiten, finanzielle Transaktionen zu tarnen, wird die Wirkung derartiger Maßnahmen aber als eher gering eingestuft, *Fritzemeyer/Rinderle* CR 2003, 599 (604) sowie unter http://www.heise.de/bin/nt.print/newsticker/data/anw-19.03.03-001/. Eine ähnliche Einschätzung bei *Meyer*, einem erfahrenen Experten in Sachen Glücksspielsucht, siehe S. 84 des Wortprotokolls der öffentlichen Sitzung des Gesundheitsausschusses vom 20.8.2002 in Hamburg (Nr. 17/8), welche zur Bekämpfung der Glücksspielsucht im Zusammenhang mit der Konzessionierung des Internet-Roulette der Spielbank Hamburg durchgeführt wurde.

[19] Aus der Literatur *Stögmüller* K & R 2002, 27 ff.; *Klengel/Heckler* CR 2001, 243 ff.; *Leupold/Bachmann/Pelz* MMR 2000, 648 ff.; *Fritzemeyer/Rinderle* CR 2003, 599 ff.

[20] BGH MMR 2001, 228 ff.

Websites auf einem australischen Server gespeichert, in denen er den Holocaust leugnete[21]. Anders als noch die Vorinstanz[22], welche hinsichtlich der Internetbegehung die internationale Zuständigkeit deutscher Gerichte verneinte, und den Angeklagten diesbezüglich freisprach, gab der Bundesgerichtshof der Revision der Staatsanwaltschaft statt und hob das vorinstanzliche Urteil auf. Kernpunkt und von weitreichender Bedeutung[23] sind dabei die Feststellungen des Bundesgerichtshofs in Bezug auf die Anwendbarkeit deutschen Strafrechts[24]. Der Bundesgerichtshof bejaht im vorliegenden Fall eine Inlandstat im Sinne des § 3 StGB und damit die Anwendbarkeit deutschen Rechts, weil der zum Tatbestand des § 130 Abs. 1 und Abs. 3 StGB gehörende Erfolg im Sinne des § 9 Abs. 1 Alt. 3 StGB in der Bundesrepublik Deutschland eingetreten sei[25].

Zunächst befasst sich der Bundesgerichtshof mit dem Tatbestand des § 130 Abs. 1 und Abs. 3 StGB. Die Volksverhetzung verlange zwar nicht – wie bei konkreten Gefährdungsdelikten – den Eintritt einer konkreten Gefahr, gleichwohl weise der Tatbestand eine gewisse Erfolgsbezogenheit auf, indem die Tat geeignet sein müsse, den öffentlichen Frieden in der Bundesrepublik Deutschland zu stören. Deshalb handele es sich um ein sogenanntes abstrakt-konkretes Gefährdungsdelikt und damit um einen Unterfall der abstrakten Gefährdungsdelikte[26]. Diese gewisse Erfolgsbezogenheit des Tatbestands der Volksverhetzung genüge für die Bejahung eines „zum Tatbestand gehörenden Erfolgs" im Sinne des § 9 Abs. 1 Alt. 3 StGB[27]. Denn

---

[21] Üblicherweise besteht für die Ermittlungsbehörden angesichts der Möglichkeiten verschlüsselter Datenübertragung zunächst das Problem, die Urheberschaft für Inhalte im Internet zu ermitteln. Selbst wenn diese ermittelt sein sollte, wird der Täter sich häufig im Ausland aufhalten, so dass die Strafverfolgungsbehörden in der Regel keinen Zugriff haben. Im vom BGH entschiedenen Fall bestand die Absurdität darin, dass der Täter seine Identität zu erkennen gab und sogar freiwillig nach Deutschland einreiste, um ein persönliches Gespräch mit einem Mannheimer Staatsanwalt zu führen, woraufhin er festgenommen wurde. Näheres zum Sachverhalt siehe BGH MMR 2001, 228 (228); *Vec* NJW 2002, 1535 (1536); *Bremer*, Strafbare Internet-Inhalte S. 125.

[22] LG Mannheim 5 KLs 503 Js 9551/99.

[23] Das Urteil kann durchaus als Grundsatzentscheidung bezeichnet werden. Einen entsprechend großen – wenn auch selten durchweg positiven – Nachhall hat die Entscheidung in der Literatur erfahren; siehe *Gercke* ZUM 2002, 283 (284 f.); *Bremer* MMR 2002, 147 ff.; Anm. von *Kudlich* StV 2001, 397 ff.; Anm. von *Vassilaki* CR 2001, 262 ff.; *Sieber* ZRP 2001, 97 ff.; *Klengel/Heckler* CR 2001, 243 ff.; *Vec* 2002, 1535 ff.; *Koch* JuS 2002, 123 ff.

[24] Damit ist – anders als im Internationalen Privatrecht – zugleich die internationale Zuständigkeit deutscher Gerichte festgestellt (sog. Gleichlaufprinzip), siehe *Fischer* in: Fischer/Tröndle, StGB Vor § 3 Rdnr. 1; *Eser* in: Schönke/Schröder, StGB Vorbem §§ 3–7 Rdnr. 1 m. w. N.

[25] Die §§ 4–7 StGB spielten im vorliegenden Fall keine Rolle. Offen gelassen hat der BGH ausdrücklich die Frage, ob der Angeklagte auch im Inland im Sinne des § 9 Abs. 1 Alt. 1 StGB gehandelt haben könnte. Das Gericht deutet diesbezüglich Bedenken an, da die auf einem australischen Server gespeicherten Inhalte von Deutschland aus nur abgerufen und nicht aktiv vom Ausland aus nach Deutschland übermittelt wurden, siehe BGH MMR 2001, 228 (231).

[26] Zur Abgrenzung von Erfolgs- und Gefährdungsdelikten siehe *Römer*, Verbreitungs- und Äußerungsdelikte S. 110 ff.

[27] *Kudlich* StV 2001, 397 (399) widerspricht dem und kommt bei Auslegung des Wortlautes des § 130 StGB zu dem Ergebnis, dass die Eignung der Friedensstörung lediglich die Umstände

der Erfolgsbegriff des § 9 Abs. 1 Alt. 3 StGB sei nicht ausgehend von der Begriffsbildung der allgemeinen Tatbestandslehre zu ermitteln, sondern am Sinn und Zweck
des § 9 StGB auszurichten. Dazu führt der Bundesgerichtshof aus:

> „Nach dem Grundgedanken der Vorschrift [gemeint ist § 9 StGB, Anm. des Verfassers] soll
> deutsches Strafrecht – auch bei Vornahme der Tathandlung im Ausland – Anwendung fin-
> den, sofern es im Inland zu der Schädigung von Rechtsgütern oder zu Gefährdungen kommt,
> deren Vermeidung Zweck der jeweiligen Strafvorschrift ist."[28].

Durch die Gesetzesformulierung „zum Tatbestand gehörender Erfolg"[29] solle le-
diglich klargestellt werden, dass der Eintritt des Erfolgs in enger Beziehung zum
Straftatbestand zu sehen sei. Als Beleg dafür, dass auch sonst diese Begriffswahl im
Strafrecht nicht zwingend im Sinne der allgemeinen Tatbestandslehre zu verstehen
sei, führt der Bundesgerichtshof § 13 und § 78 a StGB beispielhaft an. Auch diese
Vorschriften würden einen zum Tatbestand gehörenden Erfolg voraussetzen, gleichwohl seien sie auf abstrakte Gefährdungsdelikte anwendbar[30]. Nach alledem sei der
Erfolg im Sinne des § 9 Abs. 1 Alt. 3 StGB dadurch in Deutschland eingetreten, dass
das Handeln im Internet geeignet gewesen sei, den öffentlichen Frieden in Deutschland zu stören[31].

Schließlich prüft der Bundesgerichtshof noch, ob in Fällen der vorliegenden Art
auch ein völkerrechtlich legitimierender Anknüpfungspunkt gegeben sei und bejaht
dies. Die Tat betreffe ein gewichtiges inländisches Rechtsgut und weise zudem objektiv einen besonderen Bezug zum Gebiet der Bundesrepublik Deutschland auf.
Der Bundesgerichtshof erläutert diesen Punkt wie folgt:

> „Das Äußerungsdelikt nach § 130 Abs. 1 StGB schützt Teile der inländischen Bevölkerung
> schon im Vorfeld von unmittelbaren Menschenwürdeverletzungen und will – wegen der be-
> sonderen Geschichte Deutschlands – dem Ingangsetzen einer historisch als gefährlich
> nachgewiesenen Eigendynamik entgegenwirken. Der Leugnungstatbestand des § 130

---

der Tathandlung näher umschreibe. Die Anwendbarkeit deutschen Strafrechts über § 9 Abs. 1
Alt. 3 StGB komme daher bei § 130 StGB nicht in Betracht.

[28] BGH MMR 2001, 228 (230).

[29] Mit dem 2. StrRG vom 4.7.1969 (BGBl. I 1969, 717) – in Kraft getreten am 1.1.1975
(BGBl. I 1973, 909) – wurde der Erfolgsort nicht mehr nur mit dem „Erfolg", sondern mit dem
„zum Tatbestand gehörenden Erfolg" umschrieben. Nach Ansicht des BGH sei es nicht Ziel der
Gesetzesänderung gewesen, eine Begrenzung des § 9 Abs. 1 Alt. 3 StGB auf Erfolgsdelikte vor-
zunehmen, siehe BGH MMR 2001, 260 (262) mit Verweis auf die Begründung von *Sieber*
NJW 1999, 2065 (2069).

[30] So BGH NStZ 1997, 545 (545) für § 13 StGB; ebenso *Stree* in: Schönke/Schröder, StGB
§ 13 Rdnr. 3; zum ganzen BGH MMR 2001, 228 (231). Jedoch kritisiert die überwiegende Literatur die Ansicht der Rechtsprechung in Bezug auf § 78 a S. 2 StGB sowie § 13 StGB, siehe
dazu *Koch* JuS 2002, 123 (125 m. w. N.).

[31] Ob auch bei rein abstrakten Gefährdungsdelikten ein Erfolgsort in Deutschland allein
durch die Möglichkeit der Abrufbarkeit zu bejahen ist, wie von der „extensiven" Gegenmeinung – etwa *Collardin* CR 1995, 618 (620) oder *Flechsig/Gabel* CR 1998 351 (352) – vertreten, lässt der BGH ausdrücklich offen. Verneinend *Clauß* MMR 2001, 232 (232) sowie *Kudlich*
StV 2001, 397 (398 Fn. 22).

Abs. 3 StGB hat auf Grund der Einzigartigkeit der unter der Herrschaft des Nationalsozialismus an den Juden begangenen Verbrechen einen besonderen Bezug zur Bundesrepublik Deutschland."[32]

II. Die Entscheidung des Bundesgerichtshofs aus völkerrechtlicher Sicht

Die Entscheidung des Bundesgerichtshofs wird in der Literatur überwiegend kritisiert. Das Ergebnis des Bundesgerichtshofs sei nicht überzeugend, da Deutschland sich so zum „Weltpolizisten" für alle weltweit abrufbaren Websites mache[33]. Mit dem unvermeidlichen Import des globalen Datennetzes exportiere Deutschland seine Rechtsordnung weltweit. In der Literatur wird daher vor der Situation gewarnt, die eintrete, wenn der Ansatz des Bundesgerichtshofs sich auch in anderen Staaten durchsetzen sollte. Dann müssten Deutsche bei ihrem Handeln im Internet beispielsweise auch dem Strafrecht islamistisch-fundamentalistischer Staaten Rechnung tragen und eine Strafverfolgung bei der Einreise in solche Länder befürchten[34]. Zudem wird kritisiert, dass die Überdehnung des Anwendungsbereichs deutschen Strafrechts faktisch nichts bringe, da die deutschen Strafverfolgungsbehörden angesichts der über das Internet global übertragenen Datenmengen machtlos wären und zudem Vollstreckungsmöglichkeiten gegenüber Tätern im Ausland kaum bestünden[35]. Offensichtlich ist dem Bundesgerichtshof durchaus die völkerrechtliche Brisanz der Bejahung der Anwendbarkeit deutschen Rechts auf im Internet verbreitete „Auschwitzlügen" bewusst. Nur so lässt sich erklären, dass das Gericht neben der Anwendung der in den §§ 3–9 StGB verankerten Regeln des deutschen internationalen Strafrechts als weiteres Zuständigkeitskriterium einen völkerrechtlich legitimierenden Anknüpfungspunkt prüft[36].

---

[32] BGH MMR 2001, 228 (231).

[33] Siehe *Sieber* NJW 1999, 2065 (2068) und *Hilgendorf* NJW 1997, 1873 (1878).

[34] Zu diesen Bedenken *Koch* JuS 2002, 123 (124) sowie *Sieber* NJW 1999, 2065 (2065).

[35] *Vec* NJW 2002, 1535 (1536); *Cornils* JZ 1999, 394 (395). Indem das deutsche Strafrecht auch für vom Ausland aus begangene Internettaten anwendbar ist, besteht eine entsprechende Verfolgungspflicht der Strafverfolgungsorgane gemäß § 163 Abs. 1 StPO. Daran vermag auch § 153 c Abs. 2 StPO nichts zu ändern, da diese Ausnahmevorschrift das Problem allenfalls punktuell und nicht grundsätzlich lösen kann, siehe dazu *Koch* JuS 2002, 123 (124).

[36] Dieses ungeschriebene Kriterium wurde von der Rechtsprechung entwickelt, um die gemäß § 6 Nr. 1 StGB bestehende universale deutsche Zuständigkeit für Völkermord einzuschränken, siehe BGHSt 45, 64 (65 f., 68 f.). Indem der BGH dieses für § 6 StGB entwickelte Kriterium auf den nicht in § 6 StGB aufgeführten Tatbestand der Volksverhetzung anwendet, bestätigt sich der Befund, dass das Gericht für nationalsozialistische Propaganda im Internet das „Weltrechtsprinzip gleichsam durch die Hintertür" eingeführt hat, so die Formulierung von *Hilgendorf* NJW 1997, 1873 (1878).

III. Stellungnahme

Zunächst ist dem Bundesgerichtshof insofern zuzustimmen, als er zur Vermeidung einer unangemessenen strafrechtlichen Allzuständigkeit den Anwendungsbereich des § 9 Abs. 1 Alt. 3 StGB einschränkend interpretiert und für die Ausdehnung des Geltungsbereichs deutschen Strafrechts auf exterritorial begangene Handlungen einen „sinnvollen Anknüpfungspunkt" fordert[37]. Dies bedeutet im Umkehrschluss, dass die Bestrafung von Handlungen, welche alle Staaten gleichermaßen beeinträchtigen, dem Staat zu überlassen ist, in welchem der Täter gehandelt hat. Nur dann, wenn ein Staat durch den Sachverhalt in einem besonderen Maße beeinträchtigt ist, kann die Anwendung seiner Rechtsordnung völkerrechtlich legitimiert sein[38]. Zu fordern ist insoweit ein besonderer objektiver Bezug für die Anwendung der deutschen Strafrechtsordnung[39]. Die Ausführungen des Bundesgerichtshofs sind jedoch insofern zu kritisieren, als er die völkerrechtliche Legitimation vorrangig daraus ableitet, dass Deutschland ein solches Verhalten inkriminiert. Auf die besondere politische Brisanz seiner Entscheidung – anders als in Deutschland ist im Ausland das Leugnen des Holocaust häufig nicht strafbar, sondern entsprechende Aussagen sind von der Meinungsfreiheit gedeckt[40] – geht der Bundesgerichtshof nicht ein. Vielmehr rekurriert er vorrangig auf die Wertung des § 130 StGB. Dies ist bedenklich, da die völkerrechtliche Beurteilung nicht von der Wertung einer innerstaatlichen Rechtsordnung abhängen kann. Sonst hätte jeder Staat die Möglichkeit, durch eine entsprechende Ausgestaltung seiner Rechtsordnung die Voraussetzungen für deren Anwendbarkeit selbst zu schaffen. Daher ist möglichst unabhängig von der Bewertung durch die einzelnen Rechtsordnungen zu untersuchen, welcher Staat über das gewöhnliche Maß hinaus durch den konkreten Internetsachverhalt betroffen ist[41]. Bezogen auf das Verbreiten der Auschwitzlüge kann angesichts der besonderen Rolle Deutschlands bei der Judenverfolgung während des 2. Weltkriegs ein spezifischer objektiver Bezug bejaht werden.

Ein weiterer Anknüpfungspunkt könnte darin bestehen, dass es den Tätern – wie dem Angeklagten auch – häufig darum geht, den „Schuldkomplex" der Deutschen zu beenden. So führte der Angeklagte auf einer Website im Internet aus:

---

[37] Ähnlich insofern *Hilgendorf* NJW 1997, 1873 (1876). Siehe auch *Römer*, Verbreitungs- und Äußerungsdelikte im Internet S. 129 ff. Zu den völkerrechtlichen Argumenten in Bezug auf die Einschränkung des Ubiquitätsprinzips *Kienle*, Straftaten im Internet S. 141 ff.

[38] Zur völkerrechtlichen Anknüpfung instruktiv die Lotus-Entscheidung vom 7.9.1927 StIGHE 5, 73 ff.; hierzu ausführlich *Bergmann*, Der Begehungsort im internationalen Strafrecht S. 12 ff. sowie *Kienle*, Straftaten im Internet S. 148 ff.

[39] Ebenso *Lehle*, Strafrechtszuständigkeit im Internet S. 125; *Clauß* MMR 2001, 232 (233).

[40] So in Australien, Kanada, Großbritannien, Schweden und den USA; siehe dazu den rechtsvergleichenden Überblick bei *Laitenbacher*, Verbreitung rassistischer Inhalte S. 142 ff.

[41] Ähnlich *Hilgendorf* NJW 1997, 1873 ff., der für die Anwendbarkeit deutschen Rechts bei exterritorialem Handeln einen objektiv erkennbaren Anknüpfungspunkt, also eine territoriale Spezifizierung fordert.

„Daher können alle Deutschen und Deutschstämmigen ohne den aufgezwungenen Schuld-komplex leben, mit dem sie eine bösartige Denkweise ein halbes Jahrhundert lang versklavt hat. [...] Auch wenn die Deutschen jetzt aufatmen können, müssen sie sich doch darauf ge-fasst machen, dass sie weiterhin diffamiert werden [...]."[42]

Den Ausführungen des Angeklagten ist zu entnehmen, dass dieser Deutsche an-sprechen und somit gerade in Deutschland Einfluss nehmen wollte[43]. Einer solchen subjektiven Anknüpfung könnte entgegengehalten werden, dass Fragen nach Ab-sichten und Motiven des Täters erst nach der Bejahung der Anwendbarkeit deut-schen Strafrechts relevant werden[44]. Tatsächlich enthalten die §§ 4–7, 9 StGB kei-ne subjektiven Elemente. Jedoch geht es vorliegend nicht um deren Anwendung, sondern um die Überprüfung der Anwendbarkeit deutschen Strafrechts anhand völkerrechtlicher Maßstäbe. Warum subjektive Elemente diesbezüglich außer Be-tracht bleiben sollten, ist nicht ersichtlich. Ein weiterer, subjektiver Anknüpfungs-punkt für die Anwendung der deutschen Rechtsordnung ist somit zu bejahen. An-gesichts der insoweit bestehenden besonderen Bezüge zu Deutschland war es zu-lässig, deutsches Strafrecht auf die Verbreitung der Auschwitzlüge im Internet vom Ausland aus anzuwenden. Im Ergebnis ist damit der Entscheidung des Bun-desgerichtshofs zuzustimmen. Zu bedauern ist allerdings, dass der Bundesgerichts-hof die Gelegenheit nicht wahrgenommen hat, sich näher mit den Möglichkeiten einer Einschränkung der Anwendbarkeit deutschen Rechts auf Internetsachverhal-te auseinander zu setzen. Nach wie vor sind wesentliche Fragen im Zusammen-hang mit der Anwendbarkeit deutschen Strafrechts auf Internetsachverhalte unge-klärt. Indem der Bundesgerichtshof ohne größeren Begründungsaufwand die deut-sche Strafgewalt auf ausländisches Territorium ausdehnt, nährt er die Befürchtung einer globalen Anwendung nationalen Strafrechts auf alle Internetsachverhalte. Damit befindet sich das Gericht allerdings in prominenter Gesellschaft: Das fran-zösische Tribunal de la Grande Instance de Paris verlangte von der in den Verei-nigten Staaten ansässigen Yahoo Inc. mit einer Entscheidung vom 20.11.2000, die Versteigerung von Nazi-Memorabilia auf einem in den Vereinigten Staaten befind-lichen Server für Nutzer aus Frankreich zu sperren[45]. In die gleiche Richtung geht eine Entscheidung des italienischen Kassationsgerichts, nach der die Verurteilung wegen Beleidigung und Verleumdung auch dann möglich sei, wenn die Verleum-

[42] Siehe dazu BGH MMR 2001, 228 (229).

[43] Beispielsweise *Collardin* CR 1995, 621 ff. vertritt die Ansicht, dass im Rahmen der teleo-logischen Reduktion des § 9 Abs. 1 StGB auf den Willen des Täters hinsichtlich des Wirkungs-bereiches seines Handelns im Internet abzustellen ist. Kritisch dazu *Cornils* in: Hohloch, Recht und Internet S. 71 (75).

[44] So *Jofer*, Strafverfolgung im Internet S. 112; *Klam*, Die rechtliche Problematik S. 68.

[45] Tribunal de la Grande Instance de Paris MMR 2001, 309 f. Yahoo Inc. kam der richterli-chen Anordnung zwar nach, beantragte aber gleichwohl vor dem United States District Court for the Northern District of California am 21.12.2000 die Feststellung, dass die Entscheidung des französischen Gerichts von Yahoo weder zu beachten sei noch vollstreckt werden könne. Es bleibt abzuwarten, wie das amerikanische Gericht entscheiden wird.

dung eines italienischen Staatsbürgers im Ausland in das Internet eingespeist wird[46]. Auch wenn zu begrüßen ist, dass die Justiz nicht vor den technischen Gegebenheiten des Internet kapituliert, ist es angesichts eines „exterritorialen" Ansatzes der Gerichte zur Vermeidung von internationalen Zuständigkeitskonflikten dringend erforderlich, international einheitliche Kriterien für eine völkerrechtlich legitimierende Anknüpfung herauszubilden[47].

D. Die Veranstaltung von Glücksspielen
im Internet

Internationale Zuständigkeitskonflikte sind auch bei der Veranstaltung von Glücksspielen im Internet vorprogrammiert und beschäftigen immer häufiger deutsche Gerichte[48]. Dabei gestaltet sich die Frage nach der Anwendbarkeit deutschen Glücksspielrechts auf im Internet veranstaltete Glücksspiele um einiges komplexer als das oben diskutierte Problem der Anwendbarkeit deutschen Strafrechts auf die Verbreitung der Auschwitzlüge im Internet. Dies liegt daran, dass das Glücksspielrecht eine Querschnittsmaterie darstellt. Aufgrund der Tatsache, dass es sich aus verschiedenen Vorschriften des Straf-, Verwaltungs- und Zivilrechts zusammensetzt, sind bei der Prüfung der Anwendbarkeit deutschen Rechts je nach der zu beantwortenden Rechtsfrage die Regeln des Internationalen Verwaltungs-, Straf- oder Privatrechts heranzuziehen. Angesichts der Vernetzung der verschiedenen Rechtsbereiche – wie sie durch die Verweise in § 284 Abs. 1 StGB oder § 762 BGB auf das (Nicht)Vorliegen einer behördlichen Erlaubnis zum Ausdruck kommt – können diese nicht völlig getrennt voneinander behandelt werden. Die ohnehin schwierige Frage nach der Anwendbarkeit deutschen Rechts bei Internetsachverhalten wird dadurch noch verkompliziert. Hinzu kommen typische Auslegungsprobleme, die dadurch aufgeworfen werden, dass einzelne Tatbestandsmerkmale eine territoriale Anknüpfung aufweisen, das Internet aber keine territorialen Grenzen kennt[49].

---

[46] Zu den Ansätzen in anderen Nationen siehe *Sieber* ZPR 2001, 97 (98).

[47] In diese Richtung gehen die Vorschläge von *Sieber* ZRP 2001, 97 (102 f.) und *Koch* JUS 2002, 123 (127). *Bremer* MMR 2002, 147 (152) dagegen hält eine internationale Rechtsangleichung für utopisch und plädiert für eine Erweiterung des aktiven Personalitätsprinzips in § 5 StGB.

[48] Zum Beispiel BGH GRUR 2002, 269 ff.; OLG Köln GRUR 2000, 533 ff. sowie 538 ff.; OLG Hamburg MMR 2000, 92 ff.; OLG Hamburg MMR 2002, 471 ff.; OLG Hamburg CR 2003, 56 ff.

[49] So wird zu klären sein, wie der Veranstaltungsbegriff beim Handeln im Internet zu verstehen ist. Ein weiteres typisches Beispiel für im Zusammenhang mit Internet-Sachverhalten bestehende Auslegungsprobleme ist die Frage, ob eine Online-Auktion unter den Versteigerungsbegriff des § 34 b Abs. 1 GewO passt; verneinend mit unterschiedlichen Argumenten KG CR 2002, 47 ff.; OLG Frankfurt NJW 2001, 1434 ff.; LG Münster GewArch 2000, 205 ff.; OLG Hamm MMR 2001, 105 ff.; LG Wiesbaden GewArch 2000, 253 ff.; dagegen hat das LG Hamburg § 34 b GewO auf Internetauktionen angewandt, siehe LG Hamburg

§ 7 Die rechtliche Beurteilung
deutscher Internet-Glücksspielangebote

Im Folgenden soll untersucht werden, welche Anforderungen das deutsche Glücksspielrecht an Angebote stellt, die auf in Deutschland belegenen Servern gespeichert sind und dort abgerufen werden können. Die damit zusammenhängenden Fragestellungen werden zunächst abstrakt diskutiert und dann die daraus abgeleiteten Anforderungen exemplarisch auf das Internet-Angebot der Spielbank Hamburg angewendet. Zur besseren Übersichtlichkeit werden die verschiedenen Fragestellungen geordnet nach den klassischen Rechtsbereichen des Öffentlichen Rechts, Straf- und Zivilrechts untersucht.

A. Aus öffentlich-rechtlicher Sicht

Der Veranstalter eines Glücksspiels macht sich nach deutschem Strafrecht dann nicht strafbar, wenn er über eine entsprechende behördliche Erlaubnis verfügt. Dies gilt selbstverständlich auch für eine Veranstaltung im Internet. Wenn die tatsächlichen Veranstaltungsmodalitäten von einer Erlaubnis gedeckt sind, entfällt im Anwendungsbereich des deutschen Strafrechts eine Strafbarkeit gemäß den §§ 284, 287 StGB. In diesem Zusammenhang stellt sich die Frage, in welchem Umfang eine von einer deutschen Behörde erteilte Erlaubnis für die Veranstaltung im Internet eine Gestattungswirkung entfaltet. Als Ausgangspunkt soll zunächst die Reichweite der Erlaubniswirkung bei herkömmlichen Veranstaltungsmodalitäten untersucht werden. In einem zweiten Schritt wird darauf aufbauend der Frage nachgegangen, wie diese bei einer Veranstaltung im Internet zu bestimmen ist.

I. Die Reichweite der Erlaubniswirkung
bei herkömmlichen Veranstaltungsmodalitäten

Unter herkömmlichen Veranstaltungsmodalitäten sind jene zu verstehen, die sich nicht besonderer technischer Errungenschaften wie dem Internet bedienen. Zu denken ist beispielsweise an den Loseverkauf am Kiosk oder den postalischen Vertrieb von Losen. Anhand dieser herkömmlichen Veranstaltungsmodalitäten sollen die Grundlagen für die Beurteilung des Wirkungskreises einer Veranstaltungserlaubnis erarbeitet werden.

GewArch 1999, 334 ff. Zur gewerberechtlichen Einordnung von Internetauktionen siehe *Hösch* GewArch 2002, 257 ff.

1. Der Veranstaltungsort

Voraussetzung für die Bestimmung des Wirkungskreises einer Veranstaltungserlaubnis ist zunächst eine Auseinandersetzung mit dem Veranstaltungsbegriff[50].
Nur wenn der Anbieter eines Glücksspiels weiß, an welchen Orten er dieses veranstaltet,
kann er sich auch an den von der Erlaubnis vorgezeichneten Wirkungskreis halten.
Geht der Veranstaltungsort über den Wirkungskreis der erteilten Erlaubnis hinaus,
liegt diesbezüglich im Rahmen des Anwendungsbereichs der §§ 284, 287 StGB eine
grundsätzlich strafbare, weil unerlaubte Veranstaltung vor.

Die ganz herrschende Meinung in Literatur und Rechtsprechung geht davon aus,
dass ein Glücksspiel dann veranstaltet wird, wenn dem Publikum eine konkrete
Spielgelegenheit eröffnet wird[51]. Auch der Bundesgesetzgeber legt diesen weiten
Veranstaltungsbegriff zugrunde[52]. Auf die tatsächliche Abhaltung des Spielangebots kommt es ebenso wenig an wie auf den Abschluss eines Spielvertrags. Für die
Örtlichkeit der Veranstaltung bedeutet dies, dass an jedem Ort ein Glücksspiel veranstaltet wird, von welchem aus man an diesem teilnehmen kann[53]. Beim Loseverkauf am Kiosk ist dies der Standort des Kiosks. Für den Versand von Losen folgt daraus, dass der Veranstaltungsort dort liegt, wohin die Lose versendet werden. Dementsprechend führte der Bundesgerichtshof in einer Entscheidung vom 28.5.1957
aus, dass bereits im Übersenden von Sonderzahlkarten, Werbeschreiben und Mus-
terlosschreiben ein Veranstalten gesehen werden könne[54]. Das Gericht bejahte im
Ergebnis eine strafbare Handlung im Sinne des § 287 StGB (vormals § 286 StGB)
bei einer Übersendung von Losen in andere Bundesländer, weil deren Landesbehörden keine Erlaubnis erteilt hatten. Bestätigt wurde dieses Verständnis des Veranstaltungsbegriffs durch den Bundesgerichtshof in einer Entscheidung vom 14.3.2002.
In dieser lässt das Gericht es für ein Veranstalten genügen, wenn der Abschluss von
Spielverträgen angeboten wird. Das Gericht ging dementsprechend von einer Veranstaltung von Sportwetten im Inland aus, soweit Teilnehmerscheine vom Ausland
aus nach Deutschland versendet wurden[55].

Das Verständnis des Veranstaltungsbegriffs ist somit entscheidend von der „Außenwirkung" des Handelns geprägt. Dies entspricht dem Sinn und Zweck des strafrechtlichen Glücksspielverbots. Denn durch diese Begriffsbestimmung werden die

---

[50] Grundlegend zum Veranstaltungsbegriff der §§ 284, 287 StGB siehe BayObLG NJW
1993, 2820 (2820) sowie *Lampe* JuS 1994, 737 (739 ff.).

[51] Siehe OLG Köln GRUR 2000, 538 (539 f.); OLG Braunschweig NJW 1954, 1777 (1777);
BGH, Urteil vom 28.5.1957, 1 StR 339/56; OLG Stuttgart, Urteil vom 9.2.1962, 2 Ss 538/1961
(beide unveröffentlicht); *Fischer* in: Tröndle/Fischer, StGB § 284 Rdnr. 1; *Eser/Heine* in:
Schönke/Schröder, StGB § 284 Rdnr. 12; *Ohlmann* WRP 2001, 672 (683), *Kühl* in: Lackner,
StGB § 284 Rdnr. 11.

[52] Siehe dazu BT-Drucks. 13/8587 S. 67 (67); BT-Drucks. 13/9064 S. 20 (21).

[53] Ebenso *Kühl* in: Lackner, StGB § 287 Rdnr. 6.

[54] BGH, Urteil vom 28.5.1957, 1 StR 339/56, in dem die Rechtsprechung des RG RGSt 42,
430 (433) aufgegriffen wird.

[55] BGH GRUR 2002, 636 (636).

Gefahren des Glücksspiels dort erfasst, wo sie sich tatsächlich realisieren. Zu Recht bleibt dagegen unberücksichtigt, wo der Veranstalter sich selbst befindet, während er die Möglichkeit der Spielteilnahme eröffnet. Ein Anbieter von Glücksspielen hat somit im Anwendungsbereich der §§ 284, 287 StGB zu beachten, dass ihm überall dort, wo er eine Spielteilnahme ermöglicht, das Veranstalten eines Glücksspiels auch erlaubt sein muss.

2. Der Wirkungskreis einer deutschen Erlaubnis innerhalb Deutschlands

Für die Beurteilung einer Strafbarkeit gemäß den §§ 284, 287 StGB ist es nach dem soeben Gesagten von entscheidender Bedeutung, den Wirkungskreis einer deutschen Erlaubnis zur Veranstaltung eines Glücksspiels zu bestimmen. Im Folgenden ist unter „deutsche Erlaubnis" eine durch die zuständige Behörde eines Bundeslandes erteilte Erlaubnis zur Veranstaltung eines Glücksspiels zu verstehen. Soweit die Bundesländer selbst als Glücksspielanbieter tätig werden, fehlt es an einer ausdrücklichen Erlaubnis in Form eines Verwaltungsakts. In diesen – angesichts der weit verbreiteten Monopolstellung des Staates im Glücksspielbereich nicht seltenen – Fällen wurzelt die Legitimation des Tätigwerdens in der Ausübung der Hoheitsgewalt selbst[56]. Auch staatliche Stellen haben ebenso wie private Anbieter die territorialen Grenzen bei der Ausübung ihrer Hoheitsgewalt zu beachten. Ein Bundesland kann grundsätzlich nicht über die eigenen territorialen Grenzen hinaus tätig werden. Deshalb gelten die nachfolgenden Ergebnisse bezogen auf den Wirkungskreis einer deutschen Glücksspielerlaubnis entsprechend für den unmittelbaren Wirkungskreis hoheitlichen Handelns.

a) Der Geltungsbereich einer Erlaubnis

Der Geltungsbereich einer Erlaubnis als hoheitlicher Akt bezeichnet das Gebiet, in dem Gerichte und Behörden an diese gebunden sind. Der Geltungsbereich einer

---

[56] Die Erteilung einer besonderen Erlaubnis ist bei staatlichem Handeln naturgemäß nicht erforderlich, siehe *Sprau* in: Palandt, BGB § 763 Rdnr. 4; *Engel* in: Staudinger, BGB § 763 Rdnr. 15. Nichtsdestotrotz sollte gleichwohl die Veranstaltung eines Glücksspiels durch den Staat selbst gesetzlich normiert werden. Denn nach der aus dem Rechtsstaatsprinzip entwickelten sogenannten „Wesentlichkeitstheorie" im Rahmen des Gesetzesvorbehalts gemäß Art. 20 Abs. 3 GG ist es erforderlich, dass alle wesentlichen Fragen vom Parlament selbst entschieden werden. Dazu dürfte auch das Auftreten staatlicher Stellen als Glücksspielanbieter zählen. Der Gesetzesvorbehalt erstarkt insoweit zum Parlamentsvorbehalt, vgl. *Krebs* Jura 1979, 304 ff.; *Pietzcker* JuS 1979, 710 ff.; *Erichsen* VerwArch 67 (1976) S. 93 (100 f.); *Nevermann* VerwArch 71 (1980) S. 241 (248 f.); *Pieske* DVBl. 1977, 673 (675 ff.). Zur schwierigen Bestimmung, wann eine Sachfrage als „wesentlich" einzustufen ist vgl. *Busch*, Parlamentsvorbehalt S. 41 ff. m. w. N. Näher zum Gesetzesvorbehalt und der Wesentlichkeitstheorie außerdem *Jarass* in: Jarass/Pieroth, GG Art. 20 Rdnr. 54; *Pieroth/Schlink*, Grundrechte S. 264; BVerfGE 95, 267 (307); 83, 130 (152); 98, 218 (251).

Erlaubnis wird innerhalb Deutschlands durch die Regeln des interlokalen Verwaltungsrechts bestimmt[57]. Diskutiert wird, ob auch innerhalb Deutschlands dieselbe Regel wie im Verhältnis der verschiedenen Staaten untereinander gilt, nämlich, dass der Geltungsbereich von Hoheitsakten auf das Territorium des Erlassstaates beschränkt ist (Territorialitätsprinzip). Obwohl die Bundesländer nach herrschender Auffassung echte Staaten sind und als solche originäre und nicht nur vom Bund abgeleitete Hoheitsmacht ausüben[58], wird die unmittelbare Anwendbarkeit der völkerrechtlichen Regeln für die Beziehungen zwischen den Ländern untereinander ganz überwiegend abgelehnt[59]. Denn unter den Bundesländern herrscht nicht jene rechtliche Distanz wie im Außenverhältnis souveräner Staaten. Vielmehr sind – wie *Isensee* zutreffend beschreibt – „Bund und Land, Land und Land nicht fremde Häuser, sondern Räume eines gemeinsamen Staatsbaus"[60]. Gleichwohl üben die Länder ihre Staatsgewalt im räumlichen Nebeneinander auf der Ebene staatsrechtlicher Gleichordnung aus, die jener des Völkerrechts vergleichbar ist. Deshalb können die völkerrechtlichen Grundsätze auf die staatsrechtlichen Binnenbeziehungen der Gliedstaaten sinngemäß angewendet werden, soweit keine innerstaatlichen Besonderheiten gelten[61]. Mangels solcher ist auch innerhalb Deutschlands grundsätzlich von der Beschränkung des Geltungsbereichs von Hoheitsakten auf das Staatsgebiet des normsetzenden Hoheitsträgers auszugehen.

(1) Behördlich erteilte Erlaubnis in Vollziehung von Bundesrecht

Die Erteilung einer Erlaubnis zur Veranstaltung eines Glücksspiels kann aufgrund eines Bundesgesetzes erfolgen, nämlich in Vollziehung des Rennwett- und Lotteriegesetzes oder der Gewerbeordnung[62]. Soweit eine Erlaubnis in Vollziehung von Bundesrecht ergeht stellt sich die Frage, ob es insoweit bei der Geltung des Territorialitätsprinzips bleibt. Denn Bundesrecht gilt bundesweit einheitlich, so dass auch dessen Vollzugsakte bundesweit einheitlich gelten könnten. Nach ganz herrschender Auffassung in Rechtsprechung und Literatur gelten in Vollziehung von Bundesrecht erlassene Verwaltungsakte im ganzen Bundesgebiet[63]. Zur Begrün-

---

[57] Zum Begriff des interlokalen Verwaltungsrechts *Kegel/Schurig*, Internationales Privatrecht S. 141.

[58] BVerfGE 1, 14 (34); *Bleckmann* NVwZ 1986, 1 (3).

[59] BVerfGE 1, 14 (51 f.); 34, 216 (231 f.).

[60] *Isensee* in: Isensee/Kirchhof, HdStR, Band IV, § 98 Rdnr. 31.

[61] *Bleckmann* NVwZ 1986, 1 (2); *Thürmer* DÖV 1987, 99 (101); *Isensee* in: Isensee/Kirchhof, HdStR, Band IV, § 98 Rdnr. 32; *Linke*, Internationales Verwaltungsrecht S. 143; BVerfGE 1, 14 (51 f.); 36, 1 (24); ablehnend dagegen BVerfG 34, 216 (231). Weiterführend *Bullinger*, JuS 1964, 228 ff. sowie *Vogel*, Der räumliche Anwendungsbereich S. 335 ff., der die Fragen des Bundesstaats- und Völkerrechts auf ihre Gleichartigkeit hin untersucht.

[62] Allerdings nur aufgrund des Erlaubnistatbestands § 33 c GewO, siehe § 33 h GewO.

[63] BVerfGE 11, 6 ff.; BVerwG NVwZ 1984, 799; *Jellinek* DVBl. 1955, 47 (48) *Weingart* BayVBl. 1960, 174 (175); a. A. *Fastenrath* JZ 1987, 170 (172 Fn. 38). Ausführlich zu den verschiedenen Begründungsansätzen *Linke*, Internationales Verwaltungsrecht S. 144 ff.

dung wird angeführt, dass die bundesweite Geltung im Wesen des landeseigenen Vollzugs von Bundesgesetzen liege[64]. Die Länder seien, soweit sie Bundesgesetze ausführen, als Organe des Bundes einzuordnen[65]. Des Weiteren wird vorgebracht, dass der räumliche Geltungsbereich eines Verwaltungsakts dem Geltungsbereich der dem Verwaltungsakt zugrunde liegenden Rechtsnorm entspreche[66]. Diese verschiedenen Begründungsansätze wurzeln allesamt in der bundesstaatlichen Überlagerung. Allein die Ausführung der Bundesgesetze durch die Landesbehörden ändert daran nichts, so dass in diesen Fällen von einer Geltungserstreckung auf das gesamte Bundesgebiet auszugehen ist.

(2) Behördlich erteilte Erlaubnis in Vollziehung von Landesrecht

Ganz überwiegend ist das öffentlich-rechtliche Glücksspielrecht aufgrund seines ordnungsrechtlichen Charakters allerdings landesgesetzlich normiert. Es fehlt an einer bundesstaatlichen Überlappung, die einzelnen Bundesländer stehen sich insoweit wie fremde Staaten gegenüber[67]. Innerstaatliche Besonderheiten erfordern keine Abweichung vom Grundsatz der territorialen Begrenzung des Geltungsbereichs auf das jeweilige Hoheitsgebiet. Auch der Bundesgerichtshof hat dementsprechend für lotterierechtliche Genehmigungen entschieden, dass sie nur für das Bundesland gelten, in dem sie erteilt worden sind[68]. Der Geltungsbereich einer Erlaubnis zur Veranstaltung eines Glücksspiels ist bei Vollziehung von Landesrecht auf das jeweilige Landesgebiet beschränkt.

b) Der Anwendungsbereich einer Erlaubnis

Mit der Beschränkung des Geltungsbereichs einer Erlaubnis auf das eigene Hoheitsgebiet ist noch nicht geklärt, ob entsprechendes auch für deren Anwendungsbereich gilt. Während der Geltungsbereich einer Erlaubnis das territoriale Gebiet bezeichnet, in dem Gerichte und Behörden an diese gebunden sind, ist unter dem Anwendungsbereich einer Erlaubnis die Umgrenzung derjenigen Sachverhalte zu verstehen, welche dadurch geregelt werden[69]. Soweit der territoriale Geltungsbe-

---

[64] So BVerfGE 11, 6 ff.

[65] *Ule* JZ 1961, 622 (623).

[66] *Isensee* in: Isensee/Kirchhof, HdStR, Band IV, § 98 Rdnr. 34.

[67] Bekannt ist diese Konstellation vor allem beim Geltungsbereich von Schul- und Hochschulabschlüssen. Angesichts der Geltungsbeschränkung auf das jeweilige Hoheitsgebiet regeln verschiedene Abkommen zwischen den Bundesländern die Anerkennung bestimmter Landesverwaltungsakte, siehe dazu *Fastenrath* JZ 1987, 170 (172 f.); *Oldiges* DÖV 1989, 873 (879); *Kopp/Kopp* BayVBl. 1994, 229 (232).

[68] BGH, Urteil vom 28.5.1957, 1 StR 339/56; BGH, Urteil vom 24.9.1957, 5 StR 519/56 (beide unveröffentlicht); *Stögmüller* K & R 2002; 27 (29), *Ohlmann* WRP 2001, 672 (683).

[69] *Schlag*, Grenzüberschreitende Verwaltungsbefugnisse S. 92; *Ipsen*, Völkerrecht S. 285; *Neuhaus*, Grundbegriffe S. 182.

reich einer Erlaubnis auf das jeweilige Landesgebiet beschränkt ist, könnte gleich-wohl diese Erlaubnis auch ein Veranstalten über die Landesgrenzen hinaus erfassen. Denn Geltungs- und Anwendungsbereich können auseinanderfallen[70].

Die Bejahung eines erweiterten Anwendungsbereichs einer Erlaubnis bedeutet, dass ein Bundesland auch solche Sachverhalte regeln darf, die sich nicht (aus-schließlich) auf dem eigenen Landesgebiet ereignen, sondern auch einen Bezug zu anderen Bundesländern aufweisen. Bereits die Verpflichtung zur gegenseitigen Amts- und Vollstreckungshilfe gemäß Art. 35 Abs. 1 GG zeigt, dass der Anwen-dungsbereich von Hoheitsakten bei landesüberschreitenden Sachverhalten nicht auf das Gebiet des jeweiligen Hoheitsträgers beschränkt sein muss[71]. Jedoch setzt eine solche Regelungsbefugnis voraus, dass ein hinreichender legitimierender Anknüp-fungspunkt zu dem Land besteht, welches die grenzüberschreitende Anwendung vorsieht[72].

Bezogen auf eine behördliche Erlaubnis zur Veranstaltung eines Glücksspiels stellt sich die Frage, ob deren Anwendungsbereich auch eine Veranstaltung über die Landesgrenzen hinweg – zum Beispiel mittels eines postalischen Vertriebs – erfas-sen kann. Sachgerechter Anknüpfungspunkt könnte allein das Tätigwerden des An-bieters von dem Hoheitsgebiet aus darstellen, in welchem ihm das Veranstalten ei-nes Glücksspiels erlaubt ist. Würde man allein den Ort des Tätigwerdens des Anbie-ters als Anknüpfungspunkt genügen lassen, führte dies dazu, dass die einzelnen Bundesländer gerade nicht selbst entscheiden könnten, in welchem Umfang auf dem eigenen Landesgebiet Glücksspiele veranstaltet werden. Das föderalistische Prinzip der Eigenverantwortlichkeit jedes Bundeslandes wäre dadurch verletzt. Zum gleichen Ergebnis gelangt die Rechtsprechung, welche den Ort des Tätigwer-dens eines Anbieters als Anknüpfungspunkt für ein Veranstalten jenseits der Lan-desgrenzen nicht genügen lässt. Dies setzt der Bundesgerichtshof voraus, wenn er im Versenden von Losen über die Landesgrenzen hinaus ein unerlaubtes Veranstal-ten eines Glücksspiels bejaht[73]. Der Anwendungsbereich einer in Vollziehung von Landesrecht ergangenen Erlaubnis zur Veranstaltung eines Glücksspiels ist somit ebenso wie deren Geltungsbereich auf das jeweilige territoriale Gebiet des die Er-laubnis erteilenden Hoheitsträgers beschränkt.

c) Anerkennungspflicht der anderen Bundesländer

Soweit der Geltungsbereich sowie der Anwendungsbereich einer Erlaubnis zur Veranstaltung eines Glücksspiels sich lediglich auf das jeweilige Landesgebiet er-streckt, stellt sich die Frage, ob die anderen Bundesländer verpflichtet sind, die Er-

---

[70] *Neuhaus*, Grundbegriffe S. 181.
[71] *Kopp/Kopp* BayVBl. 1994, 229 (231).
[72] *Linke*, Europäisches Internationales Verwaltungsrecht S. 120 m. w. N.
[73] BGH, Urteil vom 28.5.1957, 1 StR 339/56 (unveröffentlicht); BGH GRUR 2002, 636 (636).

laubniswirkung für das eigene Landesgebiet anzuerkennen. Eine Anerkennungspflicht ist jedenfalls dann zwingend zu bejahen, wenn sie durch Gesetz[74] oder durch ein Verwaltungsabkommen[75] explizit normiert ist. Im Glücksspielwesen fehlt diesbezüglich eine ausdrückliche Normierung. Eine Anerkennungspflicht könnte somit nur aus allgemeinen Prinzipien hergeleitet werden.

Denkbar ist es, eine solche aus dem Grundsatz der Bundestreue herzuleiten[76]. Dieser ungeschriebene Verfassungsgrundsatz ist aus der föderativen Struktur der Bundesrepublik Deutschland abzuleiten. Er verpflichtet die Glieder des Bundes einander wie auch dem größeren Ganzen und der Bund den Gliedern die Treue zu halten und sich zu verständigen[77]. Ein Teil der Literatur folgert daraus, dass wirksame Verwaltungsakte eines Bundeslandes auch von den anderen Ländern anzuerkennen sind[78]. Dem steht allerdings die vom Grundgesetz mit der Aufteilung der Gesetzgebungs- und Verwaltungskompetenzen intendierte Regelungsvielfalt im Bundesstaat entgegen. Es soll den Ländern gerade möglich sein, ihre unterschiedlichen politischen Lösungsvorstellungen in Gesetzgebung und Verwaltung zu realisieren. Eine generelle Anerkennungspflicht der anderen Bundesländer würde deren Eigenverantwortlichkeit aushöhlen und ist deshalb mit dem föderativen Prinzip unvereinbar[79].

Auch das Oberlandesgericht Braunschweig hatte sich damit auseinander zu setzen, ob eine lotterierechtliche Genehmigung wegen der Pflicht der Länder zu bundesfreundlichem Verhalten in anderen Ländern anzuerkennen ist. Es führte dazu aus:

„[...] die Frage der Genehmigung einer Lotterie hat jedes Land für sich zu entscheiden und eine Mitwirkungspflicht der Länder untereinander ist nirgends festgesetzt. Wenn es dem einzelnen Lande überlassen bleibt, ob es eine Genehmigung für seinen Bereich erteilen will oder nicht, kann diese Entscheidungsfreiheit ihm nicht durch eine anderwärts erteilte Genehmigung genommen werden. Andernfalls würde ein Land, welches z. B. grundsätzlich

---

[74] Z. B. § 122 Abs. 1 BRRG, § 6 Abs. 1 S. 1 DRiG.

[75] Z. B. das Abkommen der Bundesländer zur Vereinheitlichung auf dem Gebiet des Schulwesens vom 28.10.1964 in der Fassung vom 14.10.1971 (siehe BT-Drucks. 8/1551 S. 69 ff.), welches die Voraussetzungen für die Anerkennung der allgemeinen Hochschulreife durch Staatsvertrag festlegt.

[76] Der Grundsatz der Pflicht zu bundestreuem Verhalten verpflichtet jedes Land, bei der Inanspruchnahme seiner Rechte die gebotene Rücksicht auf die Interessen der anderen Länder und des Bundes zu nehmen und nicht auf die Durchsetzung rechtlich eingeräumter Positionen zu dringen, die elementare Interessen eines anderen Landes schwerwiegend beeinträchtigen, BVerfG NJW 1973, 609 ff. Zudem lassen sich aus ihm besondere, über die in der Verfassung ausdrücklich normierten verfassungsrechtlichen Pflichten hinausgehende zusätzliche Pflichten entwickeln, siehe *Hesse*, Grundzüge S. 116. Instruktiv zur Bundestreue in der Verfassungsentwicklung der Bundesrepublik Deutschland, den Grundlagen der Bundestreue in der verfassungsrechtlichen Ordnung des Grundgesetzes sowie der Konkretisierung der Bundestreue siehe *Bauer*, Bundestreue m. w. N.

[77] *Maunz/Zippelius*, Deutsches Staatsrecht S. 108.

[78] *Arloth* NJW 1987, 808 (810); *Fastenrath* JZ 1987, 170 (177); *Kopp/Kopp* BayVBl. 1994, 229 (232).

[79] *Seibert*, Die Bindung von Verwaltungsakten S. 286; *Hempel*, Der demokratische Bundesstaat S. 228; BVerwG DÖV 1979, 751 (751 f.).

derartige Veranstaltungen nicht dulden wollte, gezwungen, diesen Grundsatz aufzugeben. Es kann aber auch keinem Land verwehrt sein, seine eigenen fiskalischen Interessen mit der Erteilung der Genehmigung zu verknüpfen und, solange diese nicht gewahrt sind, die Genehmigung abzulehnen."[80]

Das Oberlandesgericht Braunschweig geht in seiner Entscheidung nicht auf den Geltungs- und Anwendungsbereich einer behördlichen Erlaubnis ein, sondern setzt sich lediglich damit auseinander, ob der Grundsatz der Bundestreue die Länder zur gegenseitigen Anerkennung einer erteilten Erlaubnis verpflichtet. Damit setzt das Gericht bereits voraus, dass der Geltungs- und Anwendungsbereich einer in Vollziehung von Landesrecht erteilten Erlaubnis territorial auf das jeweilige Landesgebiet begrenzt ist. Jedoch fällt dies nicht weiter ins Gewicht, da die vom Oberlandesgericht Braunschweig herangezogene Begründung zur Verneinung einer Anerkennungspflicht ebenso für die Begründung der Begrenzung des Geltungs- und Anwendungsbereichs auf das jeweilige Landesgebiet gilt. Im Ergebnis ist dem Oberlandesgericht Braunschweig zuzustimmen, dass die Wirkungserstreckung einer Erlaubnis zur Veranstaltung eines Glücksspiels auf andere Bundesländer zu verneinen ist[81].

Folglich ist ein sachlicher Grund für eine Beschneidung der Eigenverantwortlichkeit der Länder im Glücksspielbereich nicht ersichtlich. Bei Vollziehung von Landesrecht gilt mangels einer ausdrücklichen gesetzlichen Wirkungserstreckung eine Erlaubnis zur Veranstaltung eines Glücksspiels nur innerhalb der jeweiligen Landesgrenzen[82].

3. Modelle der Kooperation innerhalb Deutschlands

Eine Reihe von Glücksspielen wie das Angebot des Deutschen Toto- und Lotto-Blocks, der Klassenlotterien oder der verschiedenen Fernsehlotterien werden bun-

---

[80] OLG Braunschweig NJW 1954, 1777 (1779).

[81] Denkbar ist auch die Herleitung einer allgemeinen Anerkennungspflicht aus Grundrechten. So bejaht beispielsweise das BVerwG DÖV 1979, 751 ff. grundsätzlich einen Anspruch auf Anerkennung der in einem anderen Bundesland erworbenen Hochschulreife und bezieht sich dabei auf die Rechtsprechung des BVerfG (BVerfGE 33, 303), nach welcher aus Art. 12 Abs. 1 GG in Verbindung mit dem allgemeinen Gleichheitssatz und dem Sozialstaatsprinzip ein Recht auf Zulassung zum Hochschulstudium hergeleitet werden kann. Im Glücksspielbereich kann aus Grundrechten eine Anerkennungspflicht weder aus Freiheits- noch aus Gleichheitsgrundrechten hergeleitet werden. Angesichts des ordnungspolitischen Charakters im Glücksspielrecht ist ein möglicher Eingriff gerechtfertigt bzw. besteht ein rechtfertigender Grund für die Ungleichbehandlung. Instruktiv zu den Anerkennungspflichten aus Grundrechten *Linke*, Internationales Verwaltungsrecht S. 154 ff.

[82] Dies wird durch die Einordnung des Glücksspielrechts als besonderes Polizeirecht bestätigt. Denn im Polizeirecht ist anerkannt, dass die Polizei eines Bundeslandes nicht ohne ausdrückliche gesetzliche Gestattung auf dem Gebiet eines anderen Bundeslandes tätig werden darf. Solche ausdrücklichen Regelungen bestehen zum Beispiel bei den grenzüberschreitenden Sachverhalten des Gefangenentransports oder der Nacheile (Exemplarisch §§ 8, 9 POG Nordrhein-Westfalen; § 40 Abs. 3 und Abs. 4 VwVG Nordrhein-Westfalen), nicht jedoch im Glücksspielbereich.

desweit einheitlich veranstaltet. Dies verwundert angesichts der Erkenntnis, dass eine in Vollziehung von Landesrecht erteilte Veranstaltungserlaubnis innerhalb der jeweiligen Landesgrenzen gilt und nur dort ihre Wirkung entfalten kann. Die bundesweit einheitliche Veranstaltung wurzelt in verschiedenen Modellen der Kooperation der Bundesländer untereinander, welche durch die Staats- und Verwaltungspraxis im Rahmen eines kooperativen Föderalismus herausgebildet wurden[83]. Eine solche bundesweit einheitliche Veranstaltung hat den Vorteil, dass durch eine einheitliche Organisation erhebliche Kosten gespart werden. Zudem gilt es in der Praxis als gesicherte Erkenntnis, dass gerade die Möglichkeit eines „Spitzengewinns" die Spieler zur Teilnahme motiviert und kein Bundesland allein ohne weiteres die dafür erforderliche „kritische Masse" aufbringen kann[84]. Im Folgenden ist auf die verschiedenen Modelle der Kooperation innerhalb Deutschlands einzugehen.

Bei der Veranstaltung der beiden Klassenlotterien erfolgt die Zusammenarbeit der einzelnen Bundesländer untereinander aufgrund eines Staatsvertrages beziehungsweise einer Ländervereinbarung[85]. Dies ist verbunden mit einem Abwachsen von Kompetenzen der jeweils beteiligten Länder und einem gleichzeitigen Anwachsen von Kompetenzen auf einen bestimmten Rechtsträger[86]. Bei den Fernsehlotterien tritt dagegen regelmäßig eine Stiftung als Veranstalter auf, zum Beispiel die Stiftung Deutsches Hilfswerk für die ARD-Fernsehlotterie „Goldene Eins" mit Sitz in Hamburg. Dabei wird dieser eine Genehmigung von der hierzu seitens der anderen Ländern ermächtigten Aufsichtsbehörde auch für die anderen Bundesländer erteilt[87]. Schließlich ist noch der Zusammenschluss der Toto- und Lotto-Unternehmen der Länder aufgrund des Blockvertrags zum Deutschen Toto- und Lotto-Block in der Fassung vom 1.9.1997[88] zu erwähnen. Dabei stellt der Blockvertrag ausdrücklich klar, dass die Lotteriehoheit der Länder vom Zusammenschluss unberührt bleibt und die einzelnen Unternehmen rechtlich, wirtschaftlich und organisatorisch selbständig sind. Dieses Kooperationsmodell erschöpft sich in einer Vereinheitlichung der Veranstaltungsmodalitäten und lässt die begrenzte territoriale Reichweite der Erlaubniswirkung unberührt. Für den Spielteilnehmer hat dies zur Folge, dass ein

---

[83] Für ein bundesstaatlich organisiertes Staatswesen ist eine solche Kooperation – auch intraföderative Zusammenarbeit genannt – unter den einzelnen Ländern unabdingbar. Näher dazu *Kisker*, Kooperation im Bundesstaat S. 236 ff. Zu den vielfältigen Formen der Kooperation auch *Rudolf* in: Isensee/Kirchhof, HdStR Band IV, § 105 S. 1091 ff.

[84] Siehe *Ohlmann* WRP 1998, 1043 (1052).

[85] Die Süddeutsche Klassenlotterie wurde durch Staatsvertrag gebildet. Dieser ist abgedruckt in BayGVBl. 1993, 26 ff. Die Norddeutsche Klassenlotterie wurde dagegen durch eine Ländervereinbarung ins Leben gerufen. Zu den Klassenlotterien siehe *Ohlmann* WRP 1998, 1043 (1049).

[86] Näher dazu *Zacher* BayVBl. 1971, 321 ff. sowie 375 ff.

[87] Es handelt sich also um eine Art „Sammelgenehmigung". Bei der Übertragung der staatlichen Kompetenz in einem einzelnen Punkt auf ein anderes Bundesland handelt es sich um eine zulässige Erteilung eines Mandats. Eine gesetzliche Grundlage für ein solches Verfahren enthält z. B. § 10 Abs. 1 LottG (Baden-Württemberg).

[88] Es handelt sich dabei um eine Gesellschaft bürgerlichen Rechts mit dem Zweck der einheitlichen Durchführung eines Lotto- sowie Sportwettenangebots.

Spielvertrag nicht mit dem Deutschen Toto- und Lotto-Block als Gesamthand, sondern ausschließlich mit dem Toto- und Lotto-Unternehmen des Landes, von dem aus er teilnimmt, abgeschlossen wird.

Die intraföderative Zusammenarbeit zeigt Handlungsalternativen auf, wie in einem föderativen System einheitliche Veranstaltungsbedingungen geschaffen werden können, ohne die Geltung des Territorialitätsprinzips in Frage zu stellen[89]. Jedoch wird dadurch auch deutlich, dass allein in der Kooperation ein nicht unerheblicher Verwaltungsaufwand liegt[90].

4. Der Wirkungskreis einer deutschen Erlaubnis im Verhältnis zum Ausland

Angesichts zusammenwachsender wirtschaftlicher Märkte ist es nachvollziehbar, wenn in Deutschland ansässige Anbieter ihr Glücksspielangebot beispielsweise mittels der Errichtung von Zweigstellen oder mittels eines postalischen Vertriebs auch an Personen außerhalb des Bundesgebiets richten möchten. Fordert das ausländische Recht – wie ganz überwiegend[91] – eine Erlaubnispflicht, wird sich der deutsche Anbieter fragen, ob ihm eine deutsche Erlaubnis auch die Veranstaltung im Ausland gestattet, wenn nicht bereits der Wortlaut der Erlaubnis dem entgegensteht.

a) Völkerrechtliche Grundsätze

Das Verhältnis der Staaten untereinander wird geprägt durch das völkerrechtliche Territorialitätsprinzip. Dies besagt, dass die Hoheitsgewalt eines Staates auf sein Staatsgebiet beschränkt ist. Eine deutsche Erlaubnis entfaltet daher grundsätzlich keine Bindungswirkung gegenüber ausländischen Gerichten und Behörden. Des Weiteren sind für den Glücksspielbereich keine Besonderheiten geregelt, so dass eine Geltungserstreckung aufgrund einer besonderen Regelung ebenfalls zu verneinen ist.

---

[89] Eine solche Zusammenarbeit ist bei einer grenzüberschreitenden Veranstaltung erforderlich, um sich nicht gemäß § 284 Abs. 1 bzw. § 287 Abs. 1 StGB wegen der Veranstaltung unerlaubten Glücksspiels strafbar zu machen. Diesbezüglich ist der Vertrieb von Losen der beiden Klassenlotterien über das jeweilige Vertragsgebiet hinaus kritisch zu hinterfragen. Eine ausdrückliche wechselseitige Genehmigung der grenzüberschreitenden Veranstaltung ist nicht ersichtlich. Eine stillschweigende Duldung des Verhaltens kann nicht genügen. Dies legt daher den Vorwurf der Veranstaltung eines unerlaubten Glücksspiels nahe. Instruktiv dazu *Ohlmann* WRP 1998, 1043 (1056).

[90] Dieser Verwaltungsaufwand könnte zu einem erheblichen Teil dadurch wegfallen, dass durch Bundesgesetz die verschiedenen Arten von Glücksspiele geregelt werden. Dies setzt voraus, dass die Einordnung des Glücksspielrechts als Recht der Wirtschaft gemäß Art. 74 Abs. 1 Nr. 11 GG sich schließlich durchsetzt. Die weitere Entwicklung bleibt diesbezüglich abzuwarten.

[91] Einen Überblick in rechtsvergleichender Hinsicht speziell für die Veranstaltung von Glückspielen im Internet bietet dazu *Klam*, Die rechtliche Problematik S. 123 ff.

Fraglich ist, ob entsprechendes für den Anwendungsbereich einer deutschen Erlaubnis im Verhältnis zum Ausland gilt. Der Ständige Internationale Gerichtshof führte in seiner wegweisenden Lotus-Entscheidung zur staatlichen Regelungskompetenz aus:

„Weit entfernt davon, den Staaten allgemein die Ausdehnung ihrer Gesetze und Gerichtsbarkeit auf Personen, Vermögen, Handlungen außerhalb ihres Gebietes zu untersagen, lässt es ihnen in dieser Beziehung eine große Freiheit, die nur in gewissen Fällen durch Verbotsregeln beschränkt wird; in den anderen steht es jedem Staat frei, die Grundsätze anzunehmen, die er für die besten und angemessensten hält."[92]

Der Ständige Internationale Gerichtshof hat damit festgestellt, dass das Völkerrecht die Befugnis eines Staates zur Regelung solcher Sachverhalte, die sich teilweise außerhalb des Hoheitsgebiets verwirklichen, nicht beschränkt. Daraus folgert die ganz herrschende Meinung, dass der sachliche Anwendungsbereich staatlicher Hoheitsakte sich auch auf Sachverhalte mit Auslandsbezug erstrecken kann[93]. Jedoch ist anerkannt, dass bei Sachverhalten mit Auslandsberührung für eine solche Regelungsbefugnis ein sachgerechter Anknüpfungspunkt bestehen muss. Nur dann ist die internationale Regelungskompetenz eines Staates zu bejahen[94].

Damit stellt sich die Frage, ob beispielsweise ein ausreichender Anknüpfungspunkt dafür besteht, Lose von Deutschland aus per Post ins Ausland zu versenden. Als Anknüpfungspunkt kommt allein der Ort, von dem aus der Anbieter tätig wird, in Betracht. Jedoch würde dies zu einem unzulässigen Eingriff in die Hoheitsgewalt ausländischer Staaten führen. Allein der Ort des Tätigwerdens kann nicht für eine völkerrechtlich legitimierende Erstreckung des Anwendungsbereichs einer deutschen Erlaubnis auf ausländisches Territorium genügen. Denn ansonsten wäre es den ausländischen Staaten unmöglich, selbst darüber zu entscheiden, in welchem Umfang Glücksspiele auf ihrem Landesgebiet erlaubt sind. Zudem wurde bereits festgestellt, dass schon innerhalb Deutschlands der Handlungsort des Veranstalters keinen ausreichenden Anknüpfungspunkt darstellt. Dies muss dann erst Recht im Verhältnis zum Ausland gelten. Denn die rechtliche und politische Verknüpfung der Bundesländer untereinander ist viel enger gestrickt als das Verhältnis der einzelnen Bundesländer oder Deutschlands zum Ausland.

Schließlich könnte eine deutsche Erlaubnis auch ein Veranstalten im Ausland umfassen, wenn im Ausland eine entsprechende Pflicht zur Anerkennung bestünde[95]. Eine solche ist jedoch – soweit ersichtlich – in keinem Staat geregelt. Teilweise wird in der Literatur vertreten, dass aufgrund des Völkerrechts eine generelle Pflicht zur

---

[92] StIGE 5, 73 (90).

[93] *Vogel*, Der räumliche Anwendungsbereich S. 102; *Feldmüller*, Rechtsstellung fremder Staaten S. 305; *Beyerlin*, Grenzüberschreitende Zusammenarbeit S. 415.

[94] BVerfGE 63, 343 (369); *Ipsen*, Völkerrecht S. 285 ff.; *Feldmüller*, Rechtsstellung fremder Staaten S. 30.

[95] *Vogel*, Der räumliche Anwendungsbereich S. 126 ff.; *Linke*, Europäisches Internationales Verwaltungsrecht S. 93.

Anerkennung fremder Hoheitsakte bestehe[96]. Jedoch würde eine so weitgehende Anerkennungspflicht zu einer Erstreckung der Staatsgewalt auf fremdes Gebiet führen, was mit dem Prinzip der Souveränität der Staaten nicht vereinbar ist[97]. Zudem wären völkerrechtliche Verträge, die eine Anerkennungspflicht normieren, überflüssig. Eine völkerrechtliche Pflicht zur Anerkennung einer deutschen Erlaubnis im Ausland besteht demnach ebenso wenig wie eine Anerkennungspflicht im Verhältnis der Bundesländer untereinander. Daraus folgt, dass – soweit deutsches Strafrecht anwendbar ist[98] – eine Veranstaltung im Ausland von Deutschland aus eine entsprechende ausländische Erlaubnis voraussetzt.

b) Besonderheiten innerhalb der Europäischen Gemeinschaft?

Hinsichtlich des Wirkungskreises einer deutschen Erlaubnis könnten im Verhältnis der Mitgliedstaaten der Europäischen Gemeinschaft untereinander aufgrund der gemeinschaftsrechtlichen Regelungen Besonderheiten gelten. Der faktischen Wirkungserstreckung einer deutschen Erlaubnis auf dem Gebiet der Europäischen Gemeinschaft würde es gleichkommen, wenn einem Glückspielanbieter innerhalb der Europäischen Gemeinschaft eine grenzüberschreitende Veranstaltung angesichts der Gewährleistung der Dienstleistungsfreiheit (Art. 49 ff. EG) nicht verboten werden könnte. In diese Richtung weisen neuerdings einige Urteile. Beispielsweise das LG München stellt mit Beschluss vom 27.10.2003 fest, dass eine österreichische Veranstaltungsbewilligung für die Tätigkeit als Buchmacher eine behördliche Erlaubnis im Sinne des § 284 I StGB sei. Die österreichische Erlaubnis entfalte Wirksamkeit für das gesamte EU-Gemeinschaftsgebiet[99]. Demgegenüber gibt es auch Stimmen in der Rechtsprechung, die nach wie vor daran festhalten, dass nationale Vorschriften, welche einer grenzüberschreitenden Veranstaltung von Glücksspielen entgegenstehen, aufgrund ihres ordnungsrechtlichen Charakters nicht gegen Europarecht verstoßen würden[100]. Auch wenn nach dem Gambelli-Urteil des Europäischen Gerichtshofs vieles dafür spricht, dass nationale Verbotsvorschriften wegen eines Verstoßes gegen die Grundfreiheiten gemeinschaftsrechtskonform auszulegen sind, und demnach eine mitgliedsstaatliche Erlaubnis für das gesamte Gemeinschaftsgebiet Wirksamkeit entfaltet[101], so ist diese Rechtsentwicklung noch nicht vollzogen und daher derzeit noch vom Gegenteil auszugehen. Für den weiteren Gang der Untersuchung gilt die bisherige Rechtslage, nämlich dass im Verhältnis zu den Mitgliedsstaaten der Europäischen Gemeinschaft die Wirkungserstreckung ei-

---

[96] *Bleckmann*, Allgemeine Staats- und Völkerrechtslehre S. 215; *Meessen*, Völkerrechtliche Grundsätze S. 178; *Heiz*, Das fremde öffentliche Recht S. 163 ff.

[97] *Schlochauer*, Die exterritoriale Wirkung S. 62.

[98] Zu dieser Fragestellung ausführlich S. 115 ff.

[99] LG München NJW 2004, 171 ff.

[100] BayObLG, Beschluss vom 26.11.2003 – 5 StRR 289/03 mit Verweis auf EuGH (Schindler) NJW 1994, 2013 ff.

[101] Siehe dazu im 2. Teil unter § 5 B. III.

ner deutschen Veranstaltungserlaubnis aufgrund gemeinschaftsrechtlicher Besonderheiten zu verneinen ist.

5. Zusammenfassung

Der Begriff des Veranstaltens ist so zu verstehen, dass der Ort der Veranstaltung überall dort ist, wo die Spielteilnahme ermöglicht wird. Im Anwendungsbereich des Strafgesetzbuchs entfällt eine Strafbarkeit gemäß § 284 StGB beziehungsweise § 287 StGB nur dann, wenn an jedem Ort, von dem aus die Möglichkeit der Spielteilnahme besteht, die Veranstaltung des Glücksspiels erlaubt ist. Innerhalb Deutschlands sind Geltungs- und Anwendungsbereich einer Veranstaltungserlaubnis grundsätzlich auf das jeweilige Landesgebiet beschränkt. Auch eine Anerkennungspflicht der Bundesländer untereinander ist abzulehnen. Die bundesweite Gestattungswirkung einer Erlaubnis zur Veranstaltung eines Glücksspiels ist nur in den Fällen der Vollziehung von Bundesrecht (GewO und RWG) möglich. Eine deutsche Erlaubnis berechtigt nicht dazu, eine Spielteilnahme im Ausland zu ermöglichen. Etwas anderes gilt nach der bisher herrschenden Auffassung in der Rechtsprechung auch nicht innerhalb der Europäischen Gemeinschaft.

II. Untersuchung der Reichweite einer Erlaubnis bei einer Veranstaltung im Internet

Angesichts der Tatsache, dass Glücksspiele in allen erdenklichen Formen nun auch im Internet veranstaltet werden, stellt sich die Frage, wie diesbezüglich der Wirkungskreis einer von einer deutschen Behörde erteilten Erlaubnis zu bestimmen ist. Die Besonderheiten des Internet als globales Medium, welches keine territorialen Grenzen kennt, könnten nahe legen, die territoriale Bezogenheit der Gestattungswirkung zu modifizieren. Vorab ist für die Veranstaltung von Glücksspielen im Internet zu klären, an welchem Ort diese eigentlich veranstaltet werden.

1. Der Veranstaltungsort bei einer Veranstaltung von Glücksspielen im Internet

Das Internet selbst als Ort der Veranstaltung scheidet aus, vielmehr stellt es nur das Medium dar, welches neue Veranstaltungsformen ermöglicht. Statt „im Internet" veranstaltete Glücksspiele könnte man deshalb sprachlich genauer von „über das Internet" veranstaltete Glücksspiele sprechen. Auf eine solche sprachliche Betonung des Charakters des Internet als bloßes Medium kann allerdings angesichts der Selbstverständlichkeit dieser Tatsache verzichtet werden[102].

---

[102] Es ist daher nicht zu beanstanden, dass auch in der Rechtsprechung und der Literatur ganz überwiegend von der Veranstaltung von Glücksspielen „im Internet" gesprochen wird.

Grundsätzlich ist für den Online-Bereich dieselbe Begriffsbestimmung wie im Offline-Bereich heranzuziehen, soweit Besonderheiten des Internet dem nicht entgegenstehen[103]. Überträgt man den üblichen Veranstaltungsbegriff auf die Veranstaltung im Internet bedeutet dies, dass der Veranstaltungsort überall dort ist, wo dem Publikum eine konkrete Möglichkeit der Spielteilnahme eröffnet wird. Der Veranstaltungsbegriff wirft insoweit keine besonderen Auslegungsprobleme auf.

Auch die Rechtsprechung wendet den üblichen Veranstaltungsbegriff auf die Veranstaltung im Internet an. Das Oberlandesgericht Hamburg bringt dies in seinem Urteil vom 10.1.2002 wie folgt zum Ausdruck:

> „Indem die [...]-GmbH deutschen Nutzern die Möglichkeit eröffnet, Wetten im Rahmen des Dienstes [...] zu platzieren, ‚veranstaltet‘ sie ein Glücksspiel auf deutschem Territorium, für das sie eine Erlaubnis benötigt. [...] Der Gesetzgeber ist bei der Reform der §§ 284 ff. StGB von einem weiten Veranstaltungsbegriff ausgegangen. Es genügt, dass beispielsweise durch die Zusendung von Teilnahmescheinen an deutsche Teilnehmer unmittelbar die Beteiligung Deutscher an dem Glücksspiel möglich wird. Wer Lotterien und Glücksspiele im Ausland veranstaltet und diese potentiellen Spielteilnehmern in Deutschland anbietet, soll bestraft werden, weil er damit sein Vertriebsgebiet ohne behördliche Erlaubnis nach Deutschland ausweitet."[104]

Das Gericht geht wie selbstverständlich davon aus, dass auch bei einer Veranstaltung im Internet allein die Möglichkeit der Spielteilnahme für die Bejahung eines „Veranstaltens" genügt. Insofern handelt es sich lediglich um eine Fortentwicklung der bisherigen Rechtsprechung in Bezug auf die Versendung von Teilnahmescheinen per Post und ist mittlerweile mehrmals in der Rechtsprechung bestätigt worden[105]. Es ist kein Grund dafür ersichtlich, die Ermöglichung der Spielteilnahme über das Internet anders zu behandeln als eine solche per Post[106]. Bei beiden Veranstaltungsmodalitäten fallen Veranstaltungsort und Aufenthaltsort des Veranstalters auseinander. Angesichts des Sinn und Zweckes der Vorschriften des Glücksspielrechts – nämlich den bei der Veranstaltung von Glücksspielen bestehenden Gefahren entgegenzuwirken – ist es nur konsequent, unter dem Veranstaltungsort den Ort zu verstehen, an dem die Spieler den auftretenden Gefahren ausgesetzt sind. Dies gilt für die Veranstaltung im Internet ebenso wie für die üblichen Veranstaltungsmodalitäten. Mit der Rechtsprechung ist damit auch für die Veranstaltung von Glücksspielen im Internet der herkömmliche weite Veranstaltungsbegriff zugrunde zu legen.

---

[103] Zur Parallelität von Online- und Offlinestrafbarkeit siehe *Kudlich* in: Merx/Tandler/ Hahn, Multimediarecht S. 231 (235).

[104] OLG Hamburg MMR 2002, 471 (472 f.).

[105] LG Hamburg MMR 2001, 406 (407); OLG Hamburg MMR 2000, 92 (94); OLG Hamm MMR 2002, 551 (552). OLG Köln GRUR 2000, 538 (539 f.); OLG Hamburg CR 2003, 56 (56).

[106] Im Ergebnis ebenso *Stögmüller* K & R 2002, 27 (32).

2. Wirkungserstreckung einer Erlaubnis
aufgrund des Herkunftslandprinzips?

Für die Reichweite der Erlaubniswirkung bei einer Veranstaltung im Internet gilt grundsätzlich dasselbe wie bei den üblichen Veranstaltungsmodalitäten. Bei einer Veranstaltung im Internet ist somit hinsichtlich der Erlaubniswirkung ebenfalls die begrenzte Reichweite der Hoheitsgewalt zu beachten. Etwas anderes könnte allerdings dann gelten, wenn eine diese Rechtslage überlagernde Spezialregelung für den Teledienstbereich besteht. Zahlreiche Richtlinien der Europäischen Union überlagern die klassischen Rechtsbereiche und verfolgen den Zweck, die Rechtsangleichung innerhalb der Europäischen Union voranzubringen und insbesondere einen einheitlichen Rechtsrahmen für den elektronischen Geschäftsverkehr zu schaffen[107]. Fraglich ist, ob im Zuge dieser Rechtsangleichung für die Veranstaltung von Glücksspielen im Internet gegenüber den herkömmlichen Veranstaltungsmodalitäten etwas besonderes gilt und eine Erlaubnis dazu berechtigt, das Angebot mittels Internet an alle Spielinteressenten innerhalb der Europäischen Gemeinschaft zu richten. Denkbar wäre dies, wenn das in der E-Commerce-Richtlinie vom 8.6.2000[108] festgesetzte Herkunftslandprinzip auf den Glücksspielbereich anzuwenden wäre[109]. Dieses Prinzip besagt, dass ein Diensteanbieter nur zu überprüfen hat, ob der von ihm angebotene Dienst dem geltenden Recht des Herkunftslandes entspricht[110]. Das Bedürfnis einer solchen Sonderregelung für den E-Commerce erschließt sich aus folgendem: Grundsätzlich gilt für Wettbewerbshandlungen in fast allen Mitgliedstaaten der Europäischen Union das sogenannte Marktortprinzip[111].

---

[107] Zum Beispiel die Datenschutzrichtlinie 2002/58/EG, deren Umsetzungsfrist am 31.10.2003 endet (näher zu dieser siehe *Ohlenburg* MMR 2003, 82 ff.); die Signaturrichtlinie, Richtlinie Nr. 1999/93/EG vom 13.12.1999, ABl. EG L 13 S. 12, die Richtlinie zur Regelung des Urheberrechts in der Informationsgesellschaft, Richtlinie Nr. 2001/29/EG vom 22.6.2001, ABl. EG L 167 S. 10, die Fernabsatzrichtlinie, Richtlinie Nr. 97/7/EWG vom 20.5.1997, ABl. EG L 144 S. 19.

[108] Richtlinie Nr. 2000/31/EG vom 8.6.2000, ABl. EG L 178 S. 1. Zur E-Commerce-Richtlinie siehe *Gierschmann* DB 2000, 1315 ff.; *Arndt/Köhler* EWS 2001, 102 ff.; *Lehmann* EuZW 2000, 517 ff.; *Hoeren* MMR 1999, 192 ff.; *Spindler* ZUM 1999, 775 ff.; *Maennel* MMR 1999, 187 ff.; *Tettenborn* K&R 1999, 252 ff.; *Waldenberger* EuZW 1999, 296 ff.; *Hamann* ZUM 2000, 290 ff.; *Henning-Bodewig* WRP 2001, 771 ff.

[109] Die E-Commerce Richtlinie wurde in Deutschland durch das Gesetz zum elektronischen Geschäftsverkehr (EGG) vom 14.12.2001 (BGBl. I 3721) mit einschneidenden Änderungen des Teledienstgesetzes sowie des Mediendienste-Staatsvertrags umgesetzt.

[110] Der Nachteil beim Herkunftslandprinzip besteht darin, dass das Wettbewerbsrecht innerhalb der Europäischen Gemeinschaft bisher nur unzureichend harmonisiert ist, siehe *Henning-Bodewig* WRP 2001, 771 (771 f.). Diensteanbieter könnten sich daher solche Staaten als Standort aussuchen, welche die geringsten wettbewerbsrechtlichen Beschränkungen aufweisen. Ein deutliches Absinken des Schutzniveaus wäre die Folge. Daher sieht Art. 3 Abs. 4 der E-Commerce-Richtlinie vor, dass die Bestimmungsstaaten unter bestimmten Voraussetzungen die Dienste der Informationsgesellschaft gleichwohl abweichend vom Herkunftslandprinzip reglementieren dürfen.

[111] *Apel/Grapperhaus* WRP 1999, 1247 (1249); *Sack* WRP 2000, 269 (277 f.).

Demnach findet die Rechtsordnung des Staates Anwendung, in dem die Wettbewerbsinteressen der Mitbewerber auf die Marktgegenseite treffen[112]. Im Bereich des E-Commerce würde dies bedeuten, dass jede Rechtsordnung des Mitgliedsstaates anzuwenden ist, von dem aus eine Website bestimmungsgemäß abrufbar ist. Folglich müsste ein Diensteanbieter bei einer gewerblichen Nutzung des Internet eine Vielzahl von Rechtsordnungen beachten. Es herrscht weitgehend Einigkeit, dass dies weder sachlich noch finanziell zumutbar wäre und die Entwicklung des elektronischen Handels erheblich behindern würde[113]. Aus diesem Grund entschied sich die Kommission für die Einführung des Herkunftslandprinzips[114]. Damit verfolgt die Kommission das Ziel, den freien Verkehr von Diensten der Informationsgesellschaft zwischen den Mitgliedsstaaten sicherzustellen[115].

Überträgt man den Gedanken des Herkunftslandprinzips auf das Veranstalten von Glücksspielen im Internet, hätte ein über eine innerstaatliche Erlaubnis verfügender Anbieter die einer grenzüberschreitenden Veranstaltung von Glücksspielen entgegenstehenden Vorschriften der übrigen Mitgliedsstaaten nicht zu beachten. Dies würde faktisch der Wirkungserstreckung einer Erlaubnis innerhalb der Europäischen Gemeinschaft für die Veranstaltung im Internet gleichkommen. Jedoch ist in Art. 1 Abs. 5 lit. d der E-Commerce-Richtlinie ausdrücklich geregelt, dass das Herkunftslandprinzip nicht für Glücksspiele, einschließlich Lotterien und Wetten, gilt[116]. Eine die innerstaatliche Rechtlage überlagernde Regelung wurde damit ausdrücklich nicht getroffen. Damit hat die Kommission zum Ausdruck gebracht, dass für die Veranstaltung im Internet dieselbe Rechtslage wie bei den üblichen Veranstaltungsmodalitäten gelten soll. Auch das Oberlandesgericht Hamburg stellt dies in seinem Urteil vom 10.1.2002 fest, wenn es ausführt:

> „Ausländische Genehmigungen sollen gerade nicht ausreichen, um die Rechtmäßigkeit eines Glücksspielangebots in Deutschland zu begründen. [...] Aus der EU-Richtlinie 2000/31/EG vom 8.06.2000 und dem hierauf beruhenden Entwurf für ein Gesetz über rechtliche Rahmenbedingungen für den elektronischen Geschäftsverkehr (EGG) ergibt sich nichts anderes. Nach § 4 Abs. 4 Ziff. 4 EGG sind die Glücksspiele von der Anwendung des Herkunftslandprinzips ausdrücklich ausgenommen."[117]

---

[112] BGH BB 1961, 1349; BGH NJW 1991, 1054; *Köhler/Arndt*, Recht des Internet S. 13 (Rdnr. 31).

[113] *Arndt/Köhler* EWS 2001, 102 (105).

[114] Siehe dazu *Kloepfer*, Informationsrecht S. 613; *Dieckert/Koschorreck* in: Wülfing/Dieckert, Multimediarecht S. 3 (16). Zu den Auswirkungen des Herkunftslandprinzips auf das Internationale Wettbewerbsrecht siehe *Mand* MMR 2003, 77 ff.

[115] *Arndt/Köhler* EWS 2001, 102 (103). Davon erhofft man sich, dass sich die Nutzung des Internet durch die Wirtschaft weiter ausbaut und damit die europäische Wirtschaft gestärkt wird, *Köhler/Arndt*, Recht des Internet S. 67 (Rdnr. 179). Allgemein zu den Zielen der E-Commerce-Richtlinie *Dieckert/Koschorreck* in: Wülfing/Dieckert, Multimediarecht S. 3 (14); *Luhmer* in: Merx/Tandler/Hahn, Multimediarecht S. 33 (38).

[116] In Deutschland ist dieser Ausschluss durch § 4 Abs. 4 Nr. 4 TDG in das deutsche Recht umgesetzt worden.

[117] OLG Hamburg MMR 2002, 471 (473). Ebenso auch OLG Hamburg CR 2003, 56 (57).

Demzufolge ist auch bei einer Veranstaltung im Internet der begrenzte Wirkungsbereich einer Veranstaltungserlaubnis zu beachten[118]. Dies wirft nun aber die Frage
auf, wie bei einer Veranstaltung im Internet, welches keine territoriale Grenzen
kennt, die begrenzte Reichweite hoheitlicher Gewalt zu berücksichtigen ist.

3. Umsetzung der begrenzten Reichweite hoheitlicher Gewalt bei der Veranstaltung von Glücksspielen im Internet

Bei den herkömmlichen Veranstaltungsmodalitäten handelt ein Glücksspielanbieter immer dann im Rahmen seiner Erlaubnis, wenn er die Spielteilnahme nur solchen Spielern ermöglicht, die sich zum Zeitpunkt der Spielteilnahme in dem Landesgebiet aufhalten, deren Landesbehörde die Erlaubnis erteilt hat. Dies bedeutet,
dass an den Ort angeknüpft wird, an dem sich der Spieler zum Zeitpunkt der Möglichkeit der Spielteilnahme aufhält. Angesichts der Tatsache, dass im Online-Bereich sowohl hinsichtlich des Veranstaltungsbegriffs als auch des Wirkungskreises
einer Erlaubnis gegenüber herkömmlichen Veranstaltungsmodalitäten keine Besonderheiten gelten, stellt sich die Frage, ob auch bei einer Veranstaltung im Internet
die begrenzte Reichweite hoheitlicher Gewalt durch Anknüpfung an den Aufenthaltsort des Spielers zum Zeitpunkt der Spielteilnahme sachgerecht berücksichtigt
werden kann.

a) Anknüpfung an den Aufenthaltsort des Spielers?

Die Anknüpfung an den Aufenthaltsort des Spielers bei einer Veranstaltung im
Internet setzt zunächst voraus, dass es technisch überhaupt möglich ist, nachzuvoll-
ziehen, an welchem Ort sich ein Spieler zum Zeitpunkt der Spielteilnahme aufhält.
Bei der Nutzung von Handys ist es beispielsweise mittels des satellitengestützten
Global Positioning System (GPS) möglich, den Teilnehmer auf wenige Meter genau zu orten[119]. Fraglich ist, ob bei der Kommunikation über das Internet die Teilnehmer ebenfalls lokalisiert werden können[120]. Mittlerweile ist es üblich, dass spe-
zialisierte Unternehmen die Datenspuren der Nutzer sammeln, häufig um das daraus gewonnene Datenprofil eines Nutzers für Marketing-Zwecke gewinnbringend
zu verwenden[121]. Möglich ist dies, weil bei der Anwendung aller Internet-Dienste

---

[118] So auch im Ergebnis *Stögmüller* K & R 2002, 27 (31); *Zieb* in: Strejcek/Hoscher/Eder,
Glücksspiele in der EU S. 71 (78).

[119] *Denkowski* Kriminalistik 2002, 117 ff.

[120] Angesichts der Überwachungspotentiale im Internet kann man mittlerweile vom „gläser-
nen Nutzer" sprechen. Die Überwachung erfolgt beispielsweise durch den automatischen Versand von sogenannten Cookies. Zu deren Funktionsweise *Nitschke/Lammel* FoR 2001, 86
(86 f.) sowie *Schulzki-Haddouti*, Datenjagd S. 18.

[121] *Tinnefeld* RDV 2002, 166 (168). Beispielsweise kann zurückverfolgt werden, welche Si-
tes von einem bestimmten Nutzer in welcher Reihenfolge abgerufen wurden.

Datenpakete versendet werden, die mit einem „IP-Kopf" versehen sind[122]. Im „IP-Kopf" sind topologische Informationen über die Netzstruktur enthalten wie Ziel- und Quellhosts, welche dafür verantwortlich sind, dass die Datenpakete ihren Weg über das Internet von Urheber zum Adressat finden. Verschiedene Firmen und Organisationen verfolgen Projekte, welche es zum Ziel haben, aufgrund von Zusatzinformationen und unter Einsatz von speziellen Datenbanken über den „IP-Kopf" die Ermittlung der geografischen Position des Nutzers zu bestimmen[123]. Der Einsatz einer solchen Technik[124] wäre der Grundstein dafür, lokalspezifische Werbung ebenso zu ermöglichen wie die Lieferung von lokalen Nachrichten, Restaurant-Tipps oder Konzerthinweisen[125].

In Amerika wird die Nutzbarkeit dieser neuen Technik bereits mit dem Online-Glücksspiel in Zusammenhang gebracht[126]. Denn die Haltung gegenüber dem Internet-Glücksspiel ist in den einzelnen Staaten von Amerika höchst unterschiedlich[127]. Durch den Einsatz von Systemen, welche die Nutzer geografisch lokalisieren könnten, wäre es möglich, die Teilnahme an Glücksspielen im Internet davon abhängig zu machen, wo ein Nutzer sich zur Zeit der Spielteilnahme aufhält. Dadurch wäre sichergestellt, dass die Hoheitsgewalt solcher Staaten nicht verletzt wird, welche auf ihrem Territorium eine Teilnahme an Glücksspielen unterbinden wollen[128].

Durch eine Lokalisierung der Spielteilnehmer im Internet könnte auch in Europa die Glücksspielhoheit der Staaten gewahrt bleiben. Problematisch an dieser neuen Technik ist jedoch, dass sich solche Nutzer nicht identifizieren lassen, die sich über

[122] IP steht für Internet Protocol und ist auf der Netzwerkschicht angesiedelt. Das Internet Protocol ermöglicht die paketvermittelte Kommunikation. Da im IP-Kopf Ziel- und Quellhosts gespeichert sind, kann die Funktionsweise des Internet Protocol mit einem Briefumschlag verglichen werden, der eine Absender- und Empfängeradresse trägt und in dessen Innern sich ein Bestandteil der Nachricht, nämlich das TCP-Datenpaket (TCP steht für Transmission Control Protocol), befindet. Dazu ausführlich *Sieber* in: Hoeren/Sieber, Handbuch Multimedia Teil 1 Rdnrn. 50 ff.

[123] Solche Projekte verfolgen beispielsweise die Cooperative Association for Internet Data Analysis (DAIDA) anhand ihrer geografischen Internet-Datenbank NetGeo, sowie die Firma Infosplit. Unter http://www.infosplit.com wird man gleich einmal geografisch verortet. Weitergehend siehe den Artikel von *Eckehart Röscheisen*, Spurensuche, abrufbar unter http://www.heise.de/ix/artikel/2002/08/090.

[124] Eine Basisstudie zu diesem Thema mit einer Erklärung der technischen Hintergründe ist abrufbar unter http://www.caida.org/outreach/papers/2000/inet_netgeo/inet_netgeo.html.

[125] Yahoo hat bereits über die Einführung von Systemen zur Ermöglichung der geografischen Lokalisierung von Internetnutzer nachgedacht. Denn Yahoo möchte eine Direktberichterstattung im Internet über Großereignissen wie beispielsweise Olympiaden im Internet ermöglichen. Voraussetzung für den Erhalt einer solchen Lizenz ist jedoch laut IOC, dass eine regionale Vermarktung der Senderechte im Internet möglich ist. Dies setzt eine Lokalisierung der Nutzer voraus. Siehe dazu *Florian Rötzer*, Yahoo denkt an die Einführung von geografischer Lokalisierung der Internetbenutzer, abrufbar unter http://www.heise.de/tp/deutsch/inhalt/te/4636/1.html.

[126] Genannt werden in diesem Zusammenhang insbesondere die Firmen Quova und Infosplit.

[127] Siehe dazu *Klam*, Rechtliche Problematik S. 125 f.

[128] Siehe den Bericht in der Financial Times von *Matthew Leising*, Software locates web users as they log on vom 2.8.2001, abrufbar unter http://www.quova.com/press/article.cfm?ID=98.

Netze von großen Konzernen wie Siemens oder Provider wie AOL in das Internet einwählen. Denn deren Netzstruktur ist stark zentralisiert und diese verfügen über einen IP-Adressenpool, bei dem eine bestimmte IP-Adresse je nach Verfügbarkeit irgendeinem Nutzer zugewiesen wird, ohne dass danach unterschieden wird, von welchem Ort aus dieser sich in das Netz einwählt[129]. Der als Sachverständige im französischen Yahoo-Prozess[130] herangezogene *Cerf* ging dementsprechend davon aus, dass etwa 20 bis 30 Prozent der Nutzer aus dem genannten Grund nicht identifiziert werden könnten und dieser Prozentsatz durch die zunehmende Nutzung internationaler Provider eher noch steige[131]. Aufgrund dieser hohen Fehlerquote ist eine Nutzung dieser Technik zur Lokalisierung der Internetnutzer derzeit nicht praktikabel. Zudem ist zu beachten, dass durch diese Technik eben nur der Standort des Einwahlrouters bestimmbar ist und beispielsweise bei Verwendung eines Proxies eine sichere Erkenntnis über den Aufenthaltsort des Nutzers gerade nicht möglich ist. Es wäre für technisch Versierte ein leichtes, das System der Lokalisierung zu umgehen. Firmen wie AdTech sehen es daher als nicht mehr sinnvoll an, die Möglichkeit einer Lokalisierung im Internet bei der Vermarktung ihrer Technologie in den Vordergrund zu stellen[132].

An dieser Lage könnte sich wenigstens teilweise etwas ändern, wenn internationale Provider wie AOL und große Unternehmen mit firmeneigenen Netzen dazu verpflichtet würden, in großem Umfang Bestands-, Nutzungs- und Abrechnungsdaten ihrer Nutzer zu speichern und weiterzugeben. Eine solche Verpflichtung würde jedoch nachhaltig das Grundrecht auf Datenschutz und der Informationsfreiheit der Nutzer verletzen[133]. Zudem wäre eine solche Verpflichtung mit massiven Kosten für die Provider verbunden, so dass unter Umständen deren Wirtschaftsgrundrechte (Art. 12 Abs. 1, Art. 14 Abs. 1 GG) verletzt wären[134].

---

[129] Es handelt sich hierbei um sogenannte dynamische IP-Adressen. Im Gegensatz zu statischen IP-Adressen, die dauerhaft mit einem bestimmten Rechner verknüpft sind, werden diese von einem Internet-Provider nur kurzzeitig einem gewissen Nutzer zugewiesen.

[130] Tribunal de la Grande Instance de Paris MMR 2001, 309 ff.

[131] Siehe den Bericht von *Florian Rötzer*, Yahoo denkt an die Einführung von geografischer Lokalisierung der Internetbenutzer vom 8.1.2001, abrufbar unter http://www.heise.de/tp/deutsch/inhalt/te/4636/1.html.

[132] Siehe *Eckehart Röscheisen*, Spurensuche, abrufbar unter http://www.heise.de/ix/artikel/2002/08/090.

[133] Infolge der Terrorbekämpfung nach dem Anschlag auf das World Trade Center am 11.9.2001 sieht der Entwurf des Bundesrates vom 31.5.2002 eine Neuregelung der § 89 TKG, § 6 a TDDSG vor, welche die Anbieter von Telekommunikationsdienstleistungen zur umfangreichen Datenspeicherung verpflichten sollen. Auch hiergegen sprechen erhebliche verfassungsrechtliche Bedenken, siehe dazu *Bäumler/Leutheusser-Schnarrenberger/Tinnefeld* DuD 2002, 562 (562). Zu den innenpolitischen Neuerungen der deutschen Terrorbekämpfung durch die Sicherheitspakete I und II siehe *Tinnefeld* RDV 2002, 166 (168 ff.); *Rehmke/Schiek/Leopold/Lippe* FoR 2002, 19 ff.

[134] Bereits die derzeitigen Regelungen in Bezug auf Speicherpflichten werden ganz überwiegend wegen ihrer erheblichen Eingriffsintensität als verfassungsrechtlich bedenklich eingestuft, vgl. *Ehmer* in: Büchner/Ehmer u. a., TDK § 88 Rdnr. 41 ff. m. w. N.

Neben der Lokalisierung des Nutzers anhand der IP-Adresse ist an eine solche über das Telefonnetz zu denken. Beim Einloggen könnte vom Spieler gefordert werden, dass dieser eine Festnetznummer anzugeben hat, unter welcher er umgehend zurückgerufen werden kann und ihm so telefonisch ein Zugangscode für den betreffenden Tag übermittelt werden kann. Angesichts der Zuordnung der Ortsvorwahl zu einem gewissen lokalen Bereich scheint es möglich, den Aufenthaltsort des Spielers zu ermitteln. Jedoch ist auch dieser Ansatz fehleranfällig[135]. Mittels einer ISDN-Anlage ist es ohne weiteres möglich, einen Anruf auf ein Handy umzuleiten, ohne dass dies vom Anrufenden über sein Display nachvollzogen werden könnte. Angesichts der Installierung einer Rufumleitung ist es nicht zweifelsfrei nachvollziehbar, an welchem Ort der Spieler sich bei Spielteilnahme aufhält. Eine Lokalisierung per Rückruf unter einer Festnetznummer ist somit ebenso ungeeignet wie eine solche über die Auswertung der IP-Adresse des abrufenden Computers[136]. Nach alledem scheitert eine Anknüpfung an den Aufenthaltsort des Spielers wie bei den herkömmlichen Veranstaltungsmodalitäten derzeit an den technischen sowie rechtlichen Vorgaben.

b) Anknüpfung an die Staatsangehörigkeit des Spielers?

Zur Wahrung der begrenzten Reichweite hoheitlicher Gewalt bei der Veranstaltung im Internet könnte statt an den Aufenthaltsort des Spielers an dessen Staatsangehörigkeit angeknüpft werden[137]. Dies würde bedeuten, dass im Internet nur solche Spieler an einem bestimmten Glücksspiel teilnehmen könnten, welche dem Staat angehören, in dem das Glücksspiel behördlich erlaubt ist. Angesichts der Tatsache, dass das Glücksspielrecht ganz überwiegend Ländersache ist, müsste innerhalb Deutschlands nach der Landeszugehörigkeit der Spieler differenziert werden. Dies ist jedoch nicht möglich, da das geltende Recht nur die deutsche Staatsangehörigkeit kennt[138]. Denn die kompetenzrechtlich geteilte Staatsgewalt des Bundes und der Länder hat dasselbe personale Substrat[139]. Zudem würde eine Anknüpfung an die Landeszugehörigkeit gegen Art. 33 Abs. 1 GG verstoßen, der jedes Bundesland verpflichtet, alle Deutschen gleich zu behandeln.

---

[135] Ebenso *Schmund*, Ausweitung der Spielzone, abrufbar unter http://www.spiegel.de/netzwelt/netzkultur/0,1518,256434,00.html.

[136] Zudem ist dieses Verfahren mit hohen Kosten verbunden und für den Spieler angesichts der Zeitverzögerung durch den Rückruf wenig attraktiv. Schon angesichts dieser fehlenden Praktikabilität dürfte dieses Verfahren sich nicht durchsetzen.

[137] Insbesondere im Internationalen Privatrecht spielt die Staatsangehörigkeit als Anknüpfungsmerkmal in wesentlichen Bereichen nach wie vor eine wichtige Rolle, siehe beispielsweise Art. 7 Abs. 1, Art. 10 Abs. 1, Art. 13 Abs. 1, Art. 25 Abs. 1 EGBGB.

[138] Von Art. 74 Nr. 8 GG, der die konkurrierende Gesetzgebungszuständigkeit für die Staatsangehörigkeit in den Ländern betraf, hatten weder der Bund noch die Länder Gebrauch gemacht. Durch Gesetz vom 27.10.1994 (BGBl. I S. 3146) wurde Art. 74 Nr. 8 GG aufgehoben.

[139] *Isensee* in: Isensee/Kirchhof, HbdStR, Band IV, § 98 Rdnr. 46 m. w. N.

Eine Anknüpfung an die Staatsangehörigkeit würde zudem innerhalb der Europäischen Union gegen das Verbot der Diskriminierung aus Gründen der Staatsangehörigkeit gemäß Art. 12 EG verstoßen[140]. Die Staatsangehörigkeit ist somit kein sachgerechter Anknüpfungspunkt für die Umsetzung der begrenzten Reichweite hoheitlicher Gewalt bei der Veranstaltung eines Glücksspiels im Internet.

c) Anknüpfung an den allgemeinen Wohnsitz des Spielers?

Denkbar ist schließlich noch eine Anknüpfung an den allgemeinen Wohnsitz des Spielers. Dies würde bedeuten, dass ein Spieler nur dann an einem Glücksspiel im Internet teilnehmen dürfte, wenn er seinen allgemeinen Wohnsitz in dem Land hat, in welchem das Glückspiel erlaubt ist. Vergleicht man die daraus resultierenden Möglichkeiten der Spielteilnahme mit denen bei den herkömmlichen Veranstaltungsmodalitäten, ergeben sich zwei Unterschiede: Zum einen kann ein Spieler mit allgemeinem Wohnsitz in einem bestimmten Land mittels Internet auch dann an in diesem Land erlaubten Internet-Glücksspielen teilnehmen, wenn er sich räumlich außerhalb der Landesgrenzen aufhält. Zum anderen ist es einem Spieler mit allgemeinem Wohnsitz im Ausland auch dann verwehrt, an einem im Internet veranstalteten Glücksspiel eines anderen Landes teilzunehmen, wenn er sich zum Zeitpunkt der beabsichtigten Spielteilnahme im betreffenden Land aufhält. Zu untersuchen ist, ob diese beiden Unterschiede einer Anknüpfung an den allgemeinen Wohnsitz des Spielers entgegenstehen.

(1) Die Möglichkeit der Spielteilnahme im Ausland

Die Anknüpfung an den allgemeinen Wohnsitz des Spielers hat die Folge, dass dieser auch dann an einem Glückspiel mittels Internet teilnehmen kann, wenn er sich zum Zeitpunkt der Spielteilnahme gerade im Ausland befindet. Unter Zugrundelegung des Veranstaltungsbegriffs bedeutet dies, dass in diesem Fall das betreffende Glücksspiel auch außerhalb der Landesgrenzen veranstaltet wird. Eine solche Ausdehnung des Anwendungsbereichs einer Erlaubnis auf einen landesüberschreitenden Sachverhalt ist nur dann rechtmäßig, wenn hierfür ein sachgerechter Anknüpfungspunkt besteht[141].

Eine Ausdehnung des Anwendungsbereichs einer Erlaubnis könnte dadurch gerechtfertigt sein, dass die Möglichkeit der Spielteilnahme im Ausland nur für solche Spieler besteht, welche ihren allgemeinen Wohnsitz in dem Land haben, in welchem das betreffende Spiel auch erlaubt ist. Eine solche Verbindung als Anknüpfungspunkt ist dann ausreichend, wenn es nur in seltenen Fällen zu einer Ausdehnung des

---

[140] Näher zum Diskriminierungsverbot siehe *Fischer*, Europarecht S. 206 ff.
[141] *Kopp/Kopp* BayVBl. 1994, 229 (231). Zu der Möglichkeit der Anwendbarkeit inländischen öffentlichen Rechts auf auslandsbezogene Sachverhalte, siehe *Vogel*, Der räumliche Anwendungsbereich S. 11; *Feldmüller*, Rechtstellung fremder Staaten S. 250.

Anwendungsbereichs einer Erlaubnis kommt und somit die Hoheitsgewalt anderer Staaten nicht verletzt wird. Allgemein ist davon auszugehen, dass eine Person, die ihren allgemeinen Wohnsitz in einem bestimmen Land innehat, sich auch innerhalb dieses Landes überwiegend aufhält. Im Umkehrschluss bedeutet dies, dass es nur in einer zu vernachlässigenden Zahl von Fällen zu einer Ausdehnung des Anwendungsbereichs einer Erlaubnis kommt. Angesichts dieser nur geringen Eingriffsintensität und aufgrund des legitimierenden Anknüpfungspunkts „allgemeiner Wohnsitz des Spielers" ist eine Verletzung fremder Hoheitsgewalt zu verneinen.

(2) Die fehlende Möglichkeit der Spielteilnahme im Inland

Soweit Personen auch dann nicht an einem Glücksspiel im Internet teilnehmen können, wenn sie sich tatsächlich im betreffenden Bundesland aufhalten, könnte dies jedenfalls bei staatlichen Anbietern einen Verstoß gegen die allgemeine Handlungsfreiheit dieser Personen gemäß Art. 2 Abs. 1 GG darstellen[142]. Dabei ist jedoch zu berücksichtigen, dass diese Personen nicht daran gehindert sind, an den herkömmlichen Glücksspielveranstaltungen teilzunehmen. Im Unterschied zur Teilnahme mittels Internet ist es ein einfaches festzustellen, dass die spielwillige Person sich auch im betreffenden Bundesland aufhält. Die fehlende Möglichkeit der Spielteilnahme mittels Internet beruht daher lediglich auf der Tatsache, dass die Lokalisierung der Online-Spieler technisch zur Zeit nur unzureichend möglich ist.

Die Anknüpfung an den allgemeinen Wohnsitz der Spieler ist somit gegenwärtig die einzige Möglichkeit, Internet-Glücksspiele überhaupt zu veranstalten, ohne in die Hoheitsgewalt fremder Staaten einzugreifen. Die Tatsache, dass Personen mit allgemeinem Wohnsitz außerhalb des betreffenden Landes auch dann nicht an einem bestimmten Glücksspiel im Internet teilnehmen können, wenn sie sich tatsächlich im betreffenden Land aufhalten, ist bloße „Nebenfolge" und stellt schon keinen Eingriff in Art. 2 Abs. 1 GG dar[143]. Eine Verletzung des Gleichheitsgebots gemäß Art. 3 Abs. 1 GG ist ebenfalls ausgeschlossen. Die teilweise fehlende Möglichkeit der Spielteilnahme mittels Internet in Deutschland steht einer Anknüpfung an den allgemeinen Wohnsitz des Spielers nicht entgegen.

(3) Umsetzung in der Praxis

Nachdem festgestellt wurde, dass rechtliche Gesichtspunkte einer Anknüpfung an den allgemeinen Wohnsitz des Spielers nicht entgegenstehen, ist zu untersuchen,

---

[142] Soweit es sich bei diesen Personen um Ausländer handelt, ist zu beachten, dass auch diese Grundrechtsschutz genießen, siehe nur *Jarass* in: Jarass/Pieroth, GG Art. 19 Rdnr. 9.

[143] Zur Bestimmung des Eingriffs siehe *Pieroth/Schlink*, Grundrechte S. 58 ff.; *Ipsen*, Staatsrecht II S. 40 ff. Soweit aufgrund der Erweiterung des modernen Eingriffbegriffs ein Eingriff bejaht wird, ist dieser jedenfalls gerechtfertigt. Insbesondere ist der Eingriff, welcher dem legitimen Ziel einer Ermöglichung der Veranstaltung von Glücksspielen im Internet dient, verhältnismäßig.

ob eine solche auch in der Praxis umsetzbar ist. Denkbar ist, dass ein Spieler bevor er an einem Glücksspiel teilnehmen kann anzugeben hat, in welchem Land er seinen allgemeinen Wohnsitz innehat. Dies macht nur Sinn, wenn die Angaben des Spielers auf ihren Wahrheitsgehalt überprüfbar sind. Dies könnte dadurch sichergestellt werden, dass in den Allgemeinen Geschäftsbedingungen eine Nachweispflicht des Spielers hinsichtlich seiner Angaben im Bedarfsfall geregelt ist[144]. Außerdem sollte darauf hingewiesen werden, dass Spieler ohne allgemeinen Wohnsitz im betreffenden Land keinen Anspruch auf Auszahlung eines Gewinns haben. Dadurch wäre ausreichend sichergestellt, dass in aller Regel tatsächlich nur Spieler an einem Glücksspiel im Internet teilnehmen, welche ihren allgemeinen Wohnsitz im betreffenden Landesgebiet haben. Durch die vorgeschlagene Ausgestaltung der Allgemeinen Geschäftsbedingungen ist eine Anknüpfung an den allgemeinen Wohnsitz des Spielers in der Praxis umsetzbar. Damit ist es möglich, die begrenzte Reichweite hoheitlicher Gewalt auch im Internet sachgerecht zu berücksichtigen und eine Verletzung fremder Hoheitsgewalt zu vermeiden.

4. Zusammenfassung

Bei der Veranstaltung eines Glücksspiels im Internet ist derselbe Veranstaltungsbegriff wie bei herkömmlichen Veranstaltungsmodalitäten heranzuziehen. Veranstaltungsort ist damit überall dort, wo das Glücksspiel abrufbar ist und die Möglichkeit der Spielteilnahme besteht. Zudem ist bei einer Veranstaltung im Internet ebenfalls die begrenzte Reichweite einer deutschen Erlaubnis zu beachten. Anders als bei den herkömmlichen Veranstaltungsmodalitäten ist eine Anknüpfung an den Aufenthaltsort des Spielers nicht möglich, da der Aufenthaltsort des Spielers bei einer Spielteilnahme über das Internet nicht zweifelsfrei ermittelbar ist. Dagegen kann die begrenzte Reichweite hoheitlicher Gewalt im Internet durch Anknüpfung an den allgemeinen Wohnsitz des Spielers gewährleistet werden. Dadurch ergeben sich zwar geringfügige Änderungen hinsichtlich der Teilnahmemöglichkeit gegenüber der Spielteilnahme bei herkömmlichen Veranstaltungsmodalitäten. Diese sind jedoch aus rechtlicher Sicht nicht zu beanstanden. Bei einer Veranstaltung im Internet dürfen demnach nur solche Spieler teilnehmen, welche ihren allgemeinen Wohnsitz in dem Land innehaben, in welchem das Glücksspiel auch erlaubt ist.

III. Überprüfung des Internet-Roulette der Spielbank Hamburg

Laut § 4 Nr. 4 SpielO ist zur Teilnahme am Internet-Roulette der Spielbank Hamburg nur berechtigt, wer sich während des Spiels in Hamburg oder im Ausland aufhält. Wie bereits im ersten Teil ausgeführt, stellt die Spielbank Hamburg laut ihrer Auskunft anhand der IP-Adresse des abrufenden Rechners sowie per Rückruf des

---

[144] Der Spieler kann den Nachweis etwa durch Zusendung einer Kopie seines Personalausweises erbringen.

Spielers unter einer Festnetznummer sicher, dass sich dieser bei Spielteilnahme wirklich in Hamburg oder im Ausland aufhält[145]. Jedoch hat die Untersuchung gezeigt, dass diesbezüglich erhebliche Sicherheitslücken bestehen[146]. Durch einfache Vorkehrungen des Spielers kann dieser sich tatsächlich an einem anderen Ort aufhalten als er angibt, ohne dass dies die Spielbank Hamburg durch ihre Vorkehrungen aufdecken könnte. Allein die Anknüpfung an den allgemeinen Wohnsitz des Spielers ist dazu geeignet, die begrenzte Reichweite hoheitlicher Gewalt bei einer Veranstaltung eines Glücksspiels im Internet sachgerecht umzusetzen. Demnach dürfte die Spielbank Hamburg de lege lata ihr Internet-Roulette-Angebot nur an Personen mit allgemeinem Wohnsitz in Hamburg richten.

Des Weiteren ist zu beanstanden, dass die Spielbank Hamburg ihr Internet-Roulette auch im Ausland veranstaltet. Denn eine deutsche Glücksspielerlaubnis[147] berechtigt nicht dazu, eine Spielteilnahme im Ausland zu ermöglichen, insbesondere auch nicht innerhalb der Europäischen Gemeinschaft, wie die Untersuchung gezeigt hat[148]. Etwas anderes würde nur dann gelten, wenn ausländische Staaten die Wirkungserstreckung einer deutschen Glücksspielerlaubnis auf ihr Territorium aus-

---

[145] Dies geschieht derzeit nur dann, wenn die Angaben des Spielers über seinen Aufenthaltsort mit den Angaben von seinem registrierten Wohnsitz abweichen, siehe LT-Drucks. (Hamburg) 17/2439 S. 2. Eine solche Kontrolle erfolgt demnach nicht, wenn Spieler mit allgemeinem Wohnsitz in Hamburg am Internet-Roulette der Spielbank Hamburg teilnehmen. Soweit Einwohner Hamburgs von den anderen Bundesländern aus am Internet-Roulette der Spielbank Hamburg teilnehmen, begehen diese derzeit eine Ordnungswidrigkeit gemäß § 4 Nr. 4 SpielO. Denn gemäß dieser Regelung ist nur teilnahmeberechtigt, wer sich bei Spielteilnahme in Hamburg oder im Ausland aufhält. Aus diesem Grund verwundert es, dass Spieler mit Wohnsitz in Hamburg derzeit nicht daraufhin überprüft werden, wo sie sich zum Zeitpunkt der Spielteilnahme aufhalten.

[146] Diese Sicherheitslücke ist mittlerweile auch der Finanzbehörde Hamburg aufgefallen, siehe http://www.spiegel.de/netzwelt/technologie/0,1518,druck-240409,00.html. Die GAL-Fraktion hat deshalb eine entsprechende Kleine Anfrage an den Senat formuliert, abrufbar unter http://www.lokbase.de/gluecksspielsucht/news1752.html.

[147] Problematisch ist zudem, dass der Hamburger Senat die Erlaubnis der Veranstaltung eines Internet-Roulette ohne Änderung des Spielbankgesetzes erteilt hat. Geändert wurde allein die aufgrund § 6 Nr. 1 ergangene SpielO, welche nun auch die Veranstaltung eines Internet-Roulette einbezieht. Das Spielbankgesetz Hamburg setzt immanent voraus, dass die Spieler in einer Spielbank anwesend sind. Um die Veranstaltung eines Internet-Roulette zu erlauben, hätte es daher einer Änderung des Spielbankgesetzes bedurft. Die SpielO ist somit insoweit, als sie die Möglichkeit der Veranstaltung eines Internet-Roulette vorsieht, nicht von § 6 Nr. 1 des Spielbankgesetzes Hamburg gedeckt und somit nichtig. Zudem birgt die Einführung des Internet-Roulette eine Reihe von schwerwiegenden Problemen, so dass nach der Wesentlichkeitstheorie des BVerfG das Parlament über die Zulassung des Internet-Roulette im Wege eines formellen Gesetzes hätte entscheiden müssen. Der von den Oppositionsfraktionen SPD und GAL gestellte Antrag auf Nichtigerklärung des § 1 Abs. 2 Nr. 1 und Abs. 3 der SpielO am 31.10.2002 beim Landesverfassungsgericht (siehe http://www.taz.de/pt/2002/11/01/a0013.nf/textdruck) hat somit Aussicht auf Erfolg. Anders als Hamburg haben die Länder Hessen (§ 2 Abs. 4) sowie Niedersachsen (§ 9 Nr. 9) jeweils ihre Spielbankgesetze bereits dahingehend geändert, dass nun auch Spielangebote im Internet mit einbezogen sind. Zur diesbezüglichen Änderung des Hessischen Spielbankgesetzes siehe LT-Drucks. 15/3988 S. 1 ff. sowie LT-Drucks. 15/4626 S. 1 ff.

[148] Siehe oben S. 100 ff.

drücklich anerkannt hätten. Dies ist jedoch – soweit ersichtlich – bisher nicht erfolgt.

B. Aus strafrechtlicher Sicht

Ebenso wie bei herkömmlichen Veranstaltungsmodalitäten kommt eine Strafbarkeit eines Anbieters von Online-Glücksspielen gemäß § 284 Abs. 1 StGB beziehungsweise § 287 Abs. 1 StGB dann in Betracht, wenn er diese ohne eine entsprechende Erlaubnis veranstaltet[149]. Angesichts der Möglichkeiten, welche das Internet bietet, ist es ein leichtes, Glücksspiele auch außerhalb Deutschlands zu veranstalten, ohne dass hierfür besondere Einrichtungen im Ausland erforderlich wären. In strafrechtlicher Hinsicht stellt sich daher die interessante Frage, ob deutsches Strafrecht anwendbar ist, wenn ein Anbieter von Deutschland aus über das Internet ein Glücksspiel auch im Ausland veranstaltet. Nur wenn dies zu bejahen ist, kommt in dieser Konstellation eine Strafbarkeit nach dem deutschen Strafgesetzbuch in Betracht[150].

Deutsches Strafrecht ist nur dann auf solche Internet-Sachverhalte mit Auslandsbezug anwendbar, wenn der Anwendungsbereich deutschen Strafrechts gemäß den §§ 3–7 StGB und § 9 StGB eröffnet ist. Dem Anwendungsbereich innerstaatlichen Strafrechts werden jedoch nicht allein durch die Regelungen des internationalen Strafrechts Grenzen gesetzt. Voraussetzung für die Anwendbarkeit deutschen Strafrechts ist zudem, dass ein bestimmtes Verhalten auch vom Schutzbereich des in Frage kommenden deutschen Straftatbestandes erfasst wird[151].

I. Verhältnis der §§ 3–7 StGB und § 9 StGB zur Schutzbereichsbestimmung

Zunächst ist zu klären, an welcher Stelle im strafrechtlichen Prüfungsaufbau die Anwendbarkeit deutschen Strafrechts gemäß den §§ 3–7 StGB und § 9 StGB sowie die Schutzbereichsbestimmung zu untersuchen sind. Beide Vorfragen gehen jedenfalls der eigentlichen Prüfung des jeweiligen Straftatbestandes vor.

1. Vorabprüfung

Weite Teile der Literatur vertreten die Ansicht, dass die tatbestandsimmanente Frage hinsichtlich der Schutzbereichsbestimmung vorab zu prüfen ist und erst im

---

[149] Zur Parallelität von Online- und Offlinestrafbarkeit siehe *Kudlich* in: Merx/Tandler/Hahn, Multimediarecht S. 231 (235).

[150] Inwieweit sich deutsche Anbieter in diesem Fall (auch) nach ausländischem Recht strafbar machen, soll an dieser Stelle nicht untersucht werden. Diesbezüglich sind die Strafvorschriften des jeweiligen ausländischen Staates heranzuziehen.

[151] Siehe dazu *Eser* in: Schönke/Schröder, StGB Vorbem §§ 3–7 Rdnrn. 13 ff.; *Fischer* in: Tröndle/Fischer, StGB Vor § 3 Rdnrn. 4 ff.

Anschluss daran anhand der §§ 3–7 StGB und § 9 StGB der Anwendungsbereich deutschen Strafrechts zu bestimmen ist[152]. Begründet wird dies mit einem „logischen Vorrang" der Frage der Tatbestandsmäßigkeit gegenüber der Prüfung der Anwendbarkeit deutschen Strafrechts[153].

2. Prüfung innerhalb des § 3 StGB

Die Rechtsprechung dagegen prüft innerhalb der §§ 3, 9 StGB, ob der Anwendungsbereich des deutschen Strafrechts dadurch eingeschränkt ist, dass ein Verhalten sich gegen ausländische Rechtsgüter richtet. Denn eine „Tat" im Sinne des § 3 StGB setze eine tatbestandsmäßige Handlung mitsamt ihrem Erfolg voraus und ein solcher Erfolg fehle, wenn eine Verletzung des vom jeweiligen Tatbestand geschützten Rechtsguts gar nicht in Betracht komme[154].

3. Prüfung nach Bejahung der Anwendbarkeit deutschen Strafrechts

Schließlich wird vertreten, dass die Frage nach der Einbeziehung ausländischer Rechtsgüter in den Schutzbereich des einschlägigen deutschen Straftatbestandes erst dann zu prüfen ist, wenn zuvor die Anwendbarkeit deutschen Strafrechts bejaht wurde[155]. Nach dieser Auffassung kann der Tatbegriff im Rahmen des § 3 StGB nur untechnisch als Bezeichnung des der strafrechtlichen Würdigung unterfallenden Lebenssachverhalts verstanden werden[156].

4. Stellungnahme

Der Vorabprüfung ist entgegenzuhalten, dass ein „logischer Vorrang" der Schutzbereichsprüfung tatsächlich nicht besteht. Vielmehr hängt die Strafbarkeit eines Verhaltens mit Auslandsbezug von der Anwendbarkeit deutschen Strafrechts und vom Schutzbereich des jeweils betroffenen Tatbestandes gleichermaßen ab. Bei der Auffassung der Rechtsprechung werden dagegen Fragen nach dem räumlichen Geltungsbereich und dem jeweiligen tatbestandlichen Schutzbereich vermengt, welche grundsätzlich nichts miteinander zu tun haben. Es erscheint sinnwidrig, bei der Prü-

---

[152] *Eser* in: Schönke/Schröder, StGB Vorbem §§ 3–7 Rdnr. 13; *Fischer* in: Tröndle/Fischer Vor § 3 Rdnr. 4; *Schröder* JZ 1968, 241 (244); *Nowakowski* JZ 1971, 633 (6334); *Höchst* JR 1992, 360 (361).

[153] So die Begründung von *Eser* in: Schönke/Schröder, StGB Vorbem §§ 3–7, häufig fehlt gänzlich eine Begründung für die Vorabprüfung.

[154] BGHSt 29, 85 (88); OLG Saarbrücken NJW 1957, 506 ff.; OLG Stuttgart NJW 1977, 1601 f.

[155] *Wessels/Beulke*, Strafrecht AT Rdnr. 66 (m. w. N.); OLG Karlsruhe JR 1978, 379 f.

[156] *Obermüller*, Der Schutz ausländischer Rechtsgüter S. 141.

fung der Voraussetzungen der §§ 3–7 StGB und § 9 StGB bereits die Anwendbarkeit deutschen Rechts zugrunde zu legen und dann doch gegebenenfalls die Anwendbarkeit deutschen Rechts zu verneinen. Dagegen überzeugt die Auffassung, nach welcher erst bei Bejahung der Anwendung deutschen Strafrechts der Frage nachgegangen wird, ob der Schutzbereich des zu prüfenden Tatbestands auch ausländische Rechtsgüter umfasst. Nur dann hat der deutsche Staat überhaupt die Befugnis, den betreffenden Fall auf seine Strafwürdigkeit hin nach deutschem Recht zu untersuchen[157]. Dabei ist zu beachten, dass der Entscheidung dieses Meinungsstreits nur geringe praktische Bedeutung zukommt. Der einzige Unterschied besteht darin, dass nach der Auffassung der Vorabprüfung und der Rechtsprechung bei der Verneinung des Schutzes ausländischer Rechtsgüter durch den betroffenen deutschen Straftatbestand dies zur Einstellung des Verfahrens führen würde, während nach der hier bevorzugten Auffassung das Verfahren mit Freispruch endet[158].

II. Der Anwendungsbereich deutschen Strafrechts

Zunächst ist zu untersuchen, ob der Geltungsbereich des deutschen Strafrechts gemäß den §§ 3–7 StGB und § 9 StGB eröffnet ist. Da die §§ 3–7 StGB und § 9 StGB anders als die Vorschriften des internationalen Privatrechts lediglich einseitige Kollisionsnormen darstellen, ist gleichzeitig mit der Bejahung deutscher Strafgewalt immer auch der Anwendungsbereich des materiellen deutschen Strafrechts eröffnet[159]. Durch das Einspeisen und Bereitstellen der Daten im Internet von Deutschland aus, ist bereits der Handlungsort im Sinne der §§ 3, 9 Abs. 1 Alt. 1 StGB in Deutschland zu bejahen[160]. Der Anwendungsbereich deutschen Strafrechts ist damit gegeben, wenn Glücksspiele von Deutschland aus über das Internet im Ausland veranstaltet werden.

III. Ausländischer Rechtsgüterschutz im deutschen Strafrecht

Soweit ein deutscher Glücksspielanbieter über das Internet ein Glücksspiel auch im Ausland veranstaltet, werden dadurch in erster Linie ausländische Rechtsgüter betroffen. Eine Strafbarkeit gemäß § 284 beziehungsweise § 287 StGB kommt daher nur dann in Betracht, wenn diese auch den Schutz ausländischer Rechtsgüter bezwecken. Sinn und Zweck des deutschen Strafrechts ist die Aufrechterhaltung des inne-

---

[157] So auch *Obermüller*, Der Schutz ausländischer Rechtsgüter S. 142. *Jescheck/Weigend*, Allgemeiner Teil S. 163.

[158] *Fischer* in: Tröndle/Fischer, StGB Vor § 3 Rdnr. 1.

[159] *Fischer* in: Tröndle/Fischer, StGB Vor § 3 Rdnr. 1. *Eser* in: Schönke/Schröder, StGB Vorbem §§ 3–7 Rdnr. 1 m. w. N.

[160] Siehe nur *Klam*, Die rechtliche Problematik S. 51; *Leupold/Bachmann/Pelz* MMR 2000, 648 (652).

ren Friedens und der Sicherheit auf dem eigenen Territorium[161]. Denn aus dem
Rechtsstaatprinzip lässt sich folgern, dass das Strafrecht ausschließlich die für den
Bestand unserer staatlichen Gesellschaft erforderlichen sozialen Funktionseinheiten
vor Störungen und Beeinträchtigungen zu schützen hat[162]. In erster Linie dienen daher die Strafvorschriften des Strafgesetzbuches dem Schutz inländischer Rechtsgüter[163]. Trotz dieser grundsätzlichen Beschränkung auf inländische Rechtsgüter können jedoch auch ausländische Rechtsgüter deutschen Strafrechtsschutz genießen[164].
Unter welchen Voraussetzungen dies der Fall ist und ob diese bei den §§ 284, 287
StGB erfüllt sind, soll nachfolgend untersucht werden.

1. Ausdrückliche Schutzausdehnung

Eine Schutzausdehnung auf ausländische Rechtsgüter ist dann gegeben, wenn das
betreffende Gesetz dies ausdrücklich vorsieht oder entsprechende Staatsverträge abgeschlossen wurden[165]. Beispiel für eine ausdrückliche gesetzliche Bestimmung ist
die durch das 31. Strafrechtsänderungsgesetz erfolgte Neufassung des § 330d
StGB[166]: Die vormals festgeschriebene Beschränkung des Gewässerbegriffs auf solche im räumlichen Geltungsbereich des Strafgesetzbuches wurde gestrichen und
gleichzeitig § 326 Abs. 2 StGB dahingehend geändert, dass nun auch das Verbringen
von Abfall aus dem Geltungsbereich des Strafgesetzbuches bestraft wird[167]. Damit
hat der Gesetzgeber ausdrücklich klargestellt, dass auch ausländische Gewässer
durch das deutsche Strafrecht geschützt werden sollen.

---

[161] *Oehler*, Internationales Strafrecht Rdnr. 160; *Schlüchter* in: Herzberg, FS für Oehler
S. 307 (309).

[162] Ausführlich dazu *Obermüller*, Der Schutz ausländischer Rechtsgüter S. 10 ff. (39). Zum
Rechtgüterbegriff siehe auch *Reschke*, Der Schutz ausländischer Rechtsgüter S. 21 ff.

[163] *Oehler* in: Engisch/Maurach, FS für Mezger S. 83 (97); *Eser* in: Schönke/Schröder, StGB
Vorbem §§ 3–7 Rdnr. 15. Zur Abgrenzung von inländischen und ausländischen Rechtgütern
Obermüller, Der Schutz ausländischer Rechtsgüter S. 43 ff. Aus der Rechtsprechung siehe
BGHSt 8, 355; 20, 51; 29, 76.

[164] *Eser* in: Schönke/Schröder, StGB Vorbem §§ 3–7 Rdnr. 21; *Oehler* in: Engisch/Maurach,
FS für Mezger S. 83 (97).

[165] Beispiele hierzu bei *Eser* in: Schönke/Schröder, StGB Vorbem §§ 3–7 Rdnr. 21; *Schlüchter* in: Herzberg, FS für Oehler S. 307 (317).

[166] BGBl. 1994 I S. 1440 (1443).

[167] *Fischer* in: Tröndle/Fischer, StGB § 326 Rdnr. 5 b. Weitere Beispiele: §§ 132 a, 152, 184
Abs. 1 Nr. 9, 264 Abs. 7 StGB.

2. Schutzausdehnung aufgrund von Schutzzweckerwägungen

Immer dann, wenn eine ausdrückliche Schutzausdehnung nicht vorliegt, ist durch Auslegung des betreffenden Tatbestands zu ermitteln, ob dieser nicht nur inländische, sondern auch ausländische Rechtsgüter schützt[168].

a) Individualrechtsgüter

Soweit ein Tatbestand allein den Schutz von Individualrechtsgütern verfolgt ist allgemein anerkannt, dass auch ausländische Individualrechtsgüter mit umfasst sind[169]. Denn es ist kein Grund dafür ersichtlich, warum hinsichtlich des Schutzobjekts zwischen inländischen und ausländischen Individualrechtsgütern ein Unterschied gemacht werden sollte. Andernfalls würde die generalpräventive Wirkung des deutschen Strafrechts erhebliche Einbußen bei der Erhaltung des Wertebewusstseins der Bürger erleiden[170].

b) Kollektivrechtsgüter

Dagegen werden ausländische Kollektivrechtsgüter[171] durch das deutsche Strafrecht grundsätzlich nicht geschützt. Ansonsten würde das deutsche Strafrecht die Grenzen seiner Zuständigkeit sprengen[172]. Nur in folgenden beiden Varianten ist ausnahmsweise der Schutz ausländischer Kollektivrechtsgüter zu bejahen:

(1) Gleichstufigkeit mit Individualrechtsgütern

Ausländische Kollektivrechtsgüter sind vom Schutzbereich deutscher Straftatbestände mitumfasst, wenn diese sowohl ein Kollektivrechtsgut als auch ein Individualrechtsgut schützen und zwar dergestalt, dass diese nicht in einem Stufenverhältnis mit Vorrang des Kollektivrechtsguts stehen, sondern durch den Tatbestand gleichberechtigt und unmittelbar geschützt werden. Beispielsweise ist es im Rahmen des Straftatbestandes der falschen Verdächtigung gemäß § 164 StGB allgemei-

---

[168] *Liebelt* GA 1994, 20 (28), *Schlüchter* in: Herzberg, FS für Oehler S. 307 (311); *Fischer* in: Tröndle/Fischer, StGB Vor 3 Rdnr. 4.

[169] *Schlüchter* in: Herzberg, FS für Oehler S. 307 (312); *Obermüller*, Der Schutz ausländischer Rechtsgüter S. 48 ff.; *Liebelt* GA 1994, 20 (28); anders *Eser* in: Schönke/Schröder, StGB Vorbem §§ 3–7 Rdnr. 21, der alle Individualrechtsgüter sogleich als inländische Rechtsgüter einstuft.

[170] Ausführlich dazu und zu den verschiedenen möglichen Begründungsansätzen *Obermüller*, Der Schutz ausländischer Rechtsgüter S. 48 ff. mit zahlreichen weiteren Nachweisen.

[171] Zur Trennung von Individual- und Kollektivrechtsgütern siehe *Obermüller*, Der Schutz ausländischer Rechtsgüter S. 42 f.

[172] *Schlüchter* in: Herzberg, FS für Oehler S. 307 (312); *Eser* in: Schönke/Schröder, StGB Vorbem §§ 3–7 Rdnr. 21.

ne Auffassung, dass neben dem Schutz der Rechtspflege vor unnötigen Strafverfol-
gungsmaßnahmen und der dadurch bedingten Beeinträchtigung des Leistungsver-
mögens der Strafverfolgungsorgane gleichstufig der Schutz des Unschuldigen vor
irrtumsbedingten behördlichen Eingriffen in seine Individualrechtsgüter tritt[173].
Folglich schützt § 164 StGB auch ausländische Kollektivrechtsgüter[174]. Der Schutz
ausländischer Kollektivrechtsgüter gründet darin, dass stets zu schützende Individualrechtsgüter in den Schutzbereich des betreffenden Tatbestandes fallen und damit als unumgängliche Folge auch die gleichstufig geschützten ausländischen Kollektivrechtsgüter in den Schutzbereich einzubeziehen sind[175].

(2) Gleichzeitiger Schutz deutscher Kollektivrechtsgüter

Darüber hinaus werden ausländische Kollektivrechtsgüter vom Schutzbereich
deutscher Straftatbestände erfasst, wenn durch die Verletzung eines ausländischen
Kollektivrechtsguts gleichzeitig und unmittelbar auch ein deutsches Kollektivrechtsgut verletzt wird. Dies ist zum Beispiel dann der Fall, wenn ein Deutscher gegenüber einer im Inland unterhaltenen Zweigstelle einer im Ausland ansässigen
Bank einen Kreditbetrug gemäß § 265 b StGB begeht[176]. Da das Kreditinstitut mit
seiner Zweigstelle in Deutschland Teil der deutschen Wirtschaftsordnung ist, wird
durch den Betrug das Kreditwesen in seiner Funktion für die deutsche Volkswirt-
schaft mitbetroffen. In diesem Fall wird das ausländische Rechtsgut mitgeschützt.

---

[173] BGH NJW 1952, 1385; *Geilen* Jura 1984, 251 (251); *Leckner* in: Schönke/Schröder,
StGB § 164 Rdnrn. 1 f.

[174] *Fischer* in: Tröndle/Fischer, StGB § 164 Rdnr. 2; *Schlüchter* in: Herzberg, FS für Oehler
S. 307 (315).

[175] *Obermüller*, Der Schutz ausländischer Rechtsgüter S. 195; *Schlüchter* in: Herzberg, FS
für Oehler S. 307 (315). Ein Gegenbeispiel ist § 170 (früher § 170 b) StGB: Hinsichtlich des
Straftatbestandes der Verletzung der Unterhaltspflicht ist sowohl die Allgemeinheit vor unge-
rechtfertigter Inanspruchnahme öffentlicher Mittel als auch der Unterhaltsberechtigte vor der
Gefährdung seiner wirtschaftlichen Existenzgrundlage geschützt (*Fischer* in: Tröndle/Fischer,
StGB § 170 Rdnr. 1 a). Jedoch geht die Rechtsprechung und die herrschende Meinung in der Literatur davon aus, dass § 170 StGB vorrangig dem Schutz der deutschen Rechtsgemeinschaft
vor unberechtigter Inanspruchnahme öffentlicher Mittel zu dienen bestimmt ist und nur mittelbar das Individualinteresse schützt (OLG Saarbrücken NJW 1975, 506 ff.; OLG Stuttgart
NJW 1977, 1601 ff.; OLG Frankfurt. NJW 1978, 2460 ff.; BGHSt 29, 85 ff.; *Oehler* JR 1975,
292 ff.; *Blei* JA 1975, 315 ff.). Dementsprechend werden in Deutschland lebende unterhalts-
pflichtige Personen, die keinen Unterhalt an ihre im Ausland lebende Abkömmlinge leisten,
nicht gemäß § 170 StGB bestraft. Dagegen die wenig überzeugende Mindermeinung von *Kunz*
NJW 1995, 1519 ff. sowie *Reschke*, Schutz ausländischer Rechtsgüter S. 161 (163).

[176] Siehe dazu OLG Stuttgart NStZ 1993, 545 ff. Dabei sei vorausgesetzt, dass § 265 b StGB
allein dem Schutz des Wirtschaftsverkehrs als Kollektivrechtsgut dient. Soweit man der Auffassung folgt, dass zumindest gleichrangig das Vermögen des Kreditgebers geschützt ist (so *Fischer* in Tröndle/Fischer, StGB § 265 b Rdnr. 6; *Lenckner/Perron* in: Schönke/Schröder, StGB
§ 265 b Rdnr. 3), ergibt sich der Schutz ausländischer Kollektivrechtsgüter bereits aus der tatbestandlichen Gleichstufigkeit mit den stets geschützten Individualrechtsgütern.

Grund für diese Einbeziehung ist, dass nur so der Schutzpflicht gegenüber deutschen Kollektivrechtsgütern entsprochen werden kann[177].

3. Zusammenfassung

Grundsätzlich dienen die Strafvorschriften des deutschen Strafrechts nur dem Schutze inländischer Rechtsgüter. Eine Schutzausdehnung auf ausländische Rechtsgüter liegt dann vor, wenn dies ausdrücklich im betreffenden Gesetz oder durch Staatsvertrag geregelt ist. Im Übrigen ist durch Auslegung des betreffenden Straftatbestands zu ermitteln, ob dieser ausnahmsweise auch ausländische Rechtsgüter schützt. Dies ist immer dann der Fall, wenn ein Tatbestand allein Individualrechtsgüter schützt. Denn ausländische Individualrechtsgüter sind ebenso schutzwürdig wie inländische. Dagegen werden ausländische Kollektivrechtsgüter nur in zwei Fällen erfasst: Zum einen, wenn der Schutzzweck des Straftatbestandes sich gleichrangig auf stets zu schützende Individualrechts- wie Kollektivrechtsgüter bezieht. Zum anderen, wenn in einem Sachverhalt mit Auslandsbezug zugleich mit dem ausländischen Kollektivrechtsgut ein inländisches Kollektivrechtsgut betroffen ist. Im Übrigen werden ausländische Rechtsgüter im deutschen Strafrecht nicht geschützt.

4. Ausländischer Rechtsgüterschutz im Rahmen der §§ 284, 287 StGB?

Aufbauend auf diese Grundsätze ist zu untersuchen, ob im Rahmen der §§ 284, 287 StGB auch ausländische Rechtsgüter geschützt werden. Denn angesichts der Veranstaltung eines Glücksspiels im Ausland von Deutschland aus kommt in aller Regel allein eine Gefährdung ausländischer Rechtsgüter in Betracht[178]. Eine ausdrückliche Schutzausdehnung scheidet aus, da eine solche weder gesetzlich noch durch einen Staatsvertrag bestimmt ist. Demnach sind die §§ 284, 287 StGB daraufhin auszulegen, ob sie auch ausländische Rechtsgüter schützen. Wie im ersten Teil bereits festgestellt, dienen die §§ 284, 287 StGB sowohl dem Schutz des Vermögens und der Gesundheit der Spieler als auch dem Wohle der Allgemeinheit[179]. Dies bedeutet, dass die §§ 284, 287 StGB nur dann den Schutz ausländischer Rechtsgüter umfassen, wenn die Individualrechtsgüter unmittelbar und gleichrangig zu den Kollektivrechtsgütern geschützt werden. Zu untersuchen ist demnach, wie das Verhältnis zwischen Individual- und Kollektivrechtsgüter im Rahmen der §§ 284, 287 StGB ausgestaltet ist.

---

[177] Eine ausführliche Untersuchung hinsichtlich des Schutzes ausländischer Kollektivrechtsgüter findet sich bei *Obermüller*, Der Schutz ausländischer Rechtsgüter S. 68 ff.

[178] Es ist auf die Gefährdung der Rechtsgüter und nicht deren Verletzung abzustellen, da die §§ 284, 287 StGB tatbestandlich als abstrakte Gefährdungsdelikte ausgestaltet sind, siehe *Eser/Heine* in: Schönke/Schröder, StGB § 284 Rdnr. 1.

[179] Siehe dazu oben im 2. Teil § 4 C. I. 1.

Eser vertritt die Auffassung, dass unmittelbarer Schutzzweck der §§ 284, 287 StGB die staatliche Kontrolle des Glücksspiels sei, wohingegen der Schutz des Vermögens nur mittelbar bezweckt sei[180]. Dies würde bedeuten, dass der Individualrechtsgüterschutz nachrangig zum Kollektivrechtsgüterschutz ausgestaltet ist und damit der Schutz ausländischer Rechtsgüter nach dieser Auffassung abzulehnen wäre. Jedoch entfaltet die staatliche Kontrolle des Glücksspiels als unmittelbarer Schutzzweck nur eine geringe Legitimationswirkung für die Strafbarkeit der Veranstaltung eines Glücksspiels ohne eine entsprechende Erlaubnis. Es überzeugt nicht, die Kontrolle des Staates über einen wirtschaftlichen Bereich wie den Glücksspielsektor[181] als Hauptgrund für die Inkriminierung eines entgegengesetzten Verhaltens anzusehen. Vielmehr dienen die §§ 284, 287 StGB in erster Linie dem Schutz des Vermögens und der Gesundheit der Spieler sowie daneben dem Schutz von Kollektivrechtsgütern. Auf den Schutz der genannten Rechtsgüter sind die genannten Straftatbestände unmittelbar gerichtet, während die staatliche Kontrolle des Glücksspiels demgegenüber nur das tatbestandlich gewählte Instrument zur Verwirklichung dieser Schutzzwecke darstellt. Die Auffassung *Esers*, unmittelbarer Schutzzweck des § 284 StGB sei die staatliche Kontrolle des Glücksspiels, ist daher abzulehnen.

Hinsichtlich der genannten Schutzzwecke ist festzustellen, dass unter diesen kein Stufenverhältnis auszumachen ist, sondern diese gleichrangig nebeneinander und ohne inhaltliche Abhängigkeit bestehen. Bei einem Verstoß gegen die §§ 284, 287 StGB sind damit auch stets zu schützende Individualrechtsgüter gefährdet. Daraus folgt, dass ein deutscher Anbieter sich gemäß § 284 beziehungsweise § 287 StGB strafbar machen kann, wenn er ein Glücksspiel mittels Internet im Ausland veranstaltet. Denn wie die Untersuchung gezeigt hat schützen die genannten Vorschriften auch ausländische Rechtsgüter.

IV. Berücksichtigung ausländischen Tatortrechts

Bei den §§ 284, 287 StGB besteht die Besonderheit, dass diese Straftatbestände verwaltungsakzessorisch ausgerichtet sind. Die Strafbarkeit hängt damit maßgeblich von den verwaltungsrechtlichen Vorgaben ab. Dies wirft die Frage auf, welches Recht für die Auslegung des negativen Tatbestandsmerkmals „ohne behördliche Erlaubnis" heranzuziehen ist. Zwar wurde bereits festgestellt, dass gemäß den §§ 3, 9 Abs. 1 Alt. 1 StGB deutsches Strafrecht anzuwenden ist. Jedoch ist anerkannt, dass gleichwohl ausländisches Tatortrecht für die Auslegung außerstrafrechtlicher „Inzidentfragen"[182] herangezogen werden kann[183]. Insbesondere bei öffentlich-rechtli-

---

[180] *Eser* in: Schönke/Schröder, StGB § 284 Rdnr. 1 sowie § 287 Rdnr. 1.

[181] Es ist anerkannt, dass das Veranstalten eines Glücksspiels wirtschaftlichen Charakter hat, auch wenn das Glücksspielrecht ordnungsrechtlich geprägt ist. Siehe dazu nur EuGH (Schindler) NJW 1994, 2013 (2015); *Hattig*, Vereinbarkeit S. 24 ff.

[182] Diese Begrifflichkeit bezeichnet normative Tatbestandsmerkmale, für deren Auslegung eine zivilrechtliche oder verwaltungsrechtliche Wertung vorzunehmen ist. Von „Inzidentfra-

chen Inzidentfragen lässt sich eine Nichtanwendbarkeit ausländischen öffentlichen Rechts nicht aus dem Territorialitätsprinzip abgeleiten[184].

1. Die tatbestandsbezogene Inzidentfragenproblematik

Für die Frage, welches Recht zur Auslegung einer außerstrafrechtlichen Inzidentfrage heranzuziehen ist, wird weitgehend auf die Auslegung des Einzelfalls verwiesen[185]. Von einem Teil der Lehre wird dagegen versucht, hierfür allgemeingültige Regeln aufzustellen.

a) Der Ansatz von Cornils

Cornils weist darauf hin, dass nach den Vorschriften des deutschen internationalen Strafrechts bei der Bejahung der Zuständigkeit deutscher Richter diese zwingend nur deutsches Strafrecht anzuwenden haben[186]. Auf der Grundlage des herrschenden materiellen Strafgesetzbegriffs gelangt *Cornils* zu dem Ergebnis, dass von den Straftatbeständen akzessorisch in Bezug genommene Rechtssätze des deutschen Zivil- und Verwaltungsrechts als Teil des Strafrechts anzusehen sind[187]. Bei zivilrechtlichen Inzidentfragen entscheide somit das deutsche Internationale Privatrecht, welche Rechtsordnung für die Auslegung heranzuziehen ist, während bei Tatbestandsmerkmalen verwaltungsrechtlicher Art die Fremdrechtsanwendung aus dem deutschen Gebot der Respektierung fremder Hoheitsgewalt resultiere[188]. Eine Fremdrechtsanwendung in diesem Rahmen sei mit strafrechtlichen als auch verfassungsrechtlichen Prinzipien vereinbar.

---

gen" spricht in diesem Zusammenhang *Eser* in: Schönke/Schröder, StGB Vorbem §§ 3–7 Rdnr. 23; dagegen verwendet *Cornils*, Die Fremdrechtsanwendung S. 85 diesbezüglich den Begriff „Vorfrage". Kritisch hierzu *Liebert* GA 1994, 20 (23).

[183] *Liebert* GA 1994, 20 (34); *Eser* in: Schönke/Schröder, StGB Vorbem §§ 3–7 Rdnr. 23.

[184] So die jetzt herrschende Auffassung siehe *Schwander*, Sonderanknüpfung S. 73 ff.; *Meessen* AöR 110 (1985) S. 411 f.; *Beyerlin*, Grenzüberschreitende Zusammenarbeit S. 415; *Linke*, Europäisches Internationales Verwaltungsrecht S. 103 f.; BGH WM 1985, 1004 (1006).

[185] Beispiele aus der Rechtsprechung OLG Hamm MDR 1982, 1040 ff.; OLG Schleswig NJW 1989, 182 f.; LG Hamburg NStZ 1990, 280 f.; aus der Literatur *Eser* in: Schönke/Schröder, StGB Vorbem §§ 3–7 Rdnr. 23.

[186] Dies leitet *Cornils* aus der Tatsache ab, dass die §§ 3–9 StGB anders als die Vorschriften des internationalen Privatrechts einseitige Kollisionsnormen darstellen und allein die Anwendbarkeit deutschen Strafrechts festlegen, siehe auch *Fischer* in: Tröndle/Fischer, StGB Vor § 3 Rdnr. 1.

[187] *Cornils*, Die Fremdrechtsanwendung S. 71 f.

[188] *Cornils*, Die Fremdrechtsanwendung S. 99. Ablehnend *Forkel*, Grenzüberschreitende Umweltbelastungen S. 119 f.

b) Die Ansätze von Liebert und Nowakowski

Liebert[189] sowie *Nowakowski*[190] dagegen unterscheiden zunächst zwischen zwei Arten von außerstrafrechtlichen Tatbestandsmerkmalen: solche, die das geschützte Rechtsgut konkretisieren[191], und solche, die eine Beeinträchtigung dessen umschreiben[192]. Hinsichtlich rechtsgutkonkretisierender Tatbestandsmerkmale sei auf das deutsche Recht einschließlich des Kollisionsrechts abzustellen, da der deutsche Gesetzgeber darüber entscheide, welche Rechtsgüter er schützen wolle. *Liebert* kommt jedoch gleichwohl zur Anwendung ausländischen Kollisionsrechts und begründet dies mit der Erwägung, dass die Rechtordnung heranzuziehen sei, unter welcher das entsprechende Gut begründet worden ist. Denn auch im deutschen Internationalen Privatrecht sei eine selbstständige Anknüpfung[193] die Regel[194]. Hinsichtlich rechtsgutsbeeinträchtigender Tatbestandsmerkmale ist nach *Nowakowski* ausländisches Kollisionsrecht anzuwenden, da nur nach dem Tatortrecht zu beurteilen sei, ob und in welchem Bereich diese Interessen am Tatort beeinträchtigt seien[195]. Dagegen spricht sich *Liebelt* in dieser Konstellation für eine Anwendung deutschen Kollisionsrechts aus und belegt dies durch die grundsätzlich geltende universelle Bewertungsfunktion des deutschen Strafrechts auch in diesem Bereich[196].

c) Stellungnahme

Liebelt und *Nowakowski* versuchen sich an einer dogmatischen Ausdifferenzierung der Problematik. Jedoch werden dabei mehr Fragen aufgeworfen, als dass

---

[189] *Liebert* GA 1994, 20 ff.

[190] *Nowakowski*, JZ 1971, 633 ff.

[191] Beispielsweise die „Fremdheit" der Sache im Sinne des § 242 StGB.

[192] Beispielsweise die „Rechtswidrigkeit" der Vermögensverschiebung im Sinne des § 263 StGB.

[193] Zur grundsätzlich selbstständigen Anknüpfung von Vorfragen siehe *von Hoffmann*, Internationales Privatrecht S. 226; *Kegel/Schurig*, Internationales Privatrecht S. 325 ff.; *Kropholler*, Internationales Privatrecht S. 221 sowie aus der Rechtsprechung BGH NJW 1965, 1129 ff.; BGH NJW 1981, 1900 ff.

[194] Dem ist jedoch sogleich entgegenzuhalten, dass die selbstständige Anknüpfung von Vorfragen nach der lex fori, also dem deutschen Recht, zu erfolgen hat, siehe *von Hoffmann*, Internationales Privatrecht S. 226. *Liebert* scheint bei seiner Argumentation die Begriffe selbstständige und unselbstständige Anknüpfung zu verwechseln. Warum überhaupt diese aus dem Internationalen Privatrecht bekannte Differenzierung auf die vorliegende Fragestellung herangezogen werden sollte, wird weder begründet noch ist dies angesichts der völlig verschiedenartigen Fragestellungen nachvollziehbar.

[195] *Nowakowski* JZ 1971, 633 (634 f.).

[196] *Liebelt* GA 1994, 20 (33 ff.). Jedoch begründet er ausführlich, dass für den Spezialfall des § 7 Abs. 2 StGB nicht ein „universeller", sondern ein „lokaler" Ansatz zu verwenden sei. Denn insoweit sei das in § 7 Abs. 2 StGB verfolgte Ziel der stellvertretenden Strafrechtspflege zu berücksichtigen. Daraus folge, dass bei diesem Spezialfall richtigerweise ausländisches Kollisionsrecht heranzuziehen sei.

überzeugende Maßstäbe herausgearbeitet werden. Jedenfalls erscheinen deren Ansätze einer Auslegung im Einzelfall kaum überlegen. Dagegen überzeugt der Ansatz *Cornils* sowohl in seiner dogmatischen Herleitung als auch in seiner einfachen praktischen Handhabung. Solange im internationalen Strafrecht – im Gegensatz zum deutschen internationalen Privatrecht – eine ausdifferenzierte Anknüpfung fehlt, ist es nicht zu beanstanden, wenn auch für die Frage, welche Rechtsordnung für außerstrafrechtliche Inzidentfragen heranzuziehen ist, nur deutsches Kollisionsrecht angewendet wird.

2. Auslegung des Tatbestandsmerkmals *„ohne behördliche Erlaubnis"*

Soweit ein Glücksspielanbieter von Deutschland aus über das Internet ein Glücksspiel im Ausland veranstaltet, ist für die Frage, welche Rechtsordnung für die Auslegung des negativen Tatbestandsmerkmals „ohne behördliche Erlaubnis" heranzuziehen ist, deutsches Recht anzuwenden. Anders als im internationalen Privatrecht gibt es im deutschen internationalen Verwaltungsrecht[197] kein geschriebenes Recht[198]. Daher ist auf die anerkannten Rechtsregeln zurückzugreifen. Nach *Cornils* greift für das Verhältnis zum Ausland das Gebot der Respektierung fremder Hoheitsgewalt[199]. Bezogen auf das negative Tatbestandsmerkmal „ohne behördliche Erlaubnis" gilt der Grundsatz des beschränkten Wirkungskreises von Hoheitsakten auf das jeweilige Territorium (Territorialitätsprinzip). Daraus folgt, dass eine behördliche Erlaubnis für die Veranstaltung eines Glücksspiels nur von dem Hoheitsträger erteilt werden kann, auf dessen Hoheitsgebiet das Glücksspiel veranstaltet wird. Soweit ein deutscher Betreiber eines Internet-Glücksspiels dieses im Ausland veranstaltet, ist allein der ausländische Hoheitsträger befugt darüber zu entscheiden, ob er diese Veranstaltung in seinem Hoheitsgebiet erlauben möchte. Zur Auslegung des negativen Tatbestandsmerkmals „ohne behördliche Erlaubnis" ist daher das Recht des Staates heranzuziehen, in dem die Veranstaltung des Glücksspiels erfolgt. Da in den meisten Ländern wie in Deutschland für die Veranstaltung eines Internet-Glücksspiels eine behördliche Erlaubnis erforderlich ist[200], kommt eine Strafbarkeit gemäß § 284 Abs. 1 oder § 287 Abs. 1 StGB eines deutschen Anbieters, der auch im Ausland mittels Internet ein Glücksspiel veranstaltet, immer dann in Betracht, wenn er über eine entsprechende ausländische Erlaubnis nicht verfügt.

---

[197] Darunter ist die Gesamtheit der Rechtsordnungen zu verstehen, die für verwaltungsrechtliche Sachverhalte mit Auslandsbezug eine Bestimmung der zuständigen Behörde, des anzuwendenden Rechts oder der Wirkung fremder Hoheitsakte im Inland treffen. Ausführlich zur Begrifflichkeit des internationalen Verwaltungsrechts siehe *Linke*, Europäisches Internationales Verwaltungsrecht S. 23 ff.

[198] *Siehr* RabelsZ 52 (1988) S. 74; zu den Begründungen hierfür siehe *Linke*, Europäisches Internationales Verwaltungsrecht S. 119 m. w. N.

[199] *Cornils*, Die Fremdrechtsanwendung S. 99.

[200] Zu der Rechtslage diesbezüglich in Australien, den Vereinigten Staaten von Amerika und Europa siehe ausführlich *Klam*, Die rechtliche Problematik S. 123 ff.

Denkbar ist außerdem, dass im ausländischen Recht eine Veranstaltung von Internet-Glücksspielen ohne eine Erlaubnis möglich ist[201]. In diesem Fall ist die
Rechtslage im ausländischen Recht dergestalt zu berücksichtigen, dass angesichts
der generellen Erlaubnisfreiheit im Ausland eine Strafbarkeit gemäß § 284 Abs. 1
StGB beziehungsweise § 287 Abs. 1 StGB ausscheiden muss. Denn diese Straftatbestände greifen nur ein, wenn einem Gesetz zuwidergehandelt wird, welches eine
Erlaubnispflicht vorsieht[202]. Diese Straftatbestände sind richtigerweise so zu verstehen, dass diese nur solche Glücksspielveranstaltungen erfassen, welche ohne eine
erforderliche behördliche Erlaubnis erfolgen[203].

In diesem internationalen Kontext wird bestätigt, dass § 284 Abs. 1 StGB nicht –
wie von der Rechtsprechung bisher angenommen – als absolute Verbotsnorm einzuordnen ist. Diese Bewertung der Rechtsprechung ist nicht auf inländische Sachverhalte beschränkt. Unter Zugrundelegung der Auffassung der Rechtsprechung wäre
ein Anbieter, der von Deutschland aus ein Glücksspiel im Ausland veranstaltet,
auch dann gemäß § 284 Abs. 1 StGB zu bestrafen, wenn im betreffenden Ausland
eine Erlaubnispflicht für die Veranstaltung von Glücksspielen weder straf- noch öf-
fentlichrechtlich normiert ist. Dies widerspräche der Verwaltungsakzessorietät des
§ 284 Abs. 1 StGB. Denn wenn die Veranstaltung eines Glücksspiels im Ausland
ohne Erlaubnis möglich sein sollte, kann dieser Fall strafrechtlich nicht anders zu
beurteilen sein, als wenn eine ausländische behördliche Erlaubnis vorläge. Insoweit
ist das ausländische Tatortrecht im Rahmen des Tatbestandsmerkmals „ohne behördliche Erlaubnis" zu berücksichtigen. Der deutsche Gesetzgeber würde sonst
ohne eine ersichtliche Legitimationsgrundlage im Glücksspielbereich seine Werte-
vorstellung auch im Ausland durchsetzen.

V. Überprüfung des Internet-Roulette der Spielbank Hamburg

Das Internet-Roulette der Spielbank Hamburg wird auch im Ausland veranstaltet,
laut Auskunft der Spielbank Hamburg derzeit in Italien, Frankreich, Spanien, Großbritannien sowie Neuseeland. Da in diesen Ländern ebenso wie in Deutschland für
die Veranstaltung eines Glücksspiels eine Erlaubnis erforderlich ist und die Spielbank Hamburg nicht über die entsprechenden ausländischen Erlaubnisse verfügt,
veranstaltet sie insoweit ein Glücksspiel ohne behördliche Erlaubnis im Sinne des
§ 284 Abs. 1 StGB. Wie die obige Untersuchung gezeigt hat ist deutsches Strafrecht
in dieser Konstellation anwendbar. Zudem ist der ausländische Rechtsgüterschutz
im Rahmen der §§ 284, 287 StGB zu bejahen. Soweit die Spielbank Hamburg ihr Internet-Roulette-Angebot auch im Ausland veranstaltet, macht sich diese nach der
hier vertretenen Auffassung derzeit gemäß § 284 StGB strafbar.

---

[201] Auch wenn dem Verfasser keine Beispiele hierfür bekannt sind, soll diese Konstellation
gleichwohl hier erörtert werden, da sie jedenfalls denkbar ist.
[202] *Voßkuhle/Bumke*, Sportwette S. 39.
[203] Siehe dazu im 2. Teil § 4 C. I. 2.

C. Aus zivilrechtlicher Sicht

Aus zivilrechtlicher Sicht wirft die Veranstaltung von Glücksspielen im Internet etliche Probleme grundsätzlicher Art auf, zum Beispiel wie ein Vertragsschluss im Internet überhaupt zustande kommt[204]. Auf diese häufig erörterten allgemeinen Fragestellungen soll an dieser Stelle ebenso wenig eingegangen werden wie auf allgemeine, hinreichend bekannte Probleme im Zusammenhang mit dem Abschluss von Glücksspielverträgen[205]. Vielmehr sollen spezifische Probleme erörtert werden, die mit dem für das Internet so typischen grenzüberschreitenden Charakter im Zusammenhang stehen. Gegenstand der nachfolgenden Untersuchung ist demnach die Frage, ob und unter welchen Voraussetzungen deutsche Gerichte bei einer grenzüberschreitenden Veranstaltung von Glücksspielen von Deutschland aus mittels Internet international zuständig sind. Exemplarisch soll dies anhand dem wohl in der Praxis am häufigsten vorkommenden Fall erörtert werden, nämlich dass ein Spieler mit Wohnsitz und allgemeinem Aufenthaltsort im Ausland seinen durch die Spielteilnahme erzielten Gewinn nicht ausgezahlt bekommt und diesen einklagen möchte. Bei der Bejahung der Zuständigkeit deutscher Zivilgerichte wird weiter untersucht, ob für die streitentscheidenden Fragen nach den Regeln des internationalen Privatrechts deutsches oder ausländisches Sachrecht anzuwenden ist[206].

I. Internationale Zuständigkeit deutscher Gerichte

Grundsätzlich bestimmt jeder Staat selbst, wann seine Gerichte international zuständig sind[207]. Dabei gehen die im Europäischen Gemeinschaftsrecht sowie in bibeziehungsweise multilateralen Abkommen enthaltenen Regeln dem nationalen Recht vor[208]. Zu den wichtigsten Rechtsquellen gehören die am 1.3.2002 in Kraft getretene Verordnung über die gerichtliche Zuständigkeit und die Anerkennung und Vollstreckung von Entscheidungen in Zivil- und Handelssachen (EuGVO)[209], wel-

---

[204] Siehe dazu *Hoeren*, Grundzüge des Internetrechts S. 9 ff.; *Herzog*, Probleme einer Inhaltsbeschränkung im Internet S. 1 ff.; konkret auf den Abschluss eines Glücksspielvertrages in einem Online-Casino bezogen siehe *Klam*, Die rechtliche Problematik S. 174 ff.

[205] Siehe dazu die Kommentierungen von *Sprau* in: Palandt, BGB §§ 762, 762; *Engel* in: Staudinger, BGB §§ 762, 763; *Pecher* in: Müko, BGB §§ 762, 763.

[206] Die Frage nach der Zuständigkeit deutscher Gerichte ist gegenüber der Ermittlung der anwendbaren Rechtsordnung vorrangig zu prüfen. Denn zur Ermittlung des anwendbaren materiellen Rechts zieht ein Gericht die Regelungen des internationalen Privatrechts seines Staates heran, siehe nur *Pichler* in: Hoeren/Sieber, Handbuch Multimedia-Recht Teil 31 Rdnr. 4.

[207] *Von Hoffmann*, IPR S. 73. Bei der internationalen Zuständigkeit ist zwischen Entscheidungs- und Anerkennungszuständigkeit zu unterscheiden, siehe dazu *Kegel*, IPR S. 908.

[208] Als Begründung ist nicht auf Art. 3 Abs. 2 S. 1 EGBGB zu verweisen, da diese Norm nur die Nachrangigkeit des EGBGB hinsichtlich der Frage nach dem in der Sache anzuwendenden Recht betrifft. Gemeinschaftsrecht sowie Staatsverträge sind vielmehr als „leges speziales" vorrangig anzuwenden, siehe *Kropholler*, IPR S. 548.

[209] Abgedruckt *bei Jayme/Hausmann*, IPVR S. 364 ff. (Nr. 160).

che weitgehend das Brüsseler EWG-Abkommen über die gerichtliche Zuständigkeit und die Vollstreckung gerichtlicher Entscheidungen in Zivil- und Handelssachen (EuGVÜ)[210] ersetzt[211] sowie die am 1.3.2001 in Kraft getretene Verordnung über die Zuständigkeit und die Anerkennung und Vollstreckung von Entscheidungen in Ehesachen und in Verfahren betreffend die elterliche Verantwortung für die gemeinsamen Kinder der Ehegatten (EheVO)[212]. Soweit weder Gemeinschaftsrecht noch ein völkerrechtliches Abkommen anwendbar ist, entscheiden deutsche Gerichte nach den deutschen Verfahrensregeln über die eigene internationale Zuständigkeit[213]. Ausdrückliche gesetzliche Regelungen zur internationalen Zuständigkeit deutscher Gerichte finden sich nur in wenigen Fällen[214]. Wenn keine einschlägig ist, wird die internationale Zuständigkeit aufgrund der ähnlichen Interessenlage in entsprechender Anwendung der Regeln über die örtliche Zuständigkeit bestimmt. Die Regeln über die örtliche Zuständigkeit sind insoweit „doppelfunktional"[215].

Nachfolgend ist zu prüfen, ob deutsche Gerichte international zuständig sind, wenn ein Spieler mit Wohnsitz und allgemeinem Aufenthaltsort im Ausland einen Gewinn aus der Teilnahme an einem Glücksspiel, welches von Deutschland aus im Internet veranstaltet wird, einklagen möchte. Die internationale Zuständigkeit könnte nach der EuGVO zu bestimmen sein.

1. Prüfung nach der EuGVO

a) Der Anwendungsbereich

Der sachliche Anwendungsbereich ist gemäß Art. 1 Abs. 1 S. 1 EuGVO in Zivil- und Handelssachen eröffnet. Bei der Geltendmachung eines Anspruches auf Auszahlung eines Gewinns handelt es sich um eine Zivilsache, ein Anwendungsausschluss gemäß Art. 1 Abs. 2 EuGVO liegt nicht vor. Räumlich ist die Verordnung unter allen Mitgliedsstaaten der Europäischen Gemeinschaft mit Ausnahme von Dänemark anwendbar[216]. Des Weiteren muss ein hinreichender räumlicher Bezug

---

[210] Abgedruckt in der Fassung des 4. Beitrittsübereinkommens vom 29.11.1996 in BGBl. II 1998, 1412 ff.

[211] Als Verordnung gilt die EuGVO im Gegensatz zum EuGVÜ gemäß Art. 249 Abs. 2 EG unmittelbar in den Mitgliedsstaaten der Gemeinschaft. Hinsichtlich der inhaltlichen Neuerungen durch das EuGVO siehe die kommentierte Konkordanztabelle unter http://www.jura.uni-goettingen.de/muench/eugvtab.html.

[212] Abgedruckt bei *Jayme/Hausmann*, IPVR S. 413 ff. (Nr. 161).

[213] Sogenanntes lex fori-Prinzip, siehe *Schack*, Internationales Zivilverfahrensrecht Rdnrn. 39 ff.

[214] Zum Beispiel § 606 a Abs. 1 ZPO für Ehesachen, § 640 a Abs. 2 ZPO für Kindschaftssachen.

[215] Siehe nur BGH NJW 1965, 1665 sowie *Rüßmann* K & R 1998, 129 (130).

[216] Dänemark beteiligte sich nicht an der Annahme der Verordnung. Im Verhältnis der Mitgliedsstaaten zu Dänemark ist daher weiterhin das EuGVÜ räumlich anwendbar.

zum Gebiet der Europäischen Union bestehen[217]. Ein solcher ist bereits dadurch gegeben, dass deutsche Glücksspielanbieter in aller Regel ihren Sitz in Deutschland haben. Schließlich sind die Vorschriften der Verordnung gemäß Art. 66 Abs. 1 EuGVO auf alle Klagen anzuwenden, die nach dem Zeitpunkt des Inkrafttretens am 1.3.2002 erhoben werden.

b) Die Entscheidungszuständigkeit

(1) Die Grundregel Art. 2 Abs. 1 EuGVO

Nach der Grundregel des Art. 2 Abs. 1 EuGVO sind Personen, die ihren Wohnsitz im Hoheitsgebiet eines Mitgliedsstaates haben, ohne Rücksicht auf ihre Staatsangehörigkeit vor den Gerichten dieses Mitgliedsstaates zu verklagen[218]. Für die Geltendmachung von Ansprüchen gegenüber von Deutschland aus über das Internet im Ausland veranstalteten Glücksspielen ist nach der Grundregel des Art. 2 Abs. 1 EuGVO die internationale Zuständigkeit deutscher Gerichte in aller Regel zu bejahen.

(2) Die Sondervorschriften Art. 15–17 EuGVO

Zudem könnten die besonderen Vorschriften des 4. Abschnitts einschlägig sein, wenn es sich um eine „Verbrauchersache" handelt. Gemäß Art. 15 Abs. 1 EuGVO setzt dies zunächst den Vertragsschluss eines „Verbrauchers" voraus. Nach dem EuGVO ist dies eine Person, welche Ansprüche aus einem Vertrag geltend macht, den sie zu einem Zweck geschlossen hat, der nicht der beruflichen oder gewerblichen Tätigkeit dieser Person zugerechnet werden kann[219]. Nach dieser mit der in § 13 BGB und Art. 29 Abs. 1 EGBGB übereinstimmenden Definition des Verbraucherbegriffs ist eine an einem Glücksspiel teilnehmende Person als Verbraucher einzuordnen, da die Spielteilnahme in aller Regel nicht der beruflichen Tätigkeit dieser Person zugerechnet werden kann. Auch der deutsche Gesetzgeber qualifiziert den Teilnehmer an einem Glücksspiel als Verbraucher. Denn das einem Verbraucher gemäß § 312 d Abs. 1 BGB bei Fernabsatzverträgen zustehende Widerrufsrecht besteht gemäß § 312 d Abs. 4 Nr. 4 BGB dann nicht, wenn es um die Erbringung von Wett- und Dienstleistungen geht[220]. Indem der Gesetzgeber diese Ausnahme ausdrücklich regelt, bringt er zum Ausdruck, dass er eine an einem Glücksspiel teilnehmende Per-

---

[217] Zur Drittstaatenproblematik in diesem Zusammenhang siehe *von Hoffmann*, IPR S. 127 f.

[218] Für die Auslegung des Begriffs „Wohnsitz" bei natürlicher Personen ist gemäß Art. 59 Abs. 1 EuGVO das materielle Recht des Staates maßgeblich, in dem sich der behauptete Wohnsitz des Beklagten befindet. Dagegen ist nun der Begriff des „Wohnsitzes" juristischer Personen in Art. 60 Abs. 1 EuGVO autonom festgelegt.

[219] Aus dem Sinn und Zweck der Art. 15 ff. EuGVO sowie aus dem Wortlaut des Art. 15 Abs. 1 c EuGVO ergibt sich, dass der andere Vertragspartner nicht seinerseits als Verbraucher handeln darf, siehe *von Hoffmann*, IPR S. 141.

[220] *Klam*, Die rechtliche Problematik S. 182.

son als Verbraucher einordnet. Angesichts des wortgleichen Verbraucherbegriffs in der EuGVO ist ein anderes Ergebnis auch bei autonomer Auslegung der EuGVO[221] nicht geboten.

In sachlicher Hinsicht setzt die Anwendbarkeit der Art. 15–17 EuGVO voraus, dass der gegenüber der Rechtslage im EuGVÜ neu eingeführte Auffangtatbestand des Art. 15 Abs. 1 c EuGVO einschlägig ist. Es genügt nun, dass der Unternehmer „auf irgend einem Wege" seine Tätigkeit auf den Wohnsitzstaat des Verbrauchers „ausrichtet". Schwierigkeiten bereitet die Auslegung des Begriffs der „Ausrichtung", da dieser nach dem Sprachgebrauch jede Form des zielgerichteten Hinwendens zu einem bestimmten Staat erfasst. Die Folge wäre eine für Unternehmen bestehende unüberschaubare Ausweitung der Gerichtspflichtigkeit[222]. Nach Ansicht des EG-Gesetzgebers ist daher zwischen aktiven Websites, über die unmittelbar ein Vertragsschluss möglich ist und passiven Websites, auf denen lediglich geworben wird, zu differenzieren. Der EG-Gesetzgeber führt aus:

> „Die Zugänglichkeit der Website allein genügt nicht [...], um die Anwendbarkeit von Art. 15 zu begründen; vielmehr ist erforderlich, dass diese Website auch zum Vertragsschluss im Fernabsatz auffordert, und dass tatsächlich ein Vertragsschluss im Fernabsatz erfolgt ist."[223]

Nach dem Willen der EG-Gesetzgeber begründet damit nur das Unterhalten einer aktiven Website die erforderliche „Ausrichtung". Die Veranstaltung von Glücksspielen im Internet setzt gerade aktive Websites voraus. Nur bei solchen besteht die konkrete Möglichkeit der Spielteilnahme. Soweit ein Spieler seinen Gewinn einklagen möchte, beruft er sich gerade auf den Abschluss eines Vertrages über das Internet. Eine „Ausrichtung" auf den Wohnsitzstaat des Verbrauchers im Sinne des Art. 15 Abs. 1 c EuGVO ist damit zu bejahen, so dass die besonderen Vorschriften der Art. 15–17 EuGVO auch sachlich anwendbar sind.

Gemäß Art. 16 Abs. 1 EuGVO kann demnach der Verbraucher gegen seinen Vertragspartner wahlweise vor den Gerichten an dessen Wohnsitz oder an seinem eigenen Wohnsitz klagen. Daraus folgt, dass abweichend von der Grundregel des Art. 2 Abs. 1 EuGVO ein Spieler mit Wohnsitz im Ausland seinen Gewinn gegenüber einem deutschen Glücksspielanbieter auch „vor Ort", das heißt im Ausland, einklagen kann. Denn unter mehreren allgemeinen und besonderen Gerichtsständen besteht ein Wahlrecht[224]. Dies kann der Glücksspielanbieter auch nicht durch eine in den Allgemeinen Geschäftsbedingungen geregelte Prorogation deutscher Gerichte ver-

---

[221] Zu den autonomen Auslegungsmethoden der Verordnung siehe *von Hoffmann*, IPR S. 123 f.

[222] *Von Hoffmann*, IPR S. 142.

[223] Gemeinsame Erklärung des Rates und der Kommission zu den Art. 15 und 73 EuGVO, abgedruckt in IPRax2001, 259 (261).

[224] Eine derartige Begünstigung des Klägers ist mit der Schaffung fakultativer internationaler Zuständigkeiten gerade beabsichtigt, siehe *von Hoffmann*, IPR S. 84. Nur die ausschließlichen Zuständigkeitstatbestände gemäß Art. 22 Nr. 1–5 EuGVO sind zwingend vorrangig. Diese sind jedoch vorliegend nicht einschlägig.

hindern, denn eine solche Gerichtsstandsvereinbarung ist bei Verbrauchersachen vor Entstehung der Streitigkeit gemäß Art. 17 EuGVO nicht möglich.

2. *Prüfung nach den §§ 12 ff. ZPO*

Soweit ein Anbieter sein Glücksspiel von Deutschland aus mittels Internet auch in Staaten außerhalb der Europäischen Gemeinschaft veranstaltet, ist die EuGVO räumlich nicht anwendbar. Häufig wird dann auch kein anderes Abkommen eingreifen, so dass auf die Regelungen der internationalen Zuständigkeit im deutschen Recht zurückzugreifen ist. Ausdrückliche Regelungen zur internationalen Zuständigkeit deutscher Gerichte gibt es weder für Verbrauchersachen noch für Streitigkeiten aus Glücksspielverträgen. Daher sind die §§ 12 ff. ZPO nicht nur zur Bestimmung der örtlichen, sondern auch der internationalen Zuständigkeit deutscher Gerichte heranzuziehen[225].

Gemäß § 13 ZPO wird der allgemeine Gerichtsstand einer Person durch den Wohnsitz bestimmt[226]. Die Staatsangehörigkeit der Person ist dagegen gleichgültig[227]. Für juristische Personen gilt gemäß § 17 ZPO deren Sitz als allgemeiner Gerichtsstand[228]. Als besondere Gerichtsstände kommen in Betracht: der Ort der Niederlassung eines Gewerbebetriebs gemäß § 21 ZPO[229] sowie der vertragliche Erfüllungsort gemäß § 29 ZPO[230]. Alle diese Gerichtsstände führen ebenfalls zur internationalen Zuständigkeit deutscher Gerichte.

Davon abweichend könnte gemäß § 29 c Abs. 1 S. 1 ZPO[231] das Gericht international zuständig sein, in dessen Bezirk der Verbraucher zur Zeit der Klageerhebung seinen Wohnsitz hat. Dieser besondere Gerichtsstand greift jedoch nur für Klagen aus Haustürgeschäften. Ein solches ist in den enumerativ aufgezählten Fällen des § 312 Abs. 1 S. 1 Nr. 1–3 BGB zu bejahen. Voraussetzung für ein Haustürgeschäft ist demnach eine mündliche Verhandlung. Bei Online-Verträgen liegt eine solche nicht vor. Auch eine entsprechende Anwendung ist ausgeschlossen, da der Gesetzgeber nur die typischen Fälle erfassen wollte[232]. Neben diesen explizit geregelten Fällen

---

[225] Zu dieser Doppelfunktionalität siehe bereits oben S. 130.

[226] Zur Auslegung des Anknüpfungsmerkmals „Wohnsitz" nach Maßgabe der §§ 7–11 BGB siehe *von Hoffmann*, IPR S. 77.

[227] *Putzo* in: Thomas/Putzo, ZPO § 13 Rdnr. 2.

[228] Zur Bestimmung des Sitzes siehe *von Hoffmann*, IPR S. 77; *Putzo* in: Thomas/Putzo, ZPO § 17 Rdnr. 3.

[229] Zum Begriff der Niederlassung siehe *von Hoffmann*, IPR S. 78; *Putzo* in: Thomas/Putzo, ZPO § 221 Rdnr. 2.

[230] Zur Bestimmung des Erfüllungsortes siehe *von Hoffmann*, IPR S. 80 f.; *Putzo* in: Thomas/Putzo, ZPO § 29 Rdnr. 5.

[231] Durch das Schuldrechtsmodernisierungsgesetz vom 1.1.2002 wurde das Haustürwiderrufsgesetz aufgehoben und in das Bürgerliche Gesetzbuch eingegliedert. § 7 HaustürWG ist nunmehr in die ZPO eingegangen und bildet die Grundlage für § 29 c ZPO.

[232] *Heinrichs* in: Palandt, BGB Vorb v § 312 Rdnr. 9. Selbst eine telefonische Verhandlung fällt nicht unter § 312 Abs. 1 Nr. 1 BGB, siehe BGH NJW 1996, 929 (929 m. w. N.).

könnte ein Haustürgeschäft dann ausnahmsweise zu bejahen sein, wenn ein solches durch eine anderweitige Gestaltung umgangen wird, § 312 f Abs. 2 BGB[233]. Dies setzt voraus, dass der Schutzgedanke des § 312 BGB übertragen werden kann. Die besondere Gefahr von Haustürgeschäften besteht in einer Überrumpelung des Verbrauchers[234]. Denn dieser wird mit einem Vertragsangebot zu einem Zeitpunkt und an einem Ort konfrontiert, wo er es nicht erwartet. Zudem sind die Verkäufer zumeist psychologisch geschult, so dass der Verbraucher es nicht schafft, sich dem Angebot zu entziehen[235]. Ein ähnlicher Überrumpelungseffekt fehlt, wenn ein Verbraucher auf eigene Initiative im Internet Online-Geschäfte tätigt. § 312 BGB findet daher auf Online-Verträge und damit auch auf Glücksspielverträge im Internet keine Anwendung[236]. Die internationale Zuständigkeit eines ausländischen Gerichts gemäß § 29 c Abs. 1 S. 1 ZPO scheidet somit aus.

Damit führen alle einschlägigen Regelungen zur Bejahung der internationalen Zuständigkeit deutscher Gerichte. Soweit ein Spieler außerhalb der Mitgliedsstaaten der Europäischen Gemeinschaft an einem deutschen Glücksspielangebot teilgenommen hat, sind – anders als bei Anwendbarkeit der EuGVO – nur die deutschen Gerichte für eine Klage des Spielers gegen einen von Deutschland aus tätigen Glücksspielanbieter international zuständig.

II. Anwendbares Recht nach dem deutschen internationalen Privatrecht

Soweit deutsche Gerichte international zuständig sind, wenden diese für die Bestimmung des anwendbaren materiellen Rechts die Regelungen des deutschen internationalen Privatrechts an. Den Vorschriften der Art. 3 ff. EGBGB gehen gemäß Art. 3 Abs. 2 S. 1 EGBGB völkerrechtliche Vereinbarungen vor, wenn diese unmittelbar anwendbares Recht geworden sind[237]. Für die Geltendmachung eines Anspruches auf Auszahlung eines Glücksspielgewinns ist keine völkerrechtliche Vereinbarung ersichtlich[238]. Das anwendbare Recht für diesen vertraglichen Anspruch[239] bestimmt sich daher nach den Art. 27–37 EGBGB.

---

[233] Es genügt das Vorliegen einer objektiven Umgehung, eine Umgehungsabsicht ist nicht erforderlich. *Heinrichs* in: Palandt, BGB § 312 f Rdnr. 2; *Wassermann* JuS 1990, 723 (723).

[234] BGH NJW 1992, 1889. (1889 m. w. N.).

[235] Siehe BT-Drucksache 10/2876 S. 1 (6).

[236] Ebenso *Arnold* CR 1997, 526 (528); *Gruber* DB 1999, 1437 (1438); ausführlich *Klam*, Die rechtliche Problematik S. 183 ff. A. A. *Meents* K & R 1999, 53 (63).

[237] Der Vorrang völkerrechtlicher Vereinbarungen ergibt sich bereits aus dem Grundsatz völkerrechtsfreundlichen Verhaltens. Art. 3 Abs. 2 S. 1 EGBGB hat lediglich klarstellende Funktion, siehe BT-Drucksache 10/504 S. 36.

[238] Das UN-Kaufrecht ist nicht anwendbar, da es zum einen nur Kaufverträge, zum anderen keine Verbraucherverträge erfasst.

[239] Die Qualifikation als ein vertraglicher Anspruch wirft insoweit keine Schwierigkeiten auf. Zur Lösung von Qualifikationsproblemen siehe *von Hoffmann*, IPR S. 209 ff.

1. Anwendbare Rechtsordnung gemäß den Art. 27, 28 EGBGB

Gemäß Art. 27 EGBGB können die Vertragsparteien vereinbaren, welches Recht für einen vertraglichen Anspruch anwendbar ist. Dabei muss die Rechtswahl nicht ausdrücklich sein, sondern sie kann sich auch aus den Vertragsbestimmungen oder den Umständen des Falles ergeben, Art. 27 Abs. 1 S. 2 EGBGB. Soweit eine solche Rechtswahl nicht erfolgt ist, unterliegt der Vertrag gemäß Art. 28 EGBGB dem Recht des Staates, mit dem er die engsten Verbindungen aufweist. Wenn sich eine für den konkreten Vertrag charakteristische Leistung bestimmen lässt, finden die Vermutungsregeln des Art. 28 Abs. 2 EGBGB Anwendung[240]. Unter „Charakteristische Leistung" ist eine Leistung zu verstehen, welche dem Vertragstyp seine Eigenart verleiht und seine Unterscheidung von anderen Vertragstypen ermöglicht[241]. Bei einem Glücksspielvertrag ist dies zweifelsohne die vom Anbieter geschaffene Möglichkeit der Teilnahme an einem Glücksspiel, beispielsweise die Veranstaltung eines Roulettespiels[242]. Da dies in Ausübung einer gewerblichen Tätigkeit geschieht, greift die Vermutung des Art. 28 Abs. 2 S. 2 EGBGB ein, nämlich dass der Vertrag die engsten Verbindungen zu dem Staat aufweist, in dem sich die Hauptniederlassung der gewerblich tätigen Partei befindet. Bei einer Veranstaltung von Glücksspielen im Internet durch deutsche Anbieter bedeutet dies, dass deutsches Recht für Ansprüche aus dem Glücksspielvertrag anzuwenden ist[243].

2. Sonderanknüpfung bei Verbraucherverträgen
gemäß Art. 29 EGBGB

Gegenüber der Anknüpfung nach Art. 28 EGBGB vorrangig zu berücksichtigen ist Art. 29 EGBGB. Wenn ein Verbrauchervertrag unter den in Art. 29 Abs. 1 EGBGB bezeichneten Umständen zustande kommt, gelten gegenüber der Anknüpfung nach Art. 28 EGBGB Besonderheiten.

a) Der Anwendungsbereich des Art. 29 EGBGB

Zunächst setzt die Anwendbarkeit des Art. 29 EGBGB voraus, dass es bei der Veranstaltung eines Glücksspiels um die „Erbringung einer Dienstleistung" geht. Darunter fallen gewerbliche, kaufmännische, handwerkliche wie freiberufliche Tätigkeiten, soweit sie regelmäßig gegen Entgelt erbracht werden und keine Veräuße-

---

[240] Siehe Art. 28 Abs. 2 S. 3 EGBGB.

[241] *Heldrich* in: Palandt, BGB Art. 28 EGBGB Rdnr. 3.

[242] Ebenso *Klam*, Die rechtliche Problematik S. 312.

[243] In aller Regel wird sich aus der Gesamtheit der Umstände gemäß Art. 28 Abs. 5 EGBGB nicht ergeben, dass der Vertrag tatsächlich doch engere Verbindungen mit einem anderen Staat aufweist. Zur Prüfungsreihenfolge innerhalb des Art. 28 EGBGB siehe *von Hoffmann*, IPR S. 403 f.

rung oder Gebrauchsüberlassung zum Gegenstand haben[244]. Die Veranstaltung eines Glücksspiels als gewerbliche Tätigkeit fällt unter diesen weiten Dienstleistungsbegriff. Bestätigt wird diese Auslegung durch die Rechtsprechung des Europäischen Gerichtshofs, welcher die grenzüberschreitende Veranstaltung von Glücksspielen unter die Dienstleistungsfreiheit gemäß Art. 50 Abs. 1 EG fasst[245]. Des Weiteren erfasst der Anwendungsbereich des Art. 29 EGBGB in persönlicher Hinsicht nur den Verbraucher. Bereits oben wurde im Rahmen des Art. 15 Abs. 1 EuGVO festgestellt, dass der Teilnehmer eines Glücksspiels als Verbraucher einzuordnen ist. Da in Art. 15 Abs. 1 EuGVO und in Art. 29 Abs. 1 EGBGB derselbe Verbraucherbegriff zugrunde gelegt wird, ist auch der persönliche Anwendungsbereich des Art. 29 Abs. 1 EGBGB zu bejahen[246]. Schließlich ist der Anwendungsbereich des Art. 29 EGBGB auf die in Abs. 1 Nr. 1 bis Nr. 3 gebildeten Fallgruppen räumlich begrenzt. Für die Veranstaltung eines Glücksspiels im Internet kommt insbesondere die Fallgruppe des Art. 29 Abs. 1 Nr. 1 EGBGB in Betracht. Demnach müsste dem Vertragsschluss ein ausdrückliches Angebot oder eine Werbung in dem Staat vorausgegangen sein, in welchem der Verbraucher seinen gewöhnlichen Aufenthalt hat, und der Verbraucher müsste in diesem Staat die zum Abschluss des Vertrags erforderlichen Rechtshandlungen vorgenommen haben. Indem eine Website so ausgestaltet ist, dass auf dieser unmittelbar eine Spielteilnahme im Aufenthaltsstaat des Verbrauchers möglich ist, liegt darin ein ausdrückliches Angebot beziehungsweise eine Werbung im Aufenthaltsstaat des Verbrauchers[247]. Etwas anderes könnte man nur dann vertreten, wenn auf die physische Präsenz des Anbieters im Aufenthaltsstaat des Verbrauchers abzustellen wäre. Hierfür ist jedoch nach dem Wortlaut des Art. 29 Abs. 1 Nr. 1 EGBGB nichts ersichtlich. Zudem müsste der Verbraucher die zum Abschluss erforderlichen Rechtshandlungen in dem Staat seines gewöhnlichen Aufenthalts vorgenommen haben. Dafür genügt, dass der Spieler „vor Ort" die elektronische Eingabe vornimmt und diese über das Internet verschickt[248]. Art. 29 EGBGB ist somit anwendbar, wenn ein deutscher Anbieter ein Glücksspiel über das Internet im Ausland veranstaltet.

b) Die Rechtfolgen des Art. 29 EGBGB

Rechtsfolge dieser Sonderanknüpfung ist zum einen, dass bei einer Rechtswahl deutschen Rechts die zwingenden Bestimmungen einschließlich der Verbraucherschutznormen des Staates, in dem der Verbraucher seinen gewöhnlichen Aufenthalt

---

[244] Von Hoffmann, IPR S. 414.

[245] EuGH (Schindler) NJW 1994, 2013 ff.; EuGH (Läärä) DVBl. 2000, 111 ff.; EuGH (Zenatti) EuZW 2000, 151 ff.

[246] Ebenso Schwartz/Wohlfahrt Medien und Recht 2001, 323 (324).

[247] Siehe Mankowski RabelsZ 1999, 203 (234); Gruber DB 1999, 1437 (1437); Taupitz/Kritter JuS 1999, 839 (844); Junker RIW 1999, 809 (815); Heldrich in: Palandt, BGB Art. 29 EGBGB Rdnr. 5; von Hoffmann, IPR S. 417.

[248] Heldrich in Palandt, BGB Art. 29 EGBGB Rdnr. 5.

hat, anzuwenden sind, wenn diese Normen im konkreten Fall günstiger sind, als die entsprechenden Vorschriften des gewählten Vertragsstatuts[249]. Zum anderen bestimmt Art. 29 Abs. 2 EGBGB, dass ohne eine Rechtswahl zustande gekommene Verbraucherverträge nach dem Recht des Staates, in dem der Verbraucher seinen gewöhnlichen Aufenthalt hat, anzuknüpfen sind. Sollte ein deutscher Anbieter Glücksspiele über das Internet im Ausland veranstalten und keine Rechtswahl vorliegen, folgt daraus, dass auf die abgeschlossenen Glücksspielverträge die Rechtsordnung anzuwenden ist, in welcher der jeweilige Spielteilnehmer seinen gewöhnlichen Aufenthalt hat[250]. In diesen Fällen kann ein deutscher Glücksspielanbieter die Anwendung ausländischen Rechts[251] nur durch eine Rechtswahl vermeiden[252]. Ihm ist daher anzuraten, in seinen Allgemeinen Geschäftsbedingungen eine Wahl deutschen Rechts für Ansprüche aus dem Vertrag aufzunehmen.

III. Die selbstständige Anknüpfung von Vorfragen

Die Anwendbarkeit deutschen Rechts auf den vertraglichen Gewinnauszahlungsanspruch bedeutet nicht zwingend, dass alle in diesem Zusammenhang stehenden Fragestellungen ebenfalls nach deutschem Recht zu beurteilen sind. Denn „Vorfragen"[253], die sich im Rahmen der materiellen Prüfung des Anspruchs stellen, sind grundsätzlich selbstständig anzuknüpfen[254]. Dies bedeutet, dass präjudizielle

---

[249] *Von Hoffmann*, IPR S. 415. Jedenfalls innerhalb der Europäischen Gemeinschaft ist diese Rechtsfolge der Sonderanknüpfung in praktischer Hinsicht kaum von Bedeutung. Denn das Verbraucherrecht der Mitgliedsstaaten beruht auf Richtlinien der Europäischen Gemeinschaft und ist daher weitgehend identisch. Zudem ist die Anwendbarkeit der verbraucherschützenden Vorschriften bei der Teilnahme an Online-Glücksspielen in aller Regel ausgeschlossen, siehe dazu ausführlich *Klam*, Die rechtliche Problematik S. 182 ff.

[250] Die Verweisung des Art. 29 Abs. 2 EGBGB auf ausländisches Recht ist eine Sachnormverweisung, siehe Art. 35 Abs. 1 EGBGB. Eine Rück- oder Weiterverweisung durch das ausländische Kollisionsrecht ist daher ausgeschlossen.

[251] Hinzuweisen ist bei der Anwendung ausländischen Rechts, dass die Wertung des § 762 BGB zwingend zu berücksichtigen ist. Sollten Spielschulden nach der ausländischen Rechtsordnung als generell verbindlich angesehen werden, kommt Art. 6 EGBGB zur Anwendung (ordre public). Daraus folgt, dass eine Verpflichtung ohne Leistung des Einsatzes entgegen der Rechtslage im ausländischen Recht als unverbindlich anzusehen ist, siehe *Heldrich* in: Palandt, BGB Art. 6 EGBGB Rdnr. 16; *Stögmüller* K & R 2002, 27 (33); *Mankowski* CR 1999, 512 (514 m. w. N.). Bei Online-Glücksspielen stellt sich dieses Problem jedoch in aller Regel nicht, da das Leisten des Spieleinsatzes mit dem Vertragsschluss im Internet zusammenfällt.

[252] Art. 29 EGBGB lässt die freie Rechtswahl unberührt, siehe *von Hoffmann*, IPR S. 415.

[253] Zu dieser Begrifflichkeit und zur Abgrenzung von „Vorfragen" gegenüber sogenannten „Erstfragen" siehe *von Hoffmann*, IPR S. 225.

[254] So BGH NJW 1965, 1129 ff.; BGH NJW 1981, 1900 ff.; *Kegel/Schurig*, IPR S. 320 ff.; *von Hoffmann*, IPR S. 226. Grund für die selbstständige Anknüpfung von Vorfragen ist, dass nur durch diese der interne Entscheidungseinklang gewährleistet wird. Zu den Ausnahmen, bei denen ausnahmsweise der internationale Entscheidungseinklang als gegenüber dem internen höherwertig eingestuft wird und daher eine unselbstständige Anknüpfung vorzunehmen ist siehe *von Hoffmann*, IPR S. 226 f.

Rechtsverhältnisse nach den Kollisionsnormen der „lex fori"[255] zu beurteilen sind. Deutsche Gerichte bestimmen demnach die sich stellenden Vorfragen ebenfalls nach den Kollisionsnormen des deutschen internationalen Privatrechts.

Die selbstständige Anknüpfung einer Vorfrage erfolgt beispielsweise dann, wenn dem vertraglichen Anspruch die Nichtigkeit des Vertrags gemäß § 134 BGB entgegengehalten wird. Diese die materielle Wirksamkeit des Vertrags betreffende Vorfrage ist selbstständig gemäß Art. 31 Abs. 1 EGBGB anzuknüpfen. Demnach ist die Wirksamkeit des Vertrags nach dem Recht zu beurteilen, das anzuwenden wäre, wenn der Vertrag wirksam wäre. Sollte dies deutsches Recht sein, ist auch für die Frage der Wirksamkeit des Vertrags deutsches Recht anzuwenden.

IV. Zusammenfassung

Im Rahmen des Anwendungsbereichs der EuGVO kann ein Spieler, der im Ausland an einem von Deutschland aus über das Internet veranstalteten Glücksspiel teilgenommen hat, gemäß Art. 16 Abs. 1 EuGVO wählen, ob er den Veranstalter an dessen Wohnsitz oder an seinem eigenen Wohnsitz auf Auszahlung eines Gewinnes verklagen möchte. Dieses Wahlrecht besteht dagegen nicht außerhalb des Anwendungsbereichs der EuGVO. In diesem Fall sind für eine Klage eines im Ausland wohnhaften Spielers gegen einen deutschen Glücksspielanbieter nur die deutschen Gerichte international zuständig.

Soweit deutsche Gerichte international zuständig sind, ist das in der Sache anzuwendende Recht gemäß den Art. 27–29 EGBGB zu bestimmen. Da es sich beim Abschluss eines Glücksspielvertrags um einen Verbrauchervertrag handelt, ist der Anwendungsbereich des Art. 29 EGBGB eröffnet. Soweit vertraglich eine Rechtswahl nicht vorgenommen wurde, ist gemäß Art. 29 Abs. 2 EGBGB das Recht des Staates anzuwenden, in dem der Spielteilnehmer seinen gewöhnlichen Aufenthalt hat. Für die Spielteilnahme vom Ausland aus an einem deutschen Online-Glücksspiel führt dies in aller Regel zur Anwendbarkeit ausländischen Rechts. Jedoch kann der deutsche Veranstalter dies vermeiden, indem er in seinen Allgemeinen Geschäftsbedingungen eine Wahl deutschen Rechts vorsieht. Zu beachten ist in diesem Fall lediglich, dass durch diese Rechtswahl dem Spielteilnehmer nicht der durch die zwingenden Bestimmungen des Rechts des Staates, in dem er seinen gewöhnlichen Aufenthalt hat, gewährte Schutz entzogen wird (Art. 29 Abs. 1 EGBGB).

---

[255] Die sogenannte „lex fori" bezeichnet die Anwendung des Kollisionsrechts des Staates, dessen Gerichte sich mit der Entscheidung befassen.

V. Überprüfung des Internet-Roulette
der Spielbank Hamburg

Im Rahmen des Anwendungsbereichs der EuGVO kann ein Spieler gemäß Art. 16 Abs. 1 EuGVO wählen, ob er die Spielbank Hamburg an deren Sitz in Hamburg oder an seinem eigenen Wohnsitz auf Auszahlung eines Gewinnes verklagen möchte, da es sich um eine Verbrauchersache handelt. Aus diesem Grund kann außerdem gemäß Art. 17 EuGVO nicht vor Entstehung der Streitigkeit Hamburg als Gerichtsstand vereinbart werden. Außerhalb des Anwendungsbereichs des EuGVO sind dagegen nach Prüfung der §§ 12 ff. ZPO nur die deutschen Gerichte international zuständig.

Soweit deutsche Gerichte zur Streitentscheidung angerufen werden, haben diese in der Sache deutsches Recht anzuwenden. Denn gemäß § 8 Nr. 3 der Allgemeinen Geschäftsbedingungen der Spielbank Hamburg besteht für den abgeschlossenen Spielvertrag eine Rechtwahl deutschen Rechts. Darunter sind die jeweiligen Sachvorschriften des deutschen Rechts zu verstehen, Art. 4 Abs. 2 EGBGB.

§ 8 Die rechtliche Beurteilung
ausländischer Internet-Glücksspielangebote

Eine grenzüberschreitende Veranstaltung von Glücksspielen ist nicht nur von Deutschland ins Ausland, sondern auch vom Ausland aus nach Deutschland möglich. Soweit ausländische Glücksspielangebote bestimmungsgemäß die Möglichkeit der Spielteilnahme von Deutschland aus bieten, wirft dies die Frage auf, welche Anforderungen das deutsche Glücksspielrecht an solche Angebote stellt. Wie bereits oben für die Begutachtung deutscher Internet-Glücksspielangebote werden die damit zusammenhängenden Fragestellungen geordnet nach den klassischen Rechtsbereichen zunächst abstrakt diskutiert und die daraus abgeleiteten Anforderungen jeweils exemplarisch auf das Internet-Roulette des Casino-Club[256] angewendet.

A. Aus öffentlich-rechtlicher Sicht

Ein Glücksspiel wird überall dort veranstaltet, wo die Möglichkeit der Spielteilnahme besteht. Soweit in Deutschland die Teilnahme an einem ausländischen Online-Glücksspiel möglich ist, wird unter Zugrundelegung dieses Veranstaltungsbegriffs das Glücksspiel in Deutschland veranstaltet. Angesichts der verschiedenen gesetzlichen Vorschriften des öffentlichen Rechts[257] in Verbindung mit den §§ 284, 287 StGB setzt dies eine entsprechende Erlaubnis voraus. Vor diesem Hintergrund

---

[256] Zu diesem Glücksspielangebot siehe 1. Teil, § 3.
[257] Siehe dazu den Überblick über die öffentlich-rechtlichen Glücksspielregelungen im 2. Teil § 4 B. III.

stellt sich die Frage, ob eine ausländische Erlaubnis auch in Deutschland ihre Gestattungswirkung entfalten kann[258].

I. Der Wirkungskreis einer ausländischen Erlaubnis in Deutschland

1. Haltung der Rechtsprechung

Die Rechtsprechung hat für die Veranstaltung von ausländischen Online-Glücksspielen in Deutschland festgestellt, dass eine ausländische Erlaubnis eine deutsche nicht ersetzen kann[259]. Das Oberlandesgericht Hamburg führt diesbezüglich aus:

„Der ausländische Anbieter handelt ohne behördliche Erlaubnis. Eine andere Bewertung ist nicht geboten, weil die Gesellschaft im Besitz einer österreichischen Glücksspiellizenz ist. [...] Ausländische Genehmigungen sollen gerade nicht ausreichen, um die Rechtmäßigkeit eines Glücksspielangebots in Deutschland zu begründen. Dies würde auch dem ordnungspolitischen Zweck der Vorschrift [gemeint ist damit § 284 StGB, Anm. des Verfassers] zuwiderlaufen, wonach der Gesetzgeber in Erkenntnis der Sozialschädlichkeit unreglementierter Glücksspiele sich zum Schutze der Allgemeinheit die Entscheidung darüber vorbehält, staatliche Kontrolle über das Angebot von Glücksspielen auszuüben."[260]

Das Oberlandesgericht Hamburg setzt sich nicht näher damit auseinander, unter welchen Voraussetzungen ausländische Hoheitsakte auch in Deutschland ihre Geltung entfalten können. Vielmehr reduziert sich die Begründung des Gerichts darauf, dass seitens des Gesetzgebers die Wirkungserstreckung einer ausländischen Erlaubnis im Glücksspielbereich nicht gewollt ist. Ob eine ausländische Erlaubnis eine deutsche im Glücksspielbereich ersetzen kann, soll nachfolgend näher untersucht werden.

2. Der Geltungsbereich einer ausländischen Erlaubnis

Für den Geltungsbereich von Hoheitsakten im Verhältnis der Staaten untereinander gilt das völkerrechtliche Territorialitätsprinzip. Demnach sind Gerichte und Behörden nur im Erlassstaat an den Hoheitsakt gebunden und die Norm kann nur dort dem Bürger gegenüber durchgesetzt werden. Eine ausländische Erlaubnis zur Ver-

---

[258] Da in den meisten Staaten wie in Deutschland die Veranstaltung eines Glücksspiels eine entsprechende behördliche Erlaubnis voraussetzt (siehe dazu *Klam*, Die rechtliche Problematik S. 123), sind ausländische Internet-Glücksspielangebote häufig nach deren Rechtsordnung erlaubt.

[259] BGH GRUR 2002, 636 (637); OLG Hamburg CR 2003, 56 (57); OLG Köln GRUR 2000, 538 (540); OLG Hamburg MMR 2002, 471 (473); OLG Hamm MMR 2002, 551 (553).

[260] OLG Hamburg MMR 2002, 471 (473).

anstaltung eines Glücksspiels entfaltet somit keine Bindungswirkung innerhalb Deutschlands[261].

3. Der Anwendungsbereich einer ausländischen Erlaubnis

Möglicherweise könnte eine ausländische Erlaubnis ihre Wirkung auch in Deutschland entfalten, wenn nach den Umständen des Einzelfalles ausländisches öffentliches Recht anzuwenden ist[262]. Eine solche ist völkerrechtlich dann geboten, wenn hierfür ein sachgerechter Anknüpfungspunkt besteht[263].

a) Tätigkeitsort des Anbieters

Als Anknüpfungspunkt kommt der Ort in Betracht, von dem aus ein Glücksspielanbieter tätig wird. Sollte eine ausländische Erlaubnis demnach jede Veranstaltungsmodalität erfassen, welche vom Tätigkeitsort des Anbieters aus möglich ist, könnte dieser über das Internet nahezu global sein Glücksspiel veranstalten. Eine so weitgehende Ausdehnung des Anwendungsbereichs einer Erlaubnis ist jedoch abzulehnen. Gerade die Nutzung des grenzüberschreitenden Mediums Internet zeigt, dass der Ort, von dem aus Daten in das Internet eingespeist werden, beliebig ist. Damit fehlt aber gerade ein Kriterium, welches die Anknüpfung an eine bestimmte Rechtsordnung legitimiert. Der Tätigkeitsort des Anbieters stellt demnach keinen sachgerechten Anknüpfungspunkt dar.

b) Allgemeiner Wohnsitz des Spielers

Ausnahmsweise könnte die grenzüberschreitende Ausdehnung des Anwendungsbereichs einer Erlaubnis dann nicht zu beanstanden sein, wenn der teilnehmende Spieler seinen allgemeinen Wohnsitz in dem Staat innehat, in welchem das betreffende Glücksspiel erlaubt ist. Der allgemeine Wohnsitz des Spielers weist insoweit einen hinreichend konkreten Bezug zu einem bestimmten Hoheitsgebiet auf. Zudem kommt es – anders als bei der Anknüpfung an den Tätigkeitsort des Anbieters – nur in einer geringen Anzahl von Fällen zu einer Ausdehnung des Anwendungsbereichs

---

[261] Zum Territorialitätsprinzip instruktiv *Linke*, Europäisches Internationales Verwaltungsrecht S. 93 m. w. N.

[262] Wie im 3. Teil § 7 A. I. 2. a. bereits festgestellt entspricht es der ganz herrschenden Meinung, dass der sachliche Anwendungsbereich staatlicher Hoheitsakte sich auch auf Sachverhalte mit Auslandsbezug erstrecken kann. Die Anwendung fremden öffentlichen Rechts verstößt weder gegen die Souveränität des fremden noch gegen die des eigenen Staates, siehe nur *Feldmüller*, Rechtstellung fremder Staaten S. 306; *Vogel*, Der räumliche Anwendungsbereich S. 201 ff.; *Beyerlin*, Grenzüberschreitende Zusammenarbeit S. 415.

[263] BVerfGE 63, 343 (358); *Vogel*, Der räumliche Anwendungsbereich S. 101 und 342 ff., *Beyerlin*, Grenzüberschreitende Zusammenarbeit S. 414; *Feldmüller*, Rechtstellung fremder Staaten S. 34.

einer Erlaubnis. Schließlich ist zu beachten, dass nur durch eine Anknüpfung an den allgemeinen Wohnsitz des Spielers die begrenzte Reichweite einer Erlaubnis bei einer Veranstaltung im Internet beachtet und umgesetzt werden kann[264]. Ein Eingriff in die Souveränität Deutschlands ist insoweit zu verneinen. Folglich ist die Teilnahme eines Spielers von Deutschland aus an einem ausländischen Online-Glücksspiel völkerrechtlich dann ausnahmsweise nicht zu beanstanden, wenn der Spieler seinen allgemeinen Wohnsitz in dem betreffenden ausländischen Staat innehat. In diesem eng umgrenzten Bereich entfaltet die ausländische Erlaubnis ihre Gestattungswirkung auch in Deutschland.

4. Die Anerkennungspflicht einer ausländischen Erlaubnis

Soweit im Übrigen eine Ausdehnung des Anwendungsbereichs einer ausländischen Erlaubnis für ein Veranstalten in Deutschland mangels ausreichendem Anknüpfungspunkt zu verneinen ist, könnte eine ausländische Erlaubnis nur dann gleichwohl in Deutschland ihre Wirkung entfalten, wenn insoweit eine Anerkennungspflicht besteht[265]. Eine solche aus der völkerrechtlichen Anerkennung eines Staates herzuleiten, ist abzulehnen, da dies mit der Souveränität der Staaten nicht zu vereinbaren wäre[266]. Eine Anerkennungspflicht setzt vielmehr eine ausdrückliche gesetzliche Regelung voraus. Da eine solche für den Glücksspielbereich nicht vorliegt, ist eine ausländische Glücksspielerlaubnis innerhalb Deutschlands nicht anzuerkennen.

5. Besonderheiten innerhalb der Europäischen Gemeinschaft?

Besonderheiten für den Wirkungskreis einer ausländischen Erlaubnis könnten dann gelten, wenn diese von einem Mitgliedsstaat der Europäischen Gemeinschaft erlassen wurde. Insoweit könnte wegen eines Verstoßes gegen die Grundfreiheiten die bestehenden Verbotsvorschriften dahingehend gemeinschaftsrechtskonform auszulegen sein, dass eine in einem Mitgliedsstaat erteilte Erlaubnis in der gesamten Europäischen Gemeinschaft Wirksamkeit entfaltet[267]. Jedoch hat sich diese Rechtsansicht bisher noch nicht durchgesetzt, so dass derzeit ein Eingriff in die Dienstleistungsfreiheit ausländischer Glücksspielanbieter aufgrund der Verfolgung ordnungspolitischer Ziele noch als gerechtfertigt anzusehen ist[268]. Für Glücksspiele im Inter-

---

[264] Siehe dazu ausführlich im 3. Teil § 7 A. II. 3.

[265] Vergleiche dazu oben auf S. 97 ff. die Diskussion einer möglichen Anerkennungspflicht bezüglich einer deutschen Erlaubnis innerhalb Deutschlands.

[266] So auch *Schlochauer*, Die exterritoriale Wirkung S. 55; *Siehr* RabelsZ 52 (1988) S. 65 u. 75; *Papier/Olschewski* DVBl. 1976, 475 (476); *Feldmüller*, Rechtstellung fremder Staaten, S. 68.

[267] So z. B. LG München NJW 2004, 171 ff. Siehe dazu im 2. Teil § 5 B. III.

[268] So das BayObLG, Beschluss vom 26.11.2003 – 5 St RR 289/03 mit Verweis auf EuGH (Schindler) NJW 1994, 2013 ff.

net könnte außerdem angesichts der Rechtsangleichung im elektronischen Geschäftsverkehr etwas besonderes gelten. Jedoch kann dies nicht – wie oben bereits für deutsche Glücksspielangebote untersucht[269] – dem in der E-Commerce-Richtlinie vom 8.06.2000 festgesetzten Herkunftslandprinzip[270] entnommen werden. Denn in Art. 1 Abs. 5 lit. d der E-Commerce-Richtlinie[271] ist ausdrücklich bestimmt, dass das Herkunftslandprinzip für Glücksspiele nicht gilt.

6. Zusammenfassung

Eine ausländische Erlaubnis entfaltet keine Bindungswirkung innerhalb Deutschlands. Eine Anwendung ausländischen Rechts ist völkerrechtlich nicht geboten. Ein sachgerechter Anknüpfungspunkt für die Anwendung ausländischen Rechts besteht ausnahmsweise nur dann, wenn die Spielteilnahme von Deutschland aus solchen Spielern möglich ist, die ihren allgemeinen Wohnsitz in dem ausländischen Staat innehaben, in welchem das Glücksspiel erlaubt ist. In allen anderen Fällen besteht auch keine Pflicht zur Anerkennung einer ausländischen Erlaubnis. Eine solche kann somit ihre Gestattungswirkung nicht in Deutschland entfalten. Dies gilt auch innerhalb der Europäischen Gemeinschaft, da insoweit jedenfalls de lege lata keine Besonderheiten gelten. Im Ergebnis ist damit der Haltung in der Rechtsprechung zuzustimmen, dass eine ausländische Erlaubnis eine deutsche im Glücksspielbereich nicht ersetzen kann.

II. Überprüfung des Internet-Roulette des Casino-Club

Die staatliche Lizenzierung des Internet-Roulette des Casino-Club durch die Regierung von Curacao entfaltet keine Bindungswirkung in Deutschland. Da das Angebot ersichtlich auf Spieler in Deutschland ausgerichtet ist[272], veranstaltet der Casino-Club ein Glücksspiel in Deutschland, ohne eine entsprechende Erlaubnis vorzuweisen, mithin ein unerlaubtes Glücksspiel.

B. Aus strafrechtlicher Sicht

Nachdem festgestellt wurde, dass eine ausländische Erlaubnis nicht auch eine Veranstaltung mittels Internet in Deutschland umfasst, drängt sich aus strafrechtlicher Sicht die Frage auf, ob insoweit eine Strafbarkeit der ausländischen Anbieter wegen unerlaubten Glücksspiels gemäß den §§ 284 Abs. 1 beziehungsweise § 287 Abs. 1

---

[269] Siehe dazu im 3. Teil § 7 A. II 2.

[270] Richtlinie Nr. 2000/31/EG, ABl. EG L 178 S. 1.

[271] Umgesetzt in deutsches Recht durch § 4 Abs. 4 Nr. 4 TDG.

[272] Dies ergibt sich unter anderem aus der Verwendung der deutschen Sprache; der Herausgabe eines Magazins in Deutschland; der Bankverbindung des Casino-Club in Deutschland, auf welchem die Spieleinsätze überwiesen werden können.

StGB in Betracht kommt. Dies setzt voraus, dass deutsches Strafrecht überhaupt anwendbar ist[273]. Die Anwendbarkeit deutschen Strafrechts ist anhand der Regelungen des deutschen internationalen Strafrechts in den §§ 3–7, 9 StGB zu prüfen[274]. Gemäß § 3 StGB gilt das deutsche Strafrecht für Taten, die im Inland begangen werden, das heißt innerhalb der Grenzen Deutschlands (Territorialitätsprinzip)[275]. In Ergänzung des § 3 StGB regelt § 9 StGB die Frage, nach welchen Kriterien der Ort der Begehung der Tat rechtlich zu bestimmen ist. Das deutsche Strafrecht folgt insoweit dem völkerrechtlich anerkannten Ubiquitätsprinzip[276]. Tatortsbegründend ist demnach sowohl der Handlungsort (§ 9 Abs. 1 Alt. 1 StGB) als auch der Erfolgsort (§ 9 Abs. 1 Alt. 3 StGB)[277].

I. Der Handlungsort gemäß § 9 Abs. 1 Alt. 1 StGB

Indem ein ausländischer Anbieter ein Glücksspiel mittels Internet in Deutschland veranstaltet, könnte bereits der Handlungsort gemäß § 9 Abs. 1 Alt. 1 StGB in Deutschland liegen. Das Oberlandesgericht Hamburg führt diesbezüglich aus:

> „Indem der ausländische Glücksspielanbieter deutschen Nutzern die Möglichkeit eröffnet, Wetten im Rahmen des Dienstes [...] zu platzieren, ,veranstaltet' er ein Glücksspiel auf deutschem Territorium, für das er eine Erlaubnis benötigt. Ein Handlungsort dieses Verstoßes gegen § 284 Abs. 1 StGB liegt in Deutschland, was zu einer Anwendbarkeit des deutschen Strafrechts gemäß § 3 StGB führt."[278]

Das Oberlandesgericht bejaht mit Verweis auf den Veranstaltungsbegriff also bereits einen Handlungsort in Deutschland. Ähnlich argumentiert das Kammergericht, welches zu entscheiden hatte, ob deutsches Strafrecht anzuwenden ist, wenn im Ausland öffentlich Kennzeichen verfassungswidriger Organisationen[279] verwendet werden und diese durch das Fernsehen übertragen in Deutschland wahrnehmbar sind:

---

[273] Speziell zu dieser Fragestellung aus der Literatur *Klengel/Heckler* CR 2001, 243 ff.; *Leupold/Bachmann/Pelz* MMR 2000, 648 (652 ff.); *Stögmüller* K & R 2002, 27 (31, 32).

[274] Ausführlich zu den Regelungen des deutschen internationalen Strafrechts siehe *Eser* in: Schönke/Schröder, StGB Vorbem §§ 3–7 Rdnrn. 1 ff.; *Fischer* in: Tröndle/Fischer, StGB Vor § 3 Rdnrn. 1 ff.; *Kienle*, Internationales Strafrecht S. 28 ff. Die §§ 4–7 StGB spielen im vorliegenden Fall keine Rolle, so dass von deren Prüfung abgesehen wird.

[275] Zu den tragenden Prinzipien der Regelungen der §§ 3–7, 9 StGB (Territorialitätsprinzip, Schutzprinzip, Prinzip der stellvertretenden Strafrechtspflege und Weltrechtsprinzip) siehe ausführlich *Römer*, Verbreitungs- und Äußerungsdelikte im Internet S. 100 ff.

[276] Ausführlich dazu *Oehler*, Internationales Strafrecht S. 266 ff.

[277] Gemäß § 9 Abs. 1 Alt. 2 StGB ist tatortsbegründend zudem der Ort, an dem der Täter hätte handeln müssen sowie gemäß § 9 Abs. 1 Alt. 4 StGB der Ort, an dem der Erfolg nach der Vorstellung des Täters eintreten sollte. Diese beiden Alternativen spielen für die vorliegende Untersuchung keine weitere Bedeutung.

[278] OLG Hamburg MMR 2002, 471 (472).

[279] Im Fall ging es um den Hitlergruß.

„Die Handlung des Verwendens von Kennzeichen verfassungswidriger Organisationen gemäß § 86 a Abs. 1 Nr. 1 StGB besteht in einem Gebrauch, der das Kennzeichen optisch oder akustisch wahrnehmbar macht. Als Kundgabehandlung ist sie nicht auf den Standort des Handelnden beschränkt, sondern bezieht den Bereich ein, innerhalb dessen eine Wahrnehmung ermöglicht wird. [...] Moderne Übertragungstechniken ermöglichen eine Wahrnehmung über große Entfernungen hinweg. Ihre Nutzung erweitert den Wirkungsbereich von Kundgabehandlungen, was eine Erweiterung des Anwendungsbereichs von § 9 Abs. 1 Alt. 1 StGB bei derartigen Delikten zur Folge hat."[280]

In der Literatur ist dagegen weitgehend anerkannt, dass eine solche Ausdehnung des Handlungsbegriffs nicht möglich ist[281]. Würde man der oben zitierten Rechtsprechung folgen, wäre eine klare Unterscheidung von Handlung und Erfolg nicht mehr möglich. Eine solche hat der Gesetzgeber im Rahmen des § 9 Abs. 1 StGB aber gerade zugrunde gelegt[282]. Daher verstößt es gegen die Konzeption des § 9 Abs. 1 StGB, aus einer gewissen Außenwirkung der Tathandlung einen Erfolg im Sinne des § 9 Abs. 1 Alt. 1 StGB herzuleiten. Zudem dürfte die oben genannte Auffassung in der Rechtsprechung mittlerweile überholt sein. So hat der Bundesgerichtshof in seinem Auschwitzurteil gar nicht erst erörtert, ob ein Handlungsort in Deutschland bejaht werden kann, sondern hat sogleich mit der Prüfung des § 9 Abs. 1 Alt. 3 StGB begonnen. Nach alledem ist mit der herrschenden Meinung in der Literatur als Handlungsort im Sinne des § 9 Abs. 1 Alt. 1 StGB der Ort zu verstehen, an dem der Täter eine auf die Tatbestandsverwirklichung gerichtete Tätigkeit entfaltet. Dies ist in aller Regel der Ort, an dem der Täter körperlich anwesend ist. Bei einem Veranstalten von Glücksspielen im Internet ist dies der Ort, an dem die betreffenden Daten vom Anbieter ins Internet eingespeist werden. Da dies vorliegend im Ausland geschieht, ist ein Handlungsort in Deutschland gemäß § 9 Abs. 1 Alt. 1 StGB zu verneinen.

Zu keinem anderen Ergebnis führt die extensive Auslegung des Handlungsbegriffs von *Cornils*[283]. Ihr zufolge ist Handlungsort bei Delikten im Internet zwar auch der Standort des Servers, auf dem der Täter seine Daten für den Nutzer gezielt zum Abruf speichert. Für die hier zu beurteilenden Fälle ist es jedoch typisch, dass die ausländischen Angebote auf Servern im Ausland gespeichert sind.

II. Der Erfolgsort gemäß § 9 Abs. 1 Alt. 3 StGB

Vom Ausland aus im Internet angebotene Glücksspiele können der deutschen Strafgewalt gleichwohl unterliegen, wenn sie einen Erfolgsort in Deutschland auf-

---

[280] KG NJW 1999, 3500 (3502).

[281] *Klengel/Heckler* CR 2001, 243 (244); *Sieber* NJW 1999, 2065 (2067); *Leupold/Bachmann/Pelz* MMR 2000, 648 (652); *Kudlich* StV 2001, 397 (398).

[282] Zur Entstehungsgeschichte des § 9 Abs. 1 StGB siehe *Sieber* NJW 1999, 2065 (2069). Ebenso *Heinrich* NStZ 2000, 533 (534); *Kudlich* StV 2001, 397 (398).

[283] *Cornils* JZ 1999, 394 (396). Kritisch dazu *Leupold/Bachmann/Pelz* MMR 2000, 648 (652).

weisen. Voraussetzung dafür ist, dass ein „zum Tatbestand gehörender Erfolg" im Sinne des § 9 Abs. 1 Alt. 3 StGB im Inland eingetreten ist.

Die §§ 284, 287 StGB sind nach ihrer tatbestandlichen Ausformung nicht als Erfolgsdelikte einzuordnen. Es fehlt bei der Deliktsbeschreibung an einem von der tatbestandsmäßigen Handlung abtrennbaren Erfolg in der Außenwelt[284]. Die §§ 284, 287 StGB setzen somit einen zusätzlichen tatbestandsmäßigen Erfolg, der nicht schon in der jeweiligen Tathandlung selbst eingeschlossen ist, nicht voraus. Sie werden deshalb als abstrakte Gefährdungsdelikte eingestuft[285]. Bei dieser Deliktsart ist eine typischerweise gefährliche Tathandlung als solche mit Strafe bedroht, ohne dass die Strafbarkeit von dem Eintritt eines Erfolges abhinge. Insbesondere wird nicht einmal eine konkrete Gefahrenlage als Erfolg vorausgesetzt, wie dies bei konkreten Gefährdungsdelikten der Fall ist[286]. Bei abstrakten Gefährdungsdelikten ist die Gefahr von Schäden nicht Tatbestandsmerkmal, sondern gesetzgeberisches Motiv der Strafandrohung[287]. Jedenfalls nach der Begriffsbildung der Tatbestandslehre ist nicht zu bestreiten, dass die §§ 284, 287 StGB keinen tatbestandsmäßigen Erfolg voraussetzen, auch nicht einen „Gefahrenerfolg" wie konkrete Gefährdungsdelikte.

In § 9 Abs. 1 Alt. 3 StGB ist seit der Gesetzesänderung durch das 2. Strafrechtsreformgesetz[288] nicht mehr pauschal vom „Erfolg" der Tat die Rede, sondern vom „zum Tatbestand gehörenden Erfolg". Vor diesem Hintergrund wird äußerst kontrovers diskutiert, ob abstrakte Gefährdungsdelikte überhaupt einen „Erfolgsort" im Sinne des § 9 Abs. 1 Alt. 1 StGB haben können[289].

1. Positionen in der Literatur

Eine Position in der Literatur geht bei abstrakten Gefährdungsdelikten davon aus, dass mangels eines Erfolgsorts im Sinne der allgemeinen Tatbestandslehre auch ein

---

[284] Zur Unterscheidung von Tätigkeits- und Erfolgsdelikten siehe *Lenckner* in: Schönke/Schröder, StGB Vorbem §§ 13 ff. Rdnr. 130.

[285] Siehe nur *Eser* in: Schönke/Schröder, StGB § 284 Rdnr. 1; *Leupold/Bachmann/Pelz* MMR 2000, 648 (652). *Klengel/Heckler* CR 2001, 243 (244 m. w. N.); zum Anknüpfungspunkt für die Strafandrohung bei abstrakten Gefährdungsdelikten ausführlich *Römer*, Verbreitungs- und Äußerungsdelikte im Internet S. 111 ff. Weil es bei abstrakten Gefährdungsdelikten nicht um die Gefährdung eines bestimmten Rechtsguts als „Erfolg", sondern um die „Gefährlichkeit" als Eigenschaft der Tathandlung geht, sollte besser von abstrakten „Gefährlichkeitsdelikten" gesprochen werden, *Meyer*, Die Gefährlichkeitsdelikte S. 185; *Zieschang*, Die Gefährlichkeitsdelikte S. 24 ff.

[286] Zu den verschiedenen Arten von Gefährdungsdelikten siehe *Fischer* in: Tröndle/Fischer, StGB Vor § 13 Rdnr. 13 a.

[287] *Arzt/Weber*, Strafrecht BT, § 35 Rdnr. 44.

[288] Siehe BGBl. I 1969, 717 ff.; BGBl. I 1973, 909. Das 2. Strafrechtsreformgesetz ist am 1.1.1975 in Kraft getreten.

[289] Siehe dazu ausführlich *Fischer* in: Tröndle/Fischer, StGB § 9 Rdnrn. 4 ff.; *Klam*, Die rechtliche Problematik S. 55 ff.; *Römer*, Verbreitungs- und Äußerungsdelikte im Internet S. 110 ff.; *Sieber* NJW 1999, 2065 (3067 ff.); *Cornils* JZ 1999, 394 ff.

Erfolgsort im Sinne des § 9 Abs. 1 Alt. 3 StGB nicht vorliege[290]. Demgegenüber vertritt ein anderer Teil der Literatur die Gegenposition, dass ein Erfolgsort an jedem Ort gegeben sei, an dem die abstrakte Gefahr sich realisieren könne[291]. Eine Mittelposition bejaht bei abstrakten Gefährdungsdelikten grundsätzlich einen Erfolgsort im Sinne des § 9 Abs. 1 Alt. 3 StGB an dem Ort, wo die abstrakte Gefahr sich realisiert. Jedoch hält diese Mittelposition es für völkerrechtlich bedenklich, dass beim Handeln über das Internet dieser Ansatz zu einer weltweiten Anwendung deutschen Strafrechts führt[292]. Durch unterschiedliche einschränkende Kriterien wird versucht, eine unangemessene Allzuständigkeit deutscher Gerichte zu vermeiden.

Nach einer subjektivierenden Auslegung soll die Anwendung der deutschen Strafgewalt nur dann völkerrechtlich legitimiert sein, wenn der Täter zielgerichtet gerade in Deutschland den Erfolg seiner Handlung eintreten lassen will[293]. Einem anderen Vorschlag zufolge wird ein inländischer Erfolgsort nur dann angenommen, wenn sich aufgrund objektiver Merkmale der Tathandlung ein besonderer, für andere Länder nicht vorliegender Bezug zum Inland feststellen lässt, wie beispielsweise die Verwendung der deutschen Sprache[294]. Ferner wird in Anlehnung an § 7 StGB ein Erfolgseintritt in Deutschland nur dann angenommen, wenn die Tat von einem Deutschen begangen wurde oder gegen einen Deutschen begangen worden ist[295]. Ein neuerer Lösungsansatz schließlich geht dahin, den Erfolgsbegriff erweiternd auszulegen, so dass auch ein sogenannter Tathandlungserfolg mit erfasst ist. Darunter ist jede Wirkung zu verstehen, durch welche die Tathandlung sich realisiert. Einschränkend sind jedoch die technischen Gegebenheiten dergestalt zu berücksichtigen, dass der Eintritt des Tathandlungserfolgs nur dann im Inland eintritt, wenn die Informationen auf einem Server im Inland gespeichert sind oder vom Ausland aus gezielt ins Inland „gepusht" werden[296].

---

[290] *Horn/Hoyer* JZ 1987, 965 ff.; *Pelz* ZUM 1998, 530 (531); *Satzger* NStZ 1998, 112 (115); *Derksen* NJW 1997, 1878 (1880); *Hilgendorf* NJW 1997, 1873 (1875); *Klengel/Heckler* CR 2001, 243 (248); *Leupold/Bachmann/Pelz* MMR 2000, 648 (654).

[291] *Flechsig/Gabel* CR 1998, 351 (352); *Heinrich* GA 1999, 72 (80 ff.). *Martin* ZRP 1992, 19 (20 f.).

[292] *Stögmüller* K & R 2002, 27 (32); *Klam*, Die rechtliche Problematik S. 58 ff.; *Collardin* CR 1995, 618 (621); *Engel* AfP 1996, 220 (226); *Hilgendorf* NJW 1997, 1873 (1876 f.); *Lehle*, Strafrechtszuständigkeit im Internet S. 174 ff.; *Breuer* NJW 1998, 131 (143).

[293] *Collardin* CR 1995, 618 (621); *Engel* AfP 1996, 220 (226).

[294] *Hilgendorf* NJW 1997, 1873 (1876 f.); *Lehle*, Strafrechtszuständigkeit im Internet S. 174 ff.

[295] *Breuer* MMR 1998, 131 (143).

[296] *Sieber* NJW 1999, 2065 (2068 ff.). Bei Push-Technologien werden die Daten vom Ausland aus aktiv auf Computersysteme in Deutschland übermittelt, während bei Pull-Technologien die Daten von Deutschland aus im Ausland „geholt" werden. Zu den hier erwähnten und anderen Ansätzen zur Einschränkung der Anwendbarkeit deutschen Strafrechts in Bezug auf § 9 Abs. 1 Alt. 3 StGB siehe ausführlich *Cornils* in: Hohloch, Recht und Internet S. 71 ff.

2. Entscheidung des Bundesgerichtshofs zur Auschwitzlüge

Die Entscheidung des Bundesgerichtshofs zur Verbreitung der Auschwitzlüge im Internet kann für die Frage des Erfolgsorts bei abstrakten Gefährdungsdelikten nur bedingt herangezogen werden[297]. Zwar hat der Bundesgerichtshof sich ausführlich mit der Auslegung des Merkmals „zum Tatbestand gehörender Erfolg" im Sinne des § 9 Abs. 1 Alt. 3 StGB befasst und festgestellt, dass der Erfolgsbegriff dieser Vorschrift unabhängig von der allgemeinen Tatbestandslehre zu bestimmen ist[298]. Er hat jedoch ausdrücklich offen gelassen, ob bei rein abstrakten Gefährdungsdelikten ein Erfolgsort jedenfalls dann anzunehmen wäre, wenn sich die Gefahr realisiert hat[299]. Stattdessen hat der Bundesgerichtshof ausgeführt, dass § 130 Abs. 1 und 3 StGB als abstrakt-konkrete Gefährdungsdelikte unter dem Gesichtspunkt des Erfolgsorts mit konkreten Gefährdungsdelikten vergleichbar sind, bei welchen ein Erfolgsort im Sinne des § 9 Abs. 1 Alt. 3 StGB zu bejahen ist[300].

Legt man diese Vergleichbarkeit mit konkreten Gefährdungsdelikten hinsichtlich einer im Tatbestand zum Ausdruck kommenden Erfolgsbezogenheit zugrunde, ist diese bei abstrakten Gefährdungsdelikten wie den §§ 284, 287 StGB zu verneinen. Es fehlt an einer Erfolgsbeschreibung in der Form einer „Eignung zur Rechtsgutsverletzung", wie sie in den Tatbeständen der § 130 Abs. 1 und 3 StGB vorausgesetzt wird. Auf dieser Basis wäre ein Erfolgsort im Sinne des § 9 Abs. 1 Alt. 3 StGB auch dann zu verneinen, wenn aus der abstrakten Gefährlichkeit der Tathandlung eine konkrete Gefährdung oder Verletzung des geschützten Rechtsguts resultieren sollte.

3. Eigene Auffassung

Der Bundesgerichtshof hat überzeugend dargelegt, dass die Tatbestandsformulierung „zum Tatbestand gehörender Erfolg" im Sinne des § 9 Abs. 1 Alt. 3 StGB eigenständig nach dem Sinn und Zweck des § 9 StGB auszulegen ist. Ein „Erfolg" in diesem Sinne scheidet damit nicht allein deshalb aus, weil ein „Erfolg" im Sinne der Tatbestandslehre nicht vorliegt. Entscheidend ist allein, ob der jeweiligen Formulierung des Tatbestandes ein ausreichender Erfolgsbezug im Sinne des § 9 Abs. 1 Alt. 3 StGB entnommen werden kann.

Bei abstrakten Gefährdungsdelikten wird tatbestandlich gerade kein Erfolg vorausgesetzt und anders als bei abstrakt-konkreten Gefährdungsdelikten auch nicht angedeutet. Eine Gleichsetzung des Erfolgsorts mit dem abstrakten Gefährdungsort überzeugt nicht. Bei abstrakten Gefährdungsdelikten kommt es in Abgrenzung zu

---

[297] Ausführlich zu dieser Entscheidung vor allem im Hinblick auf deren völkerrechtlichen Brisanz siehe im 3. Teil § 6 C.
[298] BGH MMR 2001, 228 (230).
[299] BGH MMR 2001, 228 (230).
[300] BGH MMR 2001, 228 (230).

Erfolgsdelikten nur auf die Verwirklichung der Tathandlung an. Die Gefährlichkeit der Handlung ist Motiv für die Strafbarkeit, nicht dagegen der Erfolg als ein weiteres, zur Tathandlung hinzukommendes Merkmal[301]. In der Tatvollendung bei abstrakten Gefährdungsdelikten eine Art Erfolg zu bejahen, widerspricht ersichtlich der Vorschrift des § 9 Abs. 1 StGB. Dadurch ginge die in § 9 Abs. 1 StGB angelegte Differenzierung zwischen Handlung und Erfolg als unterschiedliche Anknüpfungspunkte für den Ort der Tatbegehung verloren[302]. Zu folgen ist daher der in der Literatur vertretenen Auffassung, dass bei abstrakten Gefährdungsdelikten ein zum Tatbestand gehörender Erfolg im Sinne des § 9 Abs. 1 Alt. 3 StGB nicht vorliegen kann, auch wenn der Erfolgsbegriff insoweit eigenständig und nicht im Sinne der Tatbestandslehre zu verstehen ist. Ein ausreichender, tatbestandlich angelegter Erfolgsbezug im Sinne des § 9 Abs. 1 Alt. 3 StGB kann auch nicht in den Veranstaltungsbegriff hineininterpretiert werden[303]. Zwar muss einem Publikum eine konkrete Spielgelegenheit eröffnet sein, so dass dem Handeln des Veranstalters eine gewisse „Außenwirkung" zukommen muss[304]. Jedoch wird dabei nicht ein von der Tathandlung gedanklich lösbarer Erfolg in der Außenwelt beschrieben, der als Erfolg im Sinne des § 9 Abs. 1 Alt. 3 StGB begriffen werden könnte. Die Möglichkeit der Spielteilnahme bezeichnet vielmehr allein die Umstände der Tathandlung des Veranstaltens im Sinne der §§ 284, 287 StGB.

Damit bleibt festzuhalten, dass die §§ 284, 287 StGB als abstrakte Gefährdungsdelikte keinen „zum Tatbestand gehörenden Erfolg" im Sinne des § 9 Abs. 1 Alt. 3 StGB aufweisen. Anknüpfungspunkt für die Geltung des deutschen Strafrechts ist damit allein der Handlungsort des Täters. Wie oben bereits festgestellt liegt dieser nicht im Inland, wenn vom Ausland aus Glücksspiele mittels Internet in Deutschland angeboten werden. Demnach ist die Anwendbarkeit deutschen Strafrechts insoweit zu verneinen.

III. Ausblick

Angesichts der Gefahren unkontrollierten Glücksspiels ist das Ergebnis der Nichtanwendung deutschen Strafrechts auf vom Ausland mittels Internet angebotener Glücksspiele, die auch in Deutschland abrufbar sind, kriminalpolitisch nicht

---

[301] *Satzger* NStZ 1998, 112 (114); *Klengel/Heckler* CR 2001, 243 (248).

[302] Ähnlich *Cornils* JZ 1999, 394 (396).

[303] So aber wohl *Stögmüller* K & R 2002, 28 (32). Ähnlich *Heinrich* NStZ 2000, 533 (534), der im Rahmen des § 86 a StGB im „öffentlichen Verwenden von Kennzeichen" angesichts der dadurch tatbestandlich vorausgesetzten Möglichkeit der Wahrnehmung der Kennzeichen einen „zum Tatbestand gehörenden Erfolg" im Sinne des § 9 Abs. 1 Alt. 3 StGB bejaht.

[304] Siehe OLG Köln GRUR 2000, 538 (539 f.); OLG Braunschweig NJW 1954, 1777 ff.; BGH, Urteil vom 28.5.1957, 1 StR 339/56; OLG Stuttgart, Urteil vom 9.2.1962, 2 Ss 538/1961; *Fischer* in: Tröndle/Fischer, StGB § 284 Rdnr. 1; *Eser/Heine* in: Schönke/Schröder, StGB § 284 Rdnr. 12; *Ohlmann* WRP 2001, 672 (683), *Kühl* in: Lackner, StGB § 284 Rdnr. 11.

wünschenswert[305]. De lege ferenda könnte der Gesetzgeber dadurch Abhilfe schaffen, dass er die §§ 284, 287 StGB in abstrakt-konkrete Gefährdungsdelikte umgestaltet. Unter Zugrundelegung der Rechtsprechung des Bundesgerichtshofs zur Verbreitung der Auschwitzlüge wäre diesbezüglich ein ausreichender Erfolgsbezug im Sinne des § 9 Abs. 1 Alt. 3 StGB zu bejahen. Erforderlich wäre es lediglich, den Schutzzweck der §§ 284, 287 StGB tatbestandlich zu integrieren. So könnte § 284 Abs. 1 StGB wie folgt neu gefasst werden:

> „Wer ohne behördliche Erlaubnis öffentlich ein Glücksspiel veranstaltet oder hält oder die Einrichtungen hierzu bereitstellt *und dadurch die Absicherung eines ordnungsgemäßen Spielbetriebs gefährdet*, wird mit Freiheitsstrafe bis zu zwei Jahren oder mit Geldstrafe bestraft."[306]

Aufgrund einer solchen Neufassung des § 284 Abs. 1 StGB wäre gemäß § 9 Abs. 1 Alt. 3 StGB die Anwendbarkeit deutschen Strafrechts zu bejahen. Angesichts der bestehenden globalen Verbreitungsmöglichkeit durch das Internet müsste dann weiter geprüft werden, ob für die Anwendung deutschen Rechts auch ein ausreichender völkerrechtlich legitimierender Anknüpfungspunkt besteht[307]. Ein völkerrechtlich legitimierender Anknüpfungspunkt für die Anwendbarkeit deutschen Strafrechts setzt voraus, dass Deutschland über das gewöhnliche Maß hinaus durch einen Internetsachverhalt betroffen ist. Dies ist dann zu bejahen, wenn ein ausländisches Glücksspielangebot gerade auch auf die Möglichkeit der Spielteilnahme von Deutschland aus gerichtet ist. Ob dies der Fall ist, kann der jeweiligen Gestaltung der Website entnommen werden. Als objektiver Anknüpfungspunkt kommt die Verwendung der deutschen Sprache in Betracht. Dies scheidet nicht deshalb aus, weil die Sprachgrenzen nicht mit den bestehenden Staatsgrenzen übereinstimmen und somit neben dem Bezug zu Deutschland beispielsweise ein solcher auch zu Österreich bejaht werden kann[308]. Zum einen setzt die völkerrechtliche Legitimation der Anwendung deutschen Strafrechts nicht voraus, dass allein Deutschland durch einen Internetsachverhalt betroffen ist. Es genügt, dass die Website zu Deutschland einen besonderen Bezugspunkt aufweist, den die meisten Staaten nicht aufweisen. Bei der Verwendung der deutschen Sprache ist dies zu bejahen[309]. Zum anderen ist auch im Internet eine territoriale Spezifizierung gegenüber anderen deutschsprachigen Staaten wie Österreich möglich. Denn die Möglichkeit der Spielteilnahme kann von einer Anknüpfung an den allgemeinen Wohnsitz des Spielers abhängig gemacht werden. Soweit dies nicht erfolgt ist und das Angebot in deutscher Sprache er-

---

[305] Ähnliche Einschätzung von *Leupold/Bachmann/Pelz* MMR 2000, 648 (654); *Kengel/ Heckler* CR 2001, 243 (249); *Klam*, Die rechtliche Problematik S. 70.

[306] Der Vorschlag eines tatbestandlich integrierten Erfolgsbezugs ist kursiv hervorgehoben.

[307] So zu Recht BGH MMR 2001, 228 (231); *Klam*, Die rechtliche Problematik S. 58 ff.; *Collardin* CR 1995, 618 ff.; *Jofer*, Strafverfolgung im Internet S. 112 ff.; *Hilgendorf* NJW 1997, 1873 ff.

[308] So aber *Klam*, Die rechtliche Problematik S. 67.

[309] Ähnlich *Fritzemeyer/Rinderle* CR 2003, 599 (601).

scheint, ist ein völkerrechtlich legitimierender Anknüpfungspunkt für die Anwendbarkeit deutschen Strafrechts zu bejahen[310].

IV. Überprüfung des Internet-Roulette des Casino-Club

Wie bereits festgestellt veranstaltet der Casino-Club mit dem Internet-Roulette ein Glücksspiel ohne eine entsprechende behördliche Erlaubnis. Gleichwohl ist de lege lata dieses Handeln nicht nach deutschem Recht strafbar. Denn die §§ 284, 287 StGB sind als abstrakte Gefährdungsdelikte ausgestaltet und weisen derzeit keinen ausreichenden tatbestandlichen Erfolgsbezug aus. Dieses Ergebnis ist kriminalpolitisch nicht wünschenswert. Durch eine Aufnahme des Schutzzweckes in den Wortlaut des Tatbestands der §§ 284, 287 StGB wäre ein tatbestandlicher Erfolg im Sinne des § 9 Abs. 1 Alt. 3 StGB zu bejahen und somit deutsches Strafrecht anzuwenden.

C. Aus zivilrechtlicher Sicht

Entsprechend der obigen Prüfung für deutsche Anbieter von Online-Glücksspielen[311] soll an dieser Stelle untersucht werden, ob und unter welchen Voraussetzungen deutsche Gerichte zuständig sind, wenn ein Glücksspiel vom Ausland aus mittels Internet in Deutschland veranstaltet wird und welches Recht bei der Bejahung der Zuständigkeit deutscher Gerichte für die Beantwortung der materiellen Rechtsfragen heranzuziehen ist. Exemplarisch wird wieder die Konstellation erörtert, dass ein Spieler – diesmal mit Wohnsitz und gewöhnlichem Aufenthaltsort in Deutschland – einen durch die Spielteilnahme erzielten Gewinn vom ausländischen Glücksspielanbieter nicht ausgezahlt bekommt und diesen daher einklagen möchte.

I. Internationale Zuständigkeit deutscher Gerichte

Zu unterscheiden ist zunächst, ob der Anwendungsbereich der EuGVO eröffnet ist. Unter den Mitgliedstaaten der Europäischen Gemeinschaft mit Ausnahme von Dänemark ist die EuGVO bei der Geltendmachung des Gewinnauszahlungsanspruches anwendbar, soweit die Klage nach dem 1.3.2002 erhoben wurde.

1. Prüfung nach der EuGVO

Nach der Grundregel des Art. 2 Abs. 1 EuGVO sind Anbieter mit Wohnsitz im Ausland auch dort zu verklagen. Ein von Deutschland aus mittels Internet an einem

---

[310] In diesem Fall wird zudem ein subjektiver Anknüpfungspunkt zu bejahen sein, da die Ausgestaltung der Website in deutscher Sprache dafür spricht, dass der Anbieter das Glücksspiel auch auf den deutschsprachigen Raum ausrichten wollte.

[311] Siehe dazu im 3. Teil § 7 C.

ausländischen Glücksspielangebot teilnehmender Spieler hat gemäß dieser Grund-regel den Anbieter im Ausland auf Zahlung des Spielgewinns zu verklagen. Da es sich beim Abschluss eines Glücksspielvertrags um eine „Verbrauchersache" im Sin-ne des Art. 15 Abs. 1 EuGVO handelt[312], kommen daneben auch die Sondervor-schriften der Art. 15–17 EuGVO zum Zuge. Ein Spieler mit Wohnsitz in Deutsch-land hat daher die Wahl, ob er vor deutschen Gerichten oder solchen des Mitglieds-staates, in dessen Hoheitsgebiet der Anbieter seinen Wohnsitz hat, seinen Anspruch auf Gewinnauszahlung geltend macht (Art. 16 Abs. 1 EuGVO)[313].

2. Prüfung nach den §§ 12ff. ZPO

Soweit ein Anbieter aus einem Staat agiert, der nicht zu den Mitgliedsstaaten der Europäischen Gemeinschaft gehört, richtet sich die internationale Zuständigkeit deutscher Gerichte mangels einer vorrangig anzuwendenden ausdrücklichen Rege-lung nach den §§ 12ff. ZPO[314].

a) Allgemeine Gerichtsstandsregelungen

Bei einer Klage gegen eine natürliche Person sind gemäß den §§ 12, 13 ZPO die Gerichte des Landes international zuständig, in dem die beklagte Person ihren Wohnsitz hat. Entsprechendes gilt bei einer Klage gegen eine juristische Person ge-mäß den §§ 12, 17 ZPO[315]. Ein von Deutschland aus mittels Internet an einem aus-ländischen Glücksspielangebot teilnehmender Spieler hat nach den allgemeinen Gerichtsstandsregelungen keine Möglichkeit, seinen Gewinnanspruch vor deut-schen Gerichten geltend zu machen.

b) Besondere Gerichtsstandsregelungen

Die internationale Zuständigkeit deutscher Gerichte könnte sich aus den beson-deren Gerichtsständen des § 23 ZPO beziehungsweise § 29 ZPO ergeben. Gemäß § 35 ZPO hätte dann der aus Deutschland teilnehmende Spieler die Möglichkeit, zwischen den bestehenden allgemeinen und besonderen Gerichtsständen zu wählen[316].

---

[312] Siehe dazu im 3. Teil § 7 C. I. 1. b. (2).

[313] Ein vom Ausland aus agierender Anbieter kann das gemäß Art. 16 Abs. 1 EuGVO beste-hende Wahlrecht des Spielteilnehmers nicht durch eine anderslautende Gerichtsstandsverein-barung in den Allgemeinen Geschäftsbedingungen einschränken, siehe Art. 17 EuGVO.

[314] Zu dieser „Doppelfunktionalität" siehe bereits im 3. Teil § 7 C. I.

[315] Statt auf den Wohnsitz ist bei juristischen Personen auf deren Sitz abzustellen. Dieser wird in erster Linie durch den satzungsgemäßen Sitz bestimmt, siehe *Putzo* in: Thomas/Putzo, ZPO § 17 Rdnr. 2. Dem tatsächlichen Sitz kommt nur subsidiäre Bedeutung zu, § 17 Abs. 1 S. 2 ZPO, siehe auch *von Hoffmann*, IPR S. 77.

[316] *Putzo* in: Thomas/Putzo, ZPO § 35 Rdnr. 1; ein dieses Wahlrecht ausschließender Ge-richtsstand ist nicht ersichtlich.

(1) § 23 S. 1 Alt. 1 ZPO

Gemäß § 23 S. 1 Alt. 1 ZPO sind für Klagen wegen vermögensrechtlicher Ansprüche gegen eine Person, die im Inland keinen Wohnsitz hat, gleichwohl deutsche Gerichte international zuständig, wenn sich in Deutschland Vermögen des Schuldners befindet. Durch diese Vorschrift sollte die Rechtsverfolgung im Inland erleichtert und damit der Gläubiger eines im Ausland wohnhaften Schuldners geschützt werden[317]. Nach dem Wortlaut des § 23 S. 1 Alt. 1 ZPO ist für die Bejahung der internationalen Zuständigkeit weder ein bestimmter Wert des Vermögens noch ein Inlandsbezug erforderlich. Dies führte zu einer sehr weiten Auslegung der Vorschrift durch die frühere Rechtsprechung[318]. Daher gilt § 23 S. 1 Alt. 1 ZPO als exorbitanter Gerichtsstand, der international unerwünscht ist[319]. Dies wurde in der neueren Rechtsprechung zum Anlass genommen, die internationale Zuständigkeit deutscher Gerichte gemäß § 23 S. 1 Alt. 1 ZPO nur bei einem darüber hinausgehenden hinreichenden Inlandsbezug des Sachverhalts zu bejahen[320]. Ein solcher liegt vor, wenn schützenswerte inländische Interessen des Klägers vorhanden sind. Dies wird beispielsweise bejaht, wenn der Kläger seinen Wohnsitz oder gewöhnlichen Aufenthalt im Inland hat[321]. Für in Deutschland wohnhafte Spieler, die an vom Ausland aus veranstalteten Glücksspielen teilnehmen, besteht insoweit ein hinreichender Inlandsbezug. Jedoch wird es häufig bereits an einem im Inland vorhandenen Vermögen der ausländischen Glücksspielanbieter fehlen. Dagegen besteht in tatsächlicher Hinsicht für die klagende Partei nicht die Schwierigkeit, dass sie hinsichtlich des Vorliegens von Vermögenswerten des Beklagten im Inland beweispflichtig ist. In diesem Fall obliegt es ausnahmsweise dem Beklagten, den vom Kläger behaupteten Inlandsbezug zu entkräften[322]. Dies hilft dem Kläger jedoch dann nicht weiter, wenn – wie regelmäßig – der Beklagte über keine Vermögenswerte im Inland verfügt.

(2) § 29 Abs. 1 ZPO

In Betracht kommt außerdem die Bejahung der internationalen Zuständigkeit deutscher Gerichte aufgrund des § 29 Abs. 1 ZPO. Gemäß dieser Vorschrift ist bei Streitigkeiten aus einem Vertragsverhältnis das Gericht des Ortes international zuständig, an welchem die streitige Verpflichtung zu erfüllen ist. Insoweit kommt es

---

[317] Vgl. BGH NJW 1991, 3092ff.; *Mark* NJW 1992, 3062ff.; *Fricke* NJW 1992, 3066ff.

[318] Siehe beispielsweise RGZ 75, 147ff.; BGH NJW 1988, 966ff.

[319] Gleichwohl hat das BVerfG diese weite Auslegung des § 23 S. 1 Alt. 1 ZPO weder als verfassungs- noch völkerrechtswidrig erachtet, siehe BVerfGE 64, 1 (20). Zur Kritik gegenüber der weiten Auslegung des § 23 S. 1 Alt. 1 ZPO siehe *Pfeiffer*, Internationale Zuständigkeit S. 523 ff.

[320] BGH NJW 1991, 3092 (3092); OLG Stuttgart RIW 1990, 829 (829).

[321] BGH NJW 1997, 324 (325).

[322] Siehe *Vollkommer* in: Zöller, ZPO § 23 Rdnr. 6; *Kleinstück*, Due-Process-Beschränkungen S. 188 f.

entscheidend darauf an, wo der Erfüllungsort für die Verpflichtung der Gewinnauszahlung liegt. Die herrschende Meinung ermittelt den Erfüllungsort nach dem
Recht, welches in der Sache anzuwenden ist[323]. Dies macht es erforderlich, im Rahmen der Zuständigkeit die auf den vertraglichen Gewinnauszahlungsanspruch anwendbare Rechtsordnung zu ermitteln. Soweit ausländisches Recht anwendbar ist,
kommt die internationale Zuständigkeit deutscher Gerichte nur zur Anwendung,
wenn das ausländische Recht für die Gewinnauszahlung Deutschland als Erfüllungsort bestimmt. Für den Fall, dass deutsches Sachrecht anzuwenden sein sollte,
bestimmt sich der Erfüllungsort gemäß den §§ 269, 270 BGB[324]. Bei dem Gewinnauszahlungsanspruch als eine Geldschuld ist gemäß § 269 Abs. 1 BGB in Verbindung mit § 270 Abs. 4 BGB in der Regel der Wohnsitz des Schuldners zum Zeitpunkt der Entstehung des Schuldverhältnisses der Erfüllungsort[325]. Schuldner des
Gewinnauszahlungsanspruches ist der im Ausland ansässige Glücksspielunterneh-
mer. Der Erfüllungsort liegt demnach im Ausland, so dass die deutschen Gerichte
bei der Anwendung deutschen Sachrechts auch nicht gemäß § 29 ZPO international
zuständig sind.

Soweit ein Anbieter aus einem Staat agiert, der nicht zu den Mitgliedsstaaten der
Europäischen Gemeinschaft gehört, begründen auch die besonderen Gerichtsstandsregelungen in aller Regel nicht die internationale Zuständigkeit deutscher Gerichte.

II. Anwendbares Recht nach
dem deutschen internationalen Privatrecht

Die nachfolgende Prüfung bezieht sich auf den Fall, dass ein Spieler von
Deutschland aus an einem Glücksspiel im Internet teilgenommen hat, welches von
einem Mitgliedsstaat der Europäischen Gemeinschaft aus im Internet angeboten
wird. Denn in dieser Konstellation ist die internationale Zuständigkeit (auch) deutscher Gerichte wegen Art. 16 Abs. 1 EuGVO zu bejahen, so dass deutsches Kollisionsrecht für die Bestimmung des in der Sache anzuwendenden Rechts heranzuziehen ist[326].

---

[323] Die andere Ansicht ermittelt den Erfüllungsort unmittelbar durch Anwendung des § 269
BGB. Diese Ansicht kann sich auf das lex-fori-Prinzip stützen. Die Ermittlung nach dem in der
Sache anzuwendenden Recht (lex causae) ist jedoch vorzugswürdig, da dann materiellrechtli-
cher Leistungsort und Gerichtsstand identisch sind und der internationale Entscheidungseinklang gefördert wird, siehe BGH NJW 1993, 1073 (1075); OLG Nürnberg NJW 1985, 1296
(1296); von Hoffmann, IPR S. 81.

[324] Der Begriff des Erfüllungsorts ist mit dem Leistungsort gleichzusetzen. Ort der Leistung
ist der Ort, an dem der Schuldner die Leistungshandlung vorzunehmen hat, siehe Heinrichs in:
Palandt, BGB § 269 Rdnr. 1.

[325] Heinrichs in: Palandt, BGB § 270 Rdnr. 1.

[326] Denkbar ist zudem, dass ausländische Gerichte international zuständig sind und die von
diesen herangezogenen ausländischen Kollisionsnormen auf das deutsche Recht einschließlich

1. Anwendbare Rechtsordnung
gemäß den Art. 27, 28 EGBGB

Mangels vorrangig zu beachtender völkerrechtlicher Vereinbarungen ist das anwendbare Recht für die Geltendmachung eines Gewinnauszahlungsanspruches gemäß den Art. 27–37 EGBGB zu bestimmen. Gemäß Art. 27 EGBGB können die Vertragsparteien vereinbaren, welches Recht für vertragliche Ansprüche anwendbar sein soll. Für ausländische Glücksspielanbieter ist es daher möglich, in ihren Allgemeinen Geschäftsbedingungen die Wahl des anzuwendenden Sachrechts aufzunehmen. Sollte eine Rechtswahl nicht erfolgt sein, bestimmt Art. 28 EGBGB, welches Recht auf das Vertragsverhältnis anzuwenden ist. Die Anknüpfung gemäß Art. 28 Abs. 2 S. 2 EGBGB führt bei der Veranstaltung von ausländischen Anbietern zur Anwendbarkeit des jeweiligen ausländischen Rechts[327].

2. Sonderanknüpfung von Verbraucherverträgen
gemäß Art. 29 EGBGB

Bei einem Glücksspielvertrag handelt es sich um einen Verbrauchervertrag im Sinne des Art. 29 EGBGB[328]. Daher sind die Rechtsfolgen der Sonderanknüpfung gemäß Art. 29 EGBGB zu beachten. Gemäß Art. 29 Abs. 2 EGBGB, der insoweit die Anknüpfung nach Art. 28 Abs. 2 S. 2 EGBGB verdrängt, ist bei einem ohne eine Rechtswahl zustande gekommenen Glücksspielvertrag an das Recht des Staates anzuknüpfen, in dem der Verbraucher seinen gewöhnlichen Aufenthalt hat. Für die Geltendmachung eines Gewinnanspruches ist daher deutsches materielles Recht anzuwenden.

Ein ausländischer Anbieter kann allerdings die Anwendung deutschen Rechts dadurch vermeiden, dass er in seinen allgemeinen Geschäftsbedingungen eine Wahl seines ausländischen Rechts vorsieht. In diesem Fall ist gemäß Art. 29 Abs. 1 EGBGB lediglich zu beachten, dass die zwingenden Bestimmungen einschließlich der Verbraucherschutznormen des deutschen Staates anzuwenden sind, wenn diese Normen im konkreten Fall günstiger sind, als die entsprechenden Vorschriften des gewählten ausländischen Vertragsstatuts[329].

---

des deutschen Kollisionsrechts verweisen. In diesem Fall erfolgt dann ebenfalls eine Prüfung anhand der deutschen Kollisionsnormen. Ein solcher Verweis wird jedoch kaum vorkommen. Dies liegt nicht zuletzt daran, dass von zahlreichen Ländern das Römische EWG-Übereinkommen über das auf vertragliche Schuldverhältnisse anzuwendende Recht vom 19.6.1980 (BGBl. II 1986, 810 ff.) unterzeichnet wurde und die Regelungen dieses Übereinkommens stets eine Sachnormverweisung vornehmen.

[327] Zur Prüfung des Art. 28 EGBGB siehe im 3. Teil § 7 C. II 1.

[328] Siehe dazu im 3. Teil § 7 C. II. 2.

[329] Anzumerken ist, dass die deutschen verbraucherschützenden Vorschriften zum Fernabsatz sowie den Haustürgeschäften (siehe §§ 312 ff. BGB) und den Verbraucherdarlehensverträ-

III. Zusammenfassung

Im Rahmen des Anwendungsbereichs der EuGVO kann ein Spieler, der von Deutschland aus an einem mittels Internet veranstalteten ausländischen Glücksspiel teilgenommen hat, gemäß Art. 16 Abs. 1 EuGVO wählen, ob er den Veranstalter an dessen Wohnsitz oder an seinem eigenen Wohnsitz auf Auszahlung des Gewinnes verklagen möchte. Außerhalb des Anwendungsbereichs der EuGVO sind deutsche Gerichte in aller Regel nicht für die Geltendmachung des Gewinnauszahlungsanspruches international zuständig.

In den Fällen der internationalen Zuständigkeit deutscher Gerichte ist das in der Sache anwendbare Recht gemäß den Art. 27–29 EGBGB zu bestimmen. Da es sich beim Abschluss eines Glücksspielvertrags um einen Verbrauchervertrag handelt, ist der Anwendungsbereich des Art. 29 EGBGB eröffnet. Soweit vertraglich eine Rechtswahl nicht vorgenommen wurde, ist gemäß Art. 29 Abs. 2 EGBGB das Recht des Staates anzuwenden, in dem der Spielteilnehmer seinen gewöhnlichen Aufenthalt hat. Für die Spielteilnahme von Deutschland aus führt dies in aller Regel zur Anwendbarkeit deutschen Rechts. Jedoch kann der ausländische Veranstalter dies vermeiden, indem er in seinen Allgemeinen Geschäftsbedingungen eine Wahl seines ausländischen Rechts vorsieht.

IV. Überprüfung des Internet-Roulette des Casino-Club

Das Internet-Roulette des Casino-Club wird von Curacao aus veranstaltet. Der Anwendungsbereich des EuGVO ist nicht eröffnet[330]. Deutsche Gerichte sind demnach international nicht zuständig für das Geltendmachen eines Gewinnanspruches seitens Spieler aus Deutschland.

V. Sonderfall: Unzulässiges Internet-Glücksspiel im Lichte des Wettbewerbsrechts

Die Rechtsprechung hat sich mit der Unzulässigkeit ausländischer Internet-Glücksspiele bisher vor allem in wettbewerbsrechtlichen Angelegenheiten auseinandergesetzt[331]. Dagegen sind strafgerichtliche Entscheidungen der Obergerichte im Zusammenhang mit ausländischen Glücksspielangeboten bisher – soweit ersicht-

---

gen (siehe §§ 491 ff. BGB) bei der Teilnahme an Online-Glücksspielen in aller Regel nicht anwendbar sind, siehe dazu ausführlich *Klam*, Die rechtliche Problematik S. 182 ff.

[330] Eine Erstreckung des Geltungsbereichs des EuGVO bzw. EuGVÜ auf die Niederländischen Antillen ist seitens der Niederlande wie zum Beispiel bei Aruba (siehe BGBl. 2001 II S. 1058) bisher nicht erfolgt.

[331] OLG Hamburg CR 2003, 56 ff.; OLG Hamburg MMR 2000, 92 ff.; OLG Hamburg MMR 2002, 471 ff.; OLG Köln GRUR 2000, 538 ff.; BGH GRUR 2002, 636 ff.; OLG Hamm 2002, 551 ff.

lich – nicht ergangen. Dies liegt vor allem daran, dass die staatlichen Verfolgungs-
behörden ein Ermittlungsverfahren gegen im Ausland ansässige Anbieter angesichts
der Schwierigkeiten bei der Rechtsdurchsetzung häufig gar nicht erst einleiten[332].

Die zahlreichen wettbewerbsrechtlichen Entscheidungen zeigen, dass sich deutsche Anbieter zivilrechtlich gegen die ausländische Konkurrenz zur Wehr setzen.
Dies ist ihnen möglich, da sie selbst Glücksspiele anbieten und somit in einem konkreten Wettbewerbsverhältnis zu den ausländischen Anbietern stehen[333]. Jedoch bestehen für die deutschen Anbieter Probleme bei der Durchsetzbarkeit eines deutschen Urteils im Ausland. Ein im Inland erstrittener Titel auf Unterlassung der Veranstaltung eines Glücksspiels in Deutschland kann möglicherweise im Ausland gar
nicht durchgesetzt werden. Angesichts dieses Risikos richten sich die Klagen und
Anträge deutscher Anbieter in aller Regel nicht primär gegen die Anbieter im Ausland, sondern gegen Personen in Deutschland, welche die Abrufbarkeit ausländischer Online-Glücksspiele in irgendeiner Weise unterstützen. Nachfolgend wird untersucht, unter welchen Voraussetzungen ein auf Unterlassung der Hilfeleistung ge-
richtetes Begehren Aussicht auf Erfolg hat[334].

1. Sittenwidriges Verhalten im Sinne des § 1 UWG

Neben dem unproblematisch zu bejahenden Handeln der ausländischen Glücksspielanbieter im geschäftlichen Verkehr zu Wettbewerbszwecken[335] ist für einen
Unterlassungsanspruch gemäß § 1 UWG des Weiteren erforderlich, dass überhaupt
ein sittenwidriger Wettbewerbsverstoß im Sinne des § 1 UWG vorliegt[336]. Ein solcher könnte darin liegen, dass ein ausländischer Anbieter Glücksspiele über das Internet in Deutschland veranstaltet. Ein solches Verhalten könnte gemäß § 284 Abs. 1
StGB strafbar sein, wenn der ausländische Anbieter nicht über eine entsprechende
deutsche Erlaubnis verfügt. Jedoch setzt dies die Anwendbarkeit deutschen Strafrechts voraus, welche richtigerweise zu verneinen ist[337]. Gleichwohl hat die Recht-

---

[332] Gerade die fehlende Zugriffsmöglichkeit deutscher Strafrechtsbehörden im Ausland
führte zur Einführung der Strafbarkeit der Werbung für unerlaubte Glücksspiele gemäß §§ 284
Abs. 4, 287 Abs. 2 StGB, siehe dazu BR-Drucks. 13/8587 S. 67, 68; BT-Drucks. 13/9064 S. 21.

[333] *Hefermehl* in: Baumbach/Hefermehl, UWG § 1 Rdnr. 912.

[334] Der Unterlassungsanspruch ist im Gegensatz zum Schadensersatzanspruch verschul-
densunabhängig, setzt dagegen aber eine Wiederholungs- beziehungsweise Erstbegehungsge-
fahr voraus. Diese ist im Einzelfall festzustellen.

[335] *Piper* in: Köhler/Piper, UWG Einf Rdnr. 203 ff. m. w. N.

[336] Zum Begriff der Sittenwidrigkeit siehe *Piper* in: Köhler/Piper, UWG Einf Rdnrn. 255
m. w. N. Dieser ist angesichts unterschiedlicher Regelungsziele nicht identisch mit dem Begriff
der Sittenwidrigkeit im Sinne des § 138 Abs. 1 BGB, siehe BGH NJW 1998, 2531 (2532). Zur
im vom Bundeskabinett am 7.5.2003 verabschiedeten Entwurf für eine Neufassung des UWG
vorgesehenen Möglichkeit, den Spielanbieter auch auf Herausgabe des durch einen vorsätzli-
chen Wettbewerbsverstoß erzielten Gewinns in Anspruch zu nehmen, siehe *Fritzemeyer/Rin-
derle* CR 2003, 599 (601).

[337] siehe dazu ausführlich im 3. Teil § 8 B.

sprechung bisher die Anwendbarkeit deutschen Strafrechts ohne größere Prüfung bejaht[338]. Aus diesem Grund muss derzeit aus Sicht der Praxis die Anwendbarkeit deutschen Strafrechts unterstellt werden, so dass zu untersuchen ist, ob die übrigen Voraussetzungen eines Unterlassungsanspruches erfüllt sind.

Bei einem Verstoß gegen § 284 Abs. 1 StGB müsste es sich um einen sittenwidrigen Wettbewerbsverstoß handeln. Nicht jede Gesetzesverletzung ist auch wettbewerbswidrig. Dies ist dann zu bejahen, wenn ein Wettbewerber dadurch einen Vorsprung erlangt, dass er die durch ein Gesetz festgelegten Bedingungen missachtet[339]. Bei wertbezogenen Normen ist dies grundsätzlich anzunehmen. Darunter fallen alle Normen, denen eine dem Schutzzweck des Unlauteren Wettbewerbsgesetzes entsprechende sittlich-rechtliche Wertung zugrunde liegt[340]. § 284 Abs. 1 StGB dient dem Schutz der Spieler vor Vermögens- und Gesundheitsschäden. Außerdem werden auch Kollektivrechtsgüter wie beispielsweise die Wahrung fiskalischer Interessen geschützt. Indem § 284 Abs. 1 StGB dem Schutze der genannten Rechtsgüter dient, ist er Ausdruck einer sittlichen Anschauung des Gesetzgebers. § 284 StGB ist somit als wertbezogene Norm zu qualifizieren, so dass bei einem Verstoß hiergegen ein sittenwidriges Verhalten im Sinne des § 1 UWG zu bejahen ist[341].

2. Wettbewerbsrechtliche Gehilfenhaftung

Soweit ein ausländischer Glücksspielanbieter sich gemäß § 284 StGB strafbar macht, lässt sich daraus nicht zwingend folgern, dass ein solcher Vorwurf auch die in Deutschland tätige Hilfsperson trifft[342]. Aus wettbewerbsrechtlicher Sicht ist diese Frage jedoch gar nicht entscheidend. Denn als Anspruchsgegner des sich aus dem Unlauteren Wettbewerbsgesetz ergebenden Unterlassungsanspruchs kommt nicht nur der Täter oder Teilnehmer einer Straftat in Betracht. Darüber hinaus haften gemäß § 1 UWG in Verbindung mit § 1004 BGB analog[343] auch solche Personen, die als „Störer" ohne eigene Wettbewerbsabsicht zu qualifizieren sind[344].

Nach der Rechtsprechung des Bundesgerichtshofs ist als „Störer" in diesem Sinne zu verstehen, wer in irgendeiner Weise willentlich und adäquat kausal an der Her-

---

[338] OLG Hamburg MMR 2000, 92 (94); OLG Hamburg MMR 2002, 471 (472 f.); OLG Hamm MMR 2002, 551 (552).

[339] *Hefermehl* in: Baumbach/Hefermehl, UWG § 1 Rdnr. 608.

[340] *Piper* in: Köhler/Piper, UWG Einf Rdnr. 288; *Hefermehl* in: Baumbach/Hefermehl, UWG § 1 Rdnrn. 614 ff.

[341] So auch die Rechtsprechung, siehe zum Beispiel Hamburg MMR 2000, 92 (94).

[342] Je nach Tatbeitrag ist an eine Strafbarkeit der in Deutschland tätigen Hilfsperson gemäß § 284, 27 StGB zu denken.

[343] Ausführlich dazu *Piper* in: Köhler/Piper, UWG Einf Rdnrn. 247 ff.

[344] Zur Verantwortlichkeit inländischer Beteiligter siehe *Fritzemeyer/Rinderle* CR 2003, 599 (602). Ausführlich zum Störerbegriff in diesem Zusammenhang *Köhler* WRP 1997, 897 ff.; *Schünemann* WRP 1998, 120 ff.; *Samwer* WRP 1999, 67 ff. aus der Rechtsprechung BGH (Honorarfrage) GRUR 1991, 769 ff.

beiführung der rechtswidrigen Beeinträchtigung mitgewirkt hat. Dabei genügt als Mitwirkung auch die Unterstützung oder Ausnutzung der Handlung eines eigenverantwortlich handelnden Dritten. Dies gilt jedenfalls dann, wenn der in Anspruch Genommene die rechtlichen Möglichkeiten zur Verhinderung dieser Handlung hatte. Die Störereigenschaft von in Deutschland befindlichen Hilfspersonen wurde in der Rechtsprechung bei folgenden Mitwirkungshandlungen bereits bejaht: das Vermitteln von ausländischen Glücksspielen[345], das Werben für ausländische Glücksspiele[346], die Registrierung als „technical contact" und „billing contact" bei der Domainverwaltungsstelle[347] sowie das Betreiben eines für die Registrierung erforderlichen Domain-Name-Servers[348]. Ein Anspruch auf Unterlassung dieser Mitwirkungshandlungen wurde in den genannten Fällen seitens der Gerichte gemäß § 1 UWG in Verbindung mit § 1004 BGB jeweils angenommen.

3. Privilegierung nach dem Rechtsgedanken des § 5 Abs. 4 TDG

Soweit die Mitwirkungshandlung im Zusammenhang mit der Verfügbarkeit des Angebots im Internet erfolgt, könnten besondere Zumutbarkeitskriterien zu beachten sein. Wegweisend in diesem Zusammenhang ist das Urteil des Oberlandesgerichts Hamburg vom 4.11.1999[349].

a) Das Urteil des Oberlandesgerichts Hamburg vom 4.11.1999

Das Gericht hatte konkret die Mitwirkungshandlung des Betreibens eines Domain-Name-Servers[350] sowie des Zur-Verfügung-Stehens als Ansprechpartner gegenüber der Registrierungsstelle InterNIC als „technical contact" sowie als „billing contact" zu beurteilen. Zunächst wirft das Gericht die Frage auf, ob der Anwendungsbereich des Teledienstgesetzes eröffnet ist. Denn dieses Gesetz sieht zum Teil eine Privilegierung von Internet-Providern in ihrer Verantwortlichkeit gegenüber der allgemeinen straf- und zivilrechtlichen Rechtslage im Interesse der Aufrechterhaltung einer funktionsfähigen Internet-Kommunikation vor[351]. Jedoch verneint das

---

[345] OLG Hamm MMR 2002, 551 ff.

[346] Bei einem Werben für ein ausländisches Glücksspielangebot liegt der Wettbewerbsverstoß des Werbenden im Verstoß gegen das strafrechtliche Werbeverbot gemäß § 284 Abs. 4 StGB, siehe OLG Hamburg MMR 2002, 471 (473) sowie OLG Hamburg CR 2003, 56 (58).

[347] OLG Hamburg MMR 2002, 471 ff.

[348] OLG Hamburg MMR 2000, 92 ff.

[349] OLG Hamburg MMR 2000, 92 ff.

[350] Durch einen Domain-Name-Server wird der vom Nutzer eingegebene „Klartext"-Name des Programmangebots in die für die technische Erreichbarkeit im Internet allein maßgebliche IP-Adresse des Zielrechners umgesetzt und damit die Möglichkeit des Zugangs zu dem Angebot in der Regel erst herbeigeführt.

[351] OLG Hamburg MMR 2000, 92 (93). Zum Zweck des Teledienstgesetzes und wichtigen Modifikationen der allgemeinen Verantwortlichkeit siehe *Waldenberger* in: Roßnagel, Recht

Oberlandesgericht Hamburg die Anwendbarkeit des Teledienstgesetzes im vorliegenden Fall. Zum einen gehe es beim Teledienstgesetz nicht um Unterlassungspflichten, sondern um Fragen der verschuldensabhängigen deliktischen Verantwortung[352]. Zum anderen verneint das Gericht für die genannten Handlungen der Hilfsperson die Eigenschaft als „Teledienste". Soweit die Hilfsperson Ansprechpartner gegenüber InterNIC sei, ergebe sich dies schon aus der Natur der Sache. Für das Unterhalten eines Domain-Name-Servers fehle es an einer nach dem Sinn und Zweck der gesetzlichen Regelung stärker inhaltlich ausgerichteten Leistung[353]. Trotz der Verneinung des Anwendungsbereichs des Teledienstgesetzes prüft das Gerichts sodann, ob die Handlungen des Störers unter § 5 Abs. 1 bis 3 TDG fallen. Es begründet ausführlich, weshalb der Störer weder als Content Provider (§ 5 Abs. 1 TDG), Service Provider (§ 5 Abs. 2 TDG) noch als Access Provider (§ 5 Abs. 3 TDG) tätig werde[354]. Daraus folgert das Gericht, dass es für den Anwendungsbereich des Teledienstgesetzes bei der allgemeinen Regelung des § 5 Abs. 4 TDG bleibe. Auch wenn das Oberlandesgericht Hamburg betont, dass im vorliegenden Fall die Regelungen des Teledienstgesetzes gar nicht anwendbar sind, hält das Gericht es gleichwohl für gerechtfertigt, die dieser Norm zugrunde liegende gesetzgeberische Entscheidung zu respektieren. Ein rechtwidriges Handeln im Internet sei daher nach dem Rechtsgedanken des § 5 Abs. 4 TDG nicht vorbehaltlos, sondern nur bei Kenntnis der Hilfsperson von der Wettbewerbswidrigkeit des Angebots und nur dann zu unterbinden, wenn die gebotene Maßnahme technisch möglich und zumutbar sei[355].

b) Stellungnahme

Das Gericht begründet nicht überzeugend, weshalb der Rechtsgedanke des § 5 Abs. 4 TDG auch außerhalb des Anwendungsbereichs des Teledienstgesetzes heranzuziehen ist. Aus methodischer Sicht bleibt unklar, ob es sich um eine Analogie handelt und wo die planwidrige Regelungslücke liegt. Richtigerweise hätte das Gericht bei der Auslegung des § 5 Abs. 4 TDG den Willen des Gesetzgebers mit einbeziehen müssen. Nach den unmissverständlichen Ausführungen der Bundesregierung im Gesetzgebungsverfahren soll § 5 Abs. 4 TDG allgemein die verschuldensunabhängigen Unterlassungs- und Beseitigungsansprüche modifizieren, während die Störerhaftung von den übrigen Absätzen der Vorschrift unberührt bleiben soll[356]. Als Sondervorschrift im Rahmen des Teledienstgesetzes kann § 5 Abs. 4 TDG nicht einfach generell bei der Störerhaftung für rechtswidriges Handeln im Internet herangezogen werden. Eine Anwendung des Rechtsgedankens des § 5

---

der Multimediadienste Teil 2 § 1 Rdnrn. 1 ff.; *Spindler* in: Roßnagel, Recht der Multimediadienste Teil 2 § 5 Rdnrn. 33 ff.

[352] OLG Hamburg MMR 2000, 92 (93).

[353] OLG Hamburg MMR 2000, 92 (93) mit Verweis auf *Spindler* NJW 1997, 3193 (3195).

[354] OLG Hamburg MMR 2000, 92 (93).

[355] OLG Hamburg MMR 2000, 92 (94).

[356] BT-Drucks. 13/7385 S. 21.

Abs. 4 TDG bei Verneinung des Anwendungsbereichs des Teledienstgesetzes ist demnach zu verneinen. Auch das Oberlandesgericht Hamburg dürfte seine Rechtsprechung insoweit mittlerweile korrigiert haben. So stellte das Gericht jüngst fest, dass mit der Verneinung des Anwendungsbereichs des Teledienstgesetzes auch dessen Haftungserleichterungen nicht anzuwenden sind und demnach der Störer uneingeschränkt verantwortlich sei[357].

4. Zusammenfassung

In Deutschland tätige Hilfspersonen ausländischer Glücksspielanbieter können als Störer gemäß § 1 UWG in Verbindung mit § 1004 BGB analog auf Unterlassung in Anspruch genommen werden[358]. Soweit die Unterstützungshandlung deutscher Hilfspersonen im Zusammenhang mit der Verfügbarkeit des Angebots im Internet steht, wie dies beispielsweise beim Betreiben eines Domain-Name-Servers der Fall ist, besteht ein Unterlassungsanspruch, und zwar unabhängig von der Kenntnis der Hilfsperson von der Wettbewerbswidrigkeit des Handelns sowie der technischen Möglichkeit und Zumutbarkeit der gebotenen Maßnahme. Auf den Rechtsgedanken des § 5 Abs. 4 TDG kann für rechtswidriges Handeln im Internet nicht zurückgegriffen werden, wenn der Anwendungsbereich des Teledienstgesetzes nicht eröffnet ist.

§ 9 Die gewerbliche Spielvermittlung im Internet

Auf zahlreichen Websites im Internet wird die Spielteilnahme an Glücksspielen angeboten. Dies geschieht nicht nur durch die Veranstalter von Glücksspielen, sondern häufig von privaten Unternehmern, welche das Vertragsangebot des Spielers auf Abschluss eines Glücksspielvertrags an den eigentlichen Veranstalter weiterleiten. Gerade im Internet ist es für gewerbliche Spielvermittler ein leichtes, durch zahlreiche Links auf verschiedenen Websites auf ihr Angebot hinzuweisen.

Die Vermittlung an die eigentlichen, häufig staatlichen Veranstalter eines Glücksspiels erfolgt zum einen durch die bloße Weiterleitung des Angebots seitens der Spieler auf Abschluss eines Glücksspielvertrags. Die privaten Vermittler fungieren insoweit als eine Art „virtuelle Annahmestelle". Als Gegenleistung erhalten sie von den Veranstaltern des Glücksspiels eine Provision. Zum anderen verlegen sich jedoch immer mehr private Unternehmer darauf, selbst in Anlehnung an die eigentlichen Glücksspiele abweichende Spielsysteme anzubieten. Dies verwirklichen sie, indem sie verschiedene Spielgemeinschaften mit intern modifizierten Bedingungen

---

[357] OLG Hamburg CR 2003, 56 (59).

[358] Dies setzt jedoch voraus, dass man mit der bisherigen Rechtsprechung in wettbewerbsrechtlichen Angelegenheiten die Anwendbarkeit deutschen Strafrechts bejaht, wenn ausländische Anbieter ein Glücksspiel mittels Internet auch in Deutschland veranstalten.

bilden und diese dann an die staatlichen Anbieter weitervermitteln. Diese Organisation von Spielgemeinschaften ist für die privaten Spielvermittler besonders lukrativ,
da sie für die von ihnen angebotenen Dienste üblicherweise ein Entgelt von circa
30 % des Spieleinsatzes verlangen[359]. Gerade bei dieser „Modifizierung" des eigentlichen Glücksspiels stellt sich die Frage, ob die gewerblichen Spielvermittler nicht
selbst ein „Spiel im Spiel" veranstalten und daher selbst den Reglementierungen des
Glücksspielrechts unterliegen. Dies setzt zunächst eine Vergleichbarkeit des Gefahrenpotentials voraus.

A. Vergleichbarkeit des Gefahrenpotentials

Ebenso wie Veranstalter von Glücksspielen werben auch Spielvermittler für die
Teilnahme an einem Glücksspiel. Soweit sich ein Spieler für die besonderen Spielsysteme eines gewerblichen Spielvermittlers entscheidet, leistet er an diesen einen
Geldeinsatz, wie wenn dieser selbst Veranstalter des Glücksspiels wäre. Im Falle eines Gewinnes erhält der Spieler eine Gewinnbenachrichtigung durch den Organisator statt durch den Veranstalter. Angesichts dieses nahezu identischen Ablaufs
macht es für den Spieler – bis auf die Tatsache, dass er für den Spielvermittler ein
zusätzliches Entgelt zu leisten hat – kaum einen Unterschied, ob er sich eines solchen bedient oder direkt beim Veranstalter an einem Glücksspiel teilnimmt. Die Individualrechtsgüter des Spielers sind somit denselben Gefahren des Vermögensver-
lusts oder der Entwicklung einer Spielsucht bei einer Spielvermittlung ausgesetzt
wie bei einer unmittelbaren Teilnahme an einem Glückspiel[360]. Zudem ist zu beachten, dass die Organisatoren von Spielgemeinschaften im Rahmen des Geschäftsbesorgungsvertrags ermächtigt werden, für die jeweilige Spielgemeinschaft die Zahlenreihen auszuwählen. Häufig besteht für die Spielteilnehmer keine Möglichkeit,
von diesen Kenntnis zu nehmen. In diesem Fall fehlt eine Kontrolle, ob der Gewinn-
fall eingetreten ist. Insoweit besteht sogar ein noch größeres Gefahrenpotential hinsichtlich Betrügereien zu Lasten der Spielteilnehmer als bei der unmittelbaren
Spielteilnahme, bei welcher der Spieler selbst die Zahlenreihen auswählt.

Damit bleibt festzuhalten, dass bei der Vermittlung gewerblicher Organisatoren
von Spielgemeinschaften gegenüber der unmittelbaren Spielteilnahme an einem
Glücksspiel ein ähnliches, teilweise sogar darüber hinausgehendes Gefahrenpotential besteht. Deshalb ist zu untersuchen, ob gewerbliche Spielvermittler wie Veranstalter eines Glückspiels zu behandeln sind und daher ebenfalls den Reglementierungen des Glücksspielrechts unterfallen.

---

[359] Näher zu der üblichen Vertragsgestaltung bei der Spielvermittlung siehe im 2. Teil
§ 4 C. III. 3. a.

[360] Dies sahen auch die meisten Blockgesellschafter des Deutschen Toto- und Lottoblocks
so. Aus diesem Grund erging der Beschluss, Vertragsabschlüsse mit gewerblichen Organisatoren von Spielgemeinschaften zu untersagen, welcher jedoch als kartellrechtswidrig aufgehoben wurde, siehe BGH ZIP 1999, 1021 ff.

B. Unzulässiges „Spiel im Spiel"?

Aus strafrechtlicher Sicht stellt sich die Frage, ob beziehungsweise unter welchen Voraussetzungen gewerbliche Organisatoren einer Spielgemeinschaft selbst als Veranstalter einer Lotterie im Sinne des § 287 StGB anzusehen sind.

I. Die Rechtsprechung

Der Bundesgerichtshof hatte sich bereits in einem Urteil vom 18.1.1977 mit dieser Fragestellung auseinander zu setzen[361]. Er bejahte eine Gleichstellung der Spielvermittlung mit einer Veranstaltung eines Glücksspiels dann, wenn der Teilnehmer an der Spielgemeinschaft keinen eigenen Gewinnanspruch gegen den eigentlichen Veranstalter der Lotterie erwirbt, sondern bei einem etwaigen Gewinn auf eine Forderung gegen den Organisator der Gemeinschaft verwiesen wird[362]. In diesem Fall habe der Geschäftsbesorgungsvertrag selbst lotterierechtlichen Charakter.

II. Positionen in der Literatur

In der Literatur wird der Rechtsprechung des Bundesgerichtshofs einhellig zugestimmt. Jedoch finden sich Stimmen, die über den Ansatz der Rechtsprechung hinaus auch dann einen lotterierechtlichen Charakter des Geschäftsbesorgungsvertrags zwischen Vermittler und Spieler bejahen, wenn der Spieler zwar in rechtlicher Hinsicht über die nach der Rechtsprechung erforderlichen Rechtspositionen gegenüber dem Lotterieveranstalter verfügt, tatsächlich diese aber nicht durchsetzen kann[363]. Das Vorliegen eines strafbaren „Spiels im Spiel" hänge daher von den Umständen des Einzelfalles ab. Beispielsweise wenn der Mitspieler keine Kenntnis von den in Vertretung durch den Organisator gespielten Gewinnzahlen habe, fehle ihm faktisch die Möglichkeit, bei Eintritt des Gewinnfalles diesen gegen das jeweilige Lotterieunternehmen geltend zu machen. In diesem Fall sei die Spielvermittlung den Tathandlungen im Sinne des § 287 Abs. 1 StGB gleichzustellen[364]. Teilweise wird die gewerbliche Spielvermittlung aufgrund der besonderen Betonung der fiskalischen Interessen sogar für stets strafbar erachtet[365]. Angesichts der fiskalischen Interessen des Staates an der Einnahmeerzielung für gemeinnützige Zwecke sei es nicht hinnehmbar, dass durch die Abschöpfung eines Gewinnanteils von circa 30 %

---

[361] BGH, Urteil vom 18.1.1977, 1 StR 643/76 (unveröffentlicht). Auszugsweise wird diese Entscheidung des BGH von *Fruhmann* MDR 1993, 822 (822) sowie *Otto* Jura 1997, 385 (386) wiedergegeben.

[362] Siehe auch *Fischer* in: Tröndle/Fischer, StGB § 287 Rdnr. 6; *Eser/Heine* in: Schönke/Schröder, StGB § 287 Rdnr. 13 b.

[363] *Eser/Heine* in: Schönke/Schröder, StGB § 287 Rdnr. 13 b; *Otto* Jura 1997, 385 ff.; *Fruhmann* MDR 1993, 822 ff.

[364] *Fruhmann* MDR 1993, 822 (823).

[365] *Fruhmann* MDR 1993, 822 (826).

seitens der gewerblichen Organisatoren von Spielgemeinschaften diesbezüglich erhebliche Summen der Allgemeinheit entzogen würden und die Lotteriesteuer insoweit umgangen würde.

III. Stellungnahme

Der lotterierechtliche Charakter eines Geschäftsbesorgungsvertrags zwischen Vermittler und Spieler ist richtigerweise dann zu bejahen, wenn der Spieler als Mitgesellschafter einer Spielgemeinschaft keinen eigenen Anspruch auf Gewinnauszahlung gegen den Lotterieveranstalter geltend machen kann und zwar unabhängig davon, ob diese Unmöglichkeit auf rechtlichen oder tatsächlichen Gründen beruht. Der Sinn und Zweck des § 287 Abs. 1 StGB gebietet es, die tatsächliche Unmöglichkeit der rechtlichen gleichzustellen. In beiden Fällen ist der Spieler gehalten, sich an den Spielvermittler zu wenden, so dass dieser wie ein Veranstalter eines Glücksspiels zu behandeln ist. Ob nun im Einzelfall der Spieler tatsächlich seinen Gewinnanspruch nicht gegen den eigentlichen Veranstalter des Glücksspiels richten kann, hängt von der konkreten Ausgestaltung des Geschäftsbesorgungsvertrags mit dem Spielvermittler ab. Insbesondere wenn es dem Spieler nicht möglich ist, vor Durchführung des Glücksspiels Kenntnis von den vom Organisator ausgewählten Zahlen zu erlangen, ist eine tatsächliche Unmöglichkeit der Geltendmachung eines eigenen Gewinnanspruchs gegen den Veranstalter des Glücksspiels anzunehmen. In diesem Fall wäre der Spielvermittler wie ein Veranstalter eines Glücksspiels zu behandeln, so dass eine Strafbarkeit gemäß § 287 Abs. 1 StGB insoweit in Betracht kommt.

Dagegen überzeugt es nicht, die gewerbliche Spielvermittlung angesichts einer besonderen Betonung der fiskalischen Interessen stets der Veranstaltung einer Lotterie gleichzustellen. Zwar mag es rechtspolitisch unerwünscht sein, wenn gewerbliche Organisatoren von Spielgemeinschaften keine Lotteriesteuer zu entrichten haben und damit ungeschmälert erhebliche Summen im Zusammenhang mit dem Glücksspiel der Allgemeinheit entzogen werden[366]. Aus strafrechtlicher Sicht ändert dies jedoch nichts daran, dass eine Strafbarkeit gewerblicher Organisatoren von Spielgemeinschaften gemäß § 287 Abs. 1 StGB nur dann in Betracht kommt, wenn deren Verhalten unter den Wortlaut der in § 287 Abs. 1 StGB bezeichneten Tathandlungen subsumierbar ist. Die Gleichstellung einer bloßen Spielvermittlung mit den in § 287 Abs. 1 StGB genannten Tathandlungen allein aufgrund der besonderen Betonung fiskalischer Interessen findet jedoch keine ausreichende Stütze im Wortlaut. Eine andere Auslegung verstößt damit gegen das Analogieverbot des Art. 103 Abs. 2 GG.

---

[366] Siehe aber den derzeit diskutierten Entwurf über einen Staatsvertrag der Länder zum Lotteriewesen in Deutschland (vgl. dazu LT-Drucks. [B.-W.] 13/1039 S. 1 ff.), in welchem gemäß § 14 Abs. 2 Nr. 3 vorgesehen ist, dass gewerbliche Spielvermittler mindestens 80 % der von den Spielern vereinnahmten Beträge für die Teilnahme am Spiel an den Veranstalter weiterzuleiten haben. Damit soll der von den staatlichen Anbietern vereinnahmte Gewinn zugunsten der Allgemeinheit erhöht werden.

C. Aushöhlung des Territorialitätsprinzips durch Spielvermittlung

Wie bereits erörtert gilt innerhalb Deutschlands für landesrechtlich geregelte Glücksspiele wie die Lotterien das sogenannte Territorialitätsprinzip. Dies besagt, dass eine landesrechtlich erteilte Erlaubnis nicht auch eine Veranstaltung außerhalb der Landesgrenzen erfassen kann. Aufgrund der dadurch bestehenden „Parzellierung" im Lotteriebereich spricht das Oberlandesgericht Braunschweig in diesem Zusammenhang davon, dass jedes Bundesland für das andere Land „Ausland" sei[367]. Die gewerbliche Spielvermittlung durch Private könnte zur Aushöhlung des Territorialitätsprinzips führen.

I. Missachtung des Territorialitätsprinzips

Gewerbliche Spielvermittler sind typischerweise bundesweit tätig und werben für diese bundesweit. Jedoch erfolgt die Weitervermittlung der gebildeten Spielgemeinschaften nur an gewisse staatliche Anbieter[368]. Dies führt in dem betreffenden Bundesland zu Lasten der anderen Bundesländer zu deutlich höheren Haushaltseinnahmen. Soweit Mitspieler von außerhalb der Landesgrenzen des staatlichen Anbieters, an den die Vermittlung seitens der Organisatoren von Spielgemeinschaften erfolgt, an dessen Lotterie teilnehmen, wird dadurch faktisch das Territorialitätsprinzip ausgehöhlt. An dieser Situation hat sich bisher nichts geändert, auch wenn das baden-württembergische Finanzministerium seit langem versucht, diesen Missstand zu bekämpfen[369]. Die Wahrung des Territorialitätsprinzips wird somit durch das Dazwischenschalten privater Spielvermittler sinnentleert. Ein Verstoß könnte dadurch vermieden werden, dass private Spielvermittler nur Spieler mit Wohnsitz in einem bestimmten Bundesland an den Blockgesellschafter dieses Bundeslandes weitervermitteln dürften[370].

---

[367] OLG Braunschweig NJW 1954, 1777 (1779).

[368] Von der Vermittlung der gewerblichen Organisatoren von Spielgemeinschaften profitierte in der Vergangenheit Nordrhein-Westfalen, seit neuestem Niedersachsen, siehe LT-Drucks. (Baden-Württemberg) 13/1116 S. 1 (2).

[369] LT-Drucks. (Baden-Württemberg) 13/1116 S. 1 (2). Zu den „Freibeuter-Aktivitäten" einzelner Länder siehe auch *Ohlmann* WRP 1998, 1043 (1053).

[370] Fraglich ist indes, ob ein entsprechender Beschluss der Blockgesellschafter vom Bundeskartellamt bzw. von der Rechtsprechung als kartellrechtswidrig eingestuft würde. Der BGH scheint dem zuzuneigen, siehe BGH ZIP 1999, 1021 (1025). Diese Fragestellung treibt das Spannungsverhältnis der Einhaltung des Territorialitätsprinzips und der Geltung des Gesetzes gegen Wettbewerbsbeschränkungen auch im Verhältnis der Blockgesellschafter untereinander auf die Spitze.

II. Strafrechtliche Relevanz

In diesem Zusammenhang stellt sich die Frage, ob eine Missachtung des Territorialitätsprinzips strafrechtlich relevant ist. Der Blockgesellschafter, welcher mit gewerblichen Spielvermittlern zusammenarbeitet, könnte insoweit eine unerlaubte Lotterie gemäß § 287 Abs. 1 StGB veranstalten, als Spieler außerhalb der Landesgrenzen an seinem Angebot teilnehmen können. Dies setzt voraus, dass sich der Blockgesellschafter der Spielvermittler dazu „bedient" und damit seine Veranstaltung über die Landesgrenzen hinaus ausdehnt. Eine solche Zurechnung des Handelns des Spielvermittlers setzt eine gewisse Einwirkungsmöglichkeit des Blockgesellschafters auf den Spielvermittler voraus. Nur dann ist es gerechtfertigt, diesen als „verlängerten Arm" des Blockgesellschafters anzusehen. Der Spielvermittler ist jedoch vollkommen unabhängig vom Blockgesellschafter und steht mit diesem in keiner rechtlichen Verbindung. Es kann daher nicht angenommen werden, dass der Blockgesellschafter über den Spielvermittler außerhalb der Landesgrenzen tätig wird. Die Abgabe der Spielscheine durch den Spielvermittler erfolgt somit aus Sicht des Blockgesellschafters „vor Ort". Eine Strafbarkeit des Blockgesellschafters gemäß § 287 Abs. 1 StGB und damit auch des gewerblichen Spielvermittlers gemäß §§ 287 Abs. 1, 27 StGB scheidet demnach aus[371]. Da insoweit keine unerlaubte Lotterie im Sinne des § 287 Abs. 1 StGB veranstaltet wird, ist konsequenterweise auch eine Strafbarkeit der Spielvermittler aufgrund der bundesweiten Werbung gemäß § 287 Abs. 2 StGB zu verneinen[372].

Auch wenn die Missachtung des Territorialitätsprinzips bei der Einschaltung der gewerblichen Spielvermittler seitens einiger weniger Blockgesellschafter strafrechtlich nicht relevant ist, dürfte dies doch den Grundsatz des bundesfreundlichen Verhaltens verletzen. Dieser Grundsatz umfasst nämlich auch die Pflicht der Bundesländer untereinander, sich die Treue zu halten und untereinander zu verständigen[373].

---

[371] Diese Fragestellung ist bisher weitgehend unerörtert geblieben. Soweit *Ohlmann* die mögliche Strafbarkeit der Blockgesellschafter gemäß § 287 Abs. 1 StGB in diesem Zusammenhang anspricht, scheint er geneigt zu sein, eine solche zu bejahen, siehe *Ohlmann* WRP 1998, 672 (684).

[372] Diesen Zusammenhang verkennt *Dietlein* BayVBl. 2002, 161 (166), der eine Strafbarkeit der gewerblichen Spielvermittler aufgrund deren bundesweiten Anwerbung gemäß § 287 Abs. 2 StGB bejaht.

[373] Vorzugswürdig erscheint insoweit die Abstützung der Bundestreue in dem allgemeinen Rechtsgrundsatz von Treu und Glauben. Ausführlich zu den geschichtlichen Grundlagen der Bundestreue sowie deren Einbettung in der Dogmatik des Bundesstaatsprinzips siehe *Bauer*, Bundestreue. Insoweit sei darauf hingewiesen, dass weder die Rechtsgrundlagen der bundesstaatlichen Treuepflicht noch deren rechtsdogmatischen Einbindung im Bundesstaatsrecht abschließend geklärt sind.

D. Legitimationsverlust staatlicher Monopole durch Spielvermittlung

Angesichts des vergleichbaren Gefahrenpotentials einer Spielvermittlung und der eigentlichen Veranstaltung eines Glücksspiels verlieren die Gründe für eine staatliche Monopolstellung im Glückspielbereich an Gewicht[374]. Denn es bleibt unerklärlich, dass eine private Vermittlung trotz ähnlichem Gefahrenpotential zulässig ist, dagegen die eigentliche Veranstaltung angesichts der besonderen Gefahren im Zusammenhang mit Glücksspielen in staatlicher Hand sein muss. Die Zulässigkeit privater Spielvermittlung führt somit zu einem Legitimationsverlust staatlicher Monopole im Glücksspielbereich.

---

[374] Siehe dazu bereits die Ausführungen im Rahmen der Auseinandersetzung mit dem Beschluss des Bundesgerichtshofs vom 9.3.1999 hinsichtlich gewerblich organisierter Spielgemeinschaften im 2. Teil § 4 C. III. 3.

4. Teil:

Zusammenfassung und Ausblick in Leitsätzen

§ 10 Zusammenfassung der für die Fortentwicklung des Glücksspielrechts wesentlichen Untersuchungsergebnisse

1. Das Glücksspielrecht ist durch eine besondere juristische Gemengelage aus bundes- und landesrechtlichen Regelungen im Schnittfeld von Verwaltungsrecht, Strafrecht und Privatrecht gekennzeichnet[1]. In allen Regelungsbereichen kommt die staatliche Reglementierung des Glücksspiels zum Ausdruck. Anknüpfungsmerkmal ist insoweit der Glücksspielbegriff[2]. Jedoch wirft dieser zahlreiche Abgrenzungsprobleme auf[3].

2. Angesichts der positiven Erfahrungen mit der Veranstaltung von Glücksspielen durch Private ist die Prognose des Gesetzgebers, staatliche Veranstalter würden den Gefahren des Glücksspiels effektiver begegnen als staatlich kontrollierte private Anbieter, widerlegt. Zudem wirft das staatliche Veranstalterverhalten Zweifel auf, ob staatliche Monopole überhaupt geeignet sind, das Ziel der Abwehr der mit Glücksspielen einhergehenden Gefahren zu verwirklichen. Die derzeit bestehenden staatlichen Monopole im Glücksspielbereich verstoßen gegen die Berufsfreiheit privater Anbieter und sind mithin verfassungswidrig[4].

3. Bei der Veranstaltung eines Glücksspiels im Internet ist wie bei den herkömmlichen Veranstaltungsmodalitäten die begrenzte Reichweite einer Erlaubnis zu beachten. Demnach erfasst weder eine deutsche Erlaubnis ein Veranstalten im Ausland, noch umgekehrt eine ausländische Erlaubnis ein Veranstalten in Deutschland. Dies galt bisher auch innerhalb der Europäischen Gemeinschaft. Jedoch ist – nicht zuletzt angesichts des Gambelli-Urteils des Europäischen Gerichtshofs – damit zu rechnen, dass strafbewehrte Verbote der Veranstaltung von Glücksspielen nicht länger als mit den Grundfreiheiten des EG-Vertrags vereinbar gelten. Infolgedessen wird sich die Reichweite einer in einem Mitgliedstaat der Europäischen Gemeinschaft erteilten Erlaubnis auf das gesamte Gemeinschaftsgebiet erstrecken[5].

---

[1] Siehe dazu im 2. Teil § 4 B. und D.

[2] Siehe dazu im 2. Teil § 4 A.

[3] Siehe dazu im 2. Teil § 4 A. II.

[4] Siehe dazu im 2. Teil § 4 C. II. sowie aus der Literatur *Voßkuhle/Bumke*, Sportwette S. 40 ff.; *Janz* NJW 2003, 1694 ff.

4. Bei herkömmlichen Veranstaltungsmodalitäten handelt der Glücksspielanbieter grundsätzlich dann im Rahmen seiner Erlaubnis, wenn er die Spielteilnahme nur solchen Spielern ermöglicht, die sich zum Zeitpunkt der Spielteilnahme in dem Landesgebiet aufhalten, deren Landesbehörde die Erlaubnis erteilt hat. Bei einer Veranstaltung im Internet ist die Umsetzung der begrenzten Reichweite hoheitlicher Gewalt nur durch Anknüpfung an den allgemeinen Wohnsitz des Spielers möglich. Bei einer Veranstaltung im Internet dürfen daher grundsätzlich nur solche Spieler teilnehmen, welche ihren allgemeinen Wohnsitz in dem Land haben, in welchem das Glücksspiel auch erlaubt ist[6].

5. Soweit Anbieter von Deutschland aus Glücksspiele mittels Internet im Ausland veranstalten, kommt eine Strafbarkeit gemäß § 284 StGB beziehungsweise § 287 StGB in Betracht, insbesondere werden im Rahmen dieser Strafvorschriften auch ausländische Rechtsgüter geschützt[7]. Für das außerstrafrechtliche Tatbestandsmerkmal der „behördlichen Erlaubnis" ist grundsätzlich das Recht des Staates heranzuziehen, in dem die Veranstaltung erfolgt. Da in den meisten Ländern – wie auch in Deutschland – für die Veranstaltung eines Internet-Glücksspiels eine inländische behördliche Erlaubnis erforderlich ist, macht sich ein in Deutschland zugelassener Anbieter gemäß § 284 StGB beziehungsweise § 287 StGB grundsätzlich dann strafbar, wenn er im Ausland ohne eine entsprechende ausländische Erlaubnis ein Glücksspiel veranstaltet. Diese bisher geltende Rechtslage änderte sich jedoch dann, wenn seitens der Obergerichte festgestellt werden würde, dass die staatlichen Monopole im Glücksspielbereich tatsächlich vor allem fiskalischen Interessen dienen. Dann wird nach der Rechtsprechung des Europäischen Gerichtshofs im Gambelli-Urteil ein Verstoß gegen die Niederlassungs- und Dienstleistungsfreiheit festzustellen sein. In diesem Fall sind die Verbotsvorschriften dahingehend gemeinschaftsrechtskonform auszulegen, dass eine in einem Mitgliedstaat erteilte Erlaubnis im gesamten Gemeinschaftsgebiet Wirksamkeit entfaltet, und damit eine Strafbarkeit gemäß § 284 StGB beziehungsweise § 287 StGB nicht (mehr) in Betracht kommt[8].

6. Umgekehrt machen sich Anbieter, welche vom Ausland aus mittels Internet ein Glücksspiel in Deutschland veranstalten, auch ohne Berücksichtigung der Rechtsprechung des Europäischen Gerichtshofs im Gambelli-Urteil nicht gemäß § 284 StGB beziehungsweise § 287 StGB strafbar. Denn die Anwendbarkeit deutschen Strafrechts ist in diesen Fällen in aller Regel zu verneinen. Insbesondere tritt bei den §§ 284, 287 StGB als abstrakten Gefährdungsdelikten kein „zum Tatbestand gehörender Erfolg" im Sinne des § 9 Abs. 1 Alt. 3 StGB in Deutschland ein[9].

7. Die gewerbliche Spielvermittlung ist weitgehend zulässig. Nur unter engen Voraussetzungen ist ein unzulässiges „Spiel im Spiel" zu bejahen. Durch die gewerb-

---

[5] Siehe dazu im 2. Teil § 5 B. und C.
[6] Siehe dazu im 3. Teil § 7 A. II. 3.
[7] Siehe dazu im 3. Teil § 7 B. III.
[8] Siehe dazu im 2. Teil § 5 B. und C.
[9] Siehe dazu im 3. Teil § 8 B.

liche Spielvermittlung wird das Territorialitätsprinzip weitgehend ausgehöhlt. Zudem stellt die Zulässigkeit der gewerblichen Spielvermittlung die Legitimation der noch bestehenden staatlichen Monopole in Frage. Denn es bleibt unklar, warum ein staatliches Monopol erforderlich sein soll, wenn die ein ähnliches Gefahrenpotential aufweisende, der eigentlichen Veranstaltung vorgelagerte, gewerbliche Spielvermittlung durch Private zulässig ist[10].

§ 11 Entwicklungsprognose hinsichtlich des Glücksspielrechts

1. Zahlreiche Privatisierungstendenzen in der Rechtsprechung deuten bereits an, dass im Glücksspielrecht ein Paradigmenwechsel „weg vom Ordnungsrecht hin zum Wirtschaftsrecht" endgültig vollzogen wird[11]. Besonders zu nennen ist das Gambelli-Urteil des Europäischen Gerichtshofs, welches bei den staatlichen Verbotsregelungen im Glücksspielbereich einen Verstoß gegen die Grundfreiheiten des Gemeinschaftsrechts nahe legt. Demzufolge dürfen auch die letzten staatlichen Monopole im Glücksspielsektor mittelfristig fallen. Vor dem Hintergrund dieses Wandels sollte der öffentlichrechtliche Glücksspielbereich nicht länger als besonderes Polizeirecht, sondern als Wirtschaftsverwaltungsrecht eingeordnet werden.

2. Infolgedessen wäre der Glücksspielbereich dem Recht der Wirtschaft gemäß Art. 74 Abs. 1 Nr. 11 GG zuzuordnen, so dass die konkurrierende Gesetzgebungskompetenz des Bundes zu bejahen wäre. Damit wäre der Weg frei für eine zu begrüßende einheitliche Neuregelung des öffentlich-rechtlichen Glücksspielbereichs[12].

3. Mit einer solchen innerstaatlichen Entwicklung wird auf der Ebene des Europarechts einhergehen, dass der Eingriff in die Niederlassungs- und Dienstleistungsfreiheit durch Regelungen, welcher einer grenzüberschreitenden Veranstaltung von Glücksspielen entgegenstehen, nicht länger als gerechtfertigt gelten wird. Die staatlichen Verbotsregelungen auf dem Glücksspielsektor werden dahingehend gemeinschaftskonform auszulegen sein, dass die behördliche Erlaubnis eines Mitgliedsstaates Wirksamkeit im gesamten Gemeinschaftsgebiet entfaltet. Damit wäre eine begrüßenswerte Gleichstellung des Glücksspielsektors mit anderen Bereichen der Wirtschaft endgültig vollzogen. Der noch in Art. 1 Abs. 5 lit. d der E-Commerce-Richtlinie für Glücksspiele ausdrücklich geregelte Ausschluss der Geltung des Herkunftslandprinzips wäre im Rahmen der aufgezeigten Entwicklung wieder aufzuheben. Es wird somit die Prognose gewagt, dass mittelfristig das Zeitalter eines europäischen Glücksspielbinnenmarktes anbrechen und die entsprechenden Beschränkungen staatlicher Reglementierung fallen werden.

---

[10] Siehe dazu im 3. Teil § 9.
[11] Siehe dazu im 2. Teil § 4 C. III.
[12] Siehe dazu im 2. Teil § 4 D. II.

§ 12 Vorschläge für eine Neuordnung des Glücksspielrechts

1. De lege ferenda sollte ein einheitliches Bundesgesetz die unübersichtliche Gemengelage landes- und bundesrechtlicher Regelungen ersetzen[13]. Zunächst würde es sich anbieten, die verfolgten Ziele, wie vom Bundestag in der Drucksache 13/8587 beschrieben[14], aufzuführen. Sodann ist es sinnvoll, den Anwendungsbereich des Glücksspielgesetzes näher zu konkretisieren. So wäre es beispielsweise sachdienlich, Risikogeschäfte an der Börse ausdrücklich auszuschließen[15] und zu bestimmen, wann angesichts eines nur unerheblichen Einsatzes das Gesetz keine Anwendung finden soll (sogenannte „Unbeträchtlichkeitsgrenze")[16].

2. Es ist ratsam, in einem ersten Teil das Genehmigungsverfahren einheitlich zu regeln. Die Erteilung einer Erlaubnis sollte von besonderen Vorgaben wie Zuverlässigkeit und die fachliche Eignung des Antragstellers abhängig gemacht werden, um bereits im Rahmen des Genehmigungsverfahrens dem Missbrauch einer Erlaubnis zur Veranstaltung eines Glücksspiels vorzubeugen. Zudem ist sicherzustellen, dass die Behörden bei möglichen Gefahren für die Allgemeinheit auf das Glücksspielangebot Einfluss nehmen können. So könnte ein spezieller Aufhebungstatbestand normiert werden. Schließlich würde es sich anbieten, eine Erlaubnis in der Regel nur befristet zu erteilen.

3. In einem zweiten Teil sollten Instrumente der staatlichen Kontrolle wie Einsichtsrechte und die Möglichkeit der Überprüfung eines geregelten Spielablaufs eingearbeitet werden[17]. Gesondert für die einzelnen Glücksspielarten könnten Reglungen zur Unterbindung von Maßnahmen, die der Steigerung der Nachfrage nach Glücksspielen dienen, vorgesehen werden. Zu denken ist etwa an eine restriktive Jackpot-Regelung für den Lotteriewettenbereich oder auch Hinweispflichten auf die durchschnittliche Gewinnerwartung der einzelnen Glücksspielarten. Speziell bei Internet-Glücksspielen, von denen angesichts der ständigen Verfügbarkeit und der fehlenden sozialen Kontrolle ein erhebliches Suchtpotential ausgeht[18], sollte der mögliche Spieleinsatz pro Tag gesetzlich maßvoll beschränkt werden. Ebenso wür-

---

[13] Siehe auch die rechtspolitischen Empfehlungen von *Tolkemitt*, Die deutsche Glücksspielindustrie sowie *Adams/Tolkemitt* ZBB 2001, 170 (182 ff.), welche das deutsche Glücksspielwesen aus wirtschaftswissenschaftlicher Perspektive untersuchen.

[14] Siehe dazu im 2. Teil § 4 C. I. 1.

[15] Siehe dazu im 2. Teil § 4 A. II. 4.

[16] Siehe dazu im 2. Teil § 4 A. II. 3. b.

[17] *Adams/Tolkemitt* ZBB 2001, 170 (182 ff.) machen sich diesbezüglich für eine Kontrolle durch ein Glücksspielaufsichtsamt stark.

[18] Siehe dazu den Beitrag von *Meyer*, Glücksspiel – Zahlen und Fakten, abrufbar unter http://www.gluecksspielsucht.de/materialien/statistik.html. Die Anzahl der Spielsüchtigen in Deutschland wird auf eine halbe Million geschätzt, vgl. Fachverband Glücksspielsucht Aktuell, Mitteilung vom 18.12.2002, http://lokbase.de/gluecksspielsucht/news1620.html.

de es sich anbieten, die Möglichkeit der Überwachung des Spielverhaltens im Internet durch spezielle Software zu nutzen und somit der Entwicklung einer Spielsucht durch angemessene Maßnahmen entgegenzuwirken[19]. Insoweit eröffnet die technische Entwicklung nicht nur besondere Gefahren, sondern zugleich auch Möglichkeiten, diesen entgegenzuwirken.

4. Nicht fehlen dürfen in einem dritten Teil die steuerrechtlichen Vorschriften, welche genau vorzuschreiben haben, wann welche Steuer in welcher Höhe anfällt. Dabei ist innerhalb der Europäischen Gemeinschaft zu berücksichtigen, dass ausländische Glücksspiele nicht höher besteuert werden dürfen als inländische, wie dies § 21 RWG derzeit noch vorsieht[20]. Ansonsten läge ein Verstoß gegen das Diskriminierungsverbot gemäß Art. 49 EG vor.

5. In einem abschließenden vierten Teil würde es sich anbieten, nebenstrafrechtlich durch Straf- und Bußgeldvorschriften abzusichern, dass die staatlichen Kontrollmöglichkeiten auch eingehalten werden[21]. Gleichzeitig sind die §§ 284 ff. StGB aufzuheben, welche schon seit längerem als „Fremdkörper"[22] im Strafgesetzbuch angesehen werden. Denn angesichts eines prosperierenden legalen Glücksspielmarktes verliert das Glücksspielstrafrecht als Teil des Strafgesetzbuches zunehmend an innerer Überzeugungskraft[23]. Bei der Beibehaltung der Formulierung der nebenstrafrechtlichen Vorschriften als abstrakte Gefährdungsdelikte sollte darauf geachtet werden, dass der Schutzzweck tatbestandlich integriert wird. Denn nur so wird die kriminalpolitisch wünschenswerte Anwendung deutschen Strafrechts auf vom Ausland aus mittels Internet in Deutschland angebotene Glücksspiele gewährleistet[24].

6. Angesichts eines europäischen Glücksspielbinnenmarktes sollte es nicht allein bei einer Neuordnung des Glücksspielrechts durch den deutschen Gesetzgeber bleiben. Auf der Ebene der Europäischen Gemeinschaft ist es sinnvoll, dass der Rat mittels einer Glücksspielrichtlinie den Rahmen für eine Neuregelung des Glücksspielbereichs vorgibt[25]. Nur so kann ein einheitlicher Standard innerhalb der Europäi-

---

[19] So auch der Vorschlag von *Meyer*, siehe das Wortprotokoll der öffentlichen Sitzung des Gesundheitsausschusses (Nr. 17/8) vom 20.8.2002 in Hamburg zur Bekämpfung der Glücksspielsucht S. 65 ff.

[20] Siehe dazu *Wilms*, Grenzüberschreitende Lotterietätigkeit, S. 67 ff.

[21] Siehe dazu die Bekanntmachung der Empfehlungen zur Ausgestaltung von Straf- und Bußgeldvorschriften im Nebenstrafrecht vom 16.7.1999 des Bundesministeriums der Justiz.

[22] *Lange* in: FS für Dreher S. 573 (573).

[23] So schon *Voßkuhle* VerwArch. 87 (1996) 395 (407). Es wurde des Öfteren schon gefordert, die Glücksspielmaterie gänzlich zu entkriminalisieren, z. B. von *Göhler* NJW 1974, 825 (833; Fn. 127); *Lange* in: FS für Dreher S. 573 (576); *Wrage* ZRP 1998, 426 (426 m. w. N.).

[24] Insofern werden die Feststellungen des BGH MMR 2001, 228 ff. zur Auschwitzlüge im Internet zugrunde gelegt. Zu einem Vorschlag, wie der Schutzzweck tatbestandlich integriert werden könnte siehe dazu im 3. Teil § 8 B. III.

[25] Eine entsprechende Richtlinienkompetenz des Rates ergibt sich aus Art. 47 Abs. 2, 55 EG. Allgemein zur Rechtsetzung von sekundärem Gemeinschaftsrecht siehe *Fischer*, Europarecht

schen Gemeinschaft verwirklicht werden. Damit ließe sich einem aufkommenden innereuropäischen Verdrängungswettbewerb, welcher den Spieltrieb gerade anheizen würde, entgegensteuern. Zudem könnten von vornherein steuerrechtliche Diskriminierungen bei grenzüberschreitenden Veranstaltungen durch eine einheitliche Anknüpfung bei der Entstehung der Steuerpflicht vermieden werden[26].

S. 80 ff.; *Oppermann*, Europarecht S. 195 ff. Zum Verhältnis des Art. 52 Abs. 1 EG zu Art. 47 Abs. 2, 55 EG siehe *Randelzhofer/Forsthoff* in: Grabitz/Hilf, EGV Band 1, Art. 52 Rdnr. 4.

[26] Eine diesbezügliche Regelungskompetenz des Rates besteht gemäß Art. 93 EG, siehe dazu *Voß* in: Grabitz/Hilf, EGV Band 1, Art. 93 Rdnrn. 1 ff. Ausführlich zu den steuerrechtlichen Vorschriften der Art. 90 ff. EG siehe *Wilms*, Grenzüberschreitende Lotterietätigkeit S. 67 ff.

13 Berberich

Literaturverzeichnis

Soweit die Titel kursiv gedruckt sind, bezeichnen diese den zitierten Teil des Titels im Fuß-notenapparat der vorliegenden Arbeit.

Ackermann, Thomas, Warenverkehrsfreiheit und „Verkaufsmodalitäten". Zu den EuGH-Ent-scheidungen „Keck" und „Hühnermund", RIW 1994, 189.

Adams, Michael/*Tolkemitt,* Till, Das staatliche Glücksspielunwesen, ZBB 2001, 170.

Albers, Normann, *Ökonomie des Glücksspielmarktes* in der Bundesrepublik Deutschland, Ber-lin 1993.

Apel, Jürgen/*Grapperhaus,* Tanja, Das Offline-Online-Chaos oder wie die Europäische Kom-mission den grenzüberschreitenden Werbemarkt zu harmonisieren droht, WRP 1999, 1247.

Arloth, Frank, Grundlagen und Grenzen des Untersuchungsrechts parlamentarischer Untersu-chungsausschüsse, NJW 1987, 808.

Arndt, Hans-Wolfgang/*Köhler,* Markus, Elektronischer Handel nach der E-Commerce-Richt-linie, EWS 2001, 102.

Arnold, Dirk, Verbraucherschutz im Internet. Anforderungen an die Umsetzung der Fernab-satz-Richtlinie, CR 1997, 526.

Arzt, Gunther/*Weber,* Ulrich, *Strafrecht BT.* Lehrbuch, Gieseking 2000.

Bahr, Martin, 0190-Telefonnummern und Gewinnspiele – ein Verstoß gegen § 1 UWG?, WRP 2002, 501.

Bargmann-Huber, Herta, Europa und Telekommunikation fordern Konsequenzen im Glücks-spielrecht, BayVBl. 1996, 165.

Barton, Dirk M., *Multimediastrafrecht.* Ein Handbuch für die Praxis, Neuwied/Krittel 1999.

Bauer, Hartmut, Die *Bundestreue.* Zugleich ein Beitrag zur Dogmatik des Bundesstaatsrechts und zur Rechtsverhältnislehre, Tübingen 1992.

Baumbach, Adolf/*Hefermehl,* Wolfgang, Wettbewerbsrecht. Gesetz gegen den unlauteren Wettbewerb, Zugabeverordnung, Rabattgesetz und Nebengesetze, 22. Auflage, München 2001 (zit.: *Bearbeiter* in: Baumbach/Hefermehl, UWG).

Bäumler, Helmut, Eine sichere Informationsgesellschaft? Zur europäischen Bekämpfung der Computerkriminalität, DuD 2001, 348.

Bäumler, Helmut/*Leutheusser-Schnarrenberger,* Sabine/*Tinnefeld,* Marie-Theres, Grenzenlose Überwachung des Internets? Steht die Freie Internetkommunikation vor dem Aus?, DuD 2002, 562.

Bechtold, Rainer, Kartellgesetz: Gesetz gegen Wettbewerbsbeschränkungen. Kommentar, 3. Auflage, München 2002.

Bechtold, Stefan, Vom Urheber- zum *Informationsrecht.* Implikationen des Digital Rights Ma-nagement, München 2002.

Belz, Axel, Das *Glücksspiel* im Strafrecht, Marburg 1993.

Benischke, Hans Jürgen, Die Zulassung industriell hergestellter Geschicklichkeitsspielgeräte mit Gewinnmöglichkeit. Ein Konflikt zwischen gesetzgeberischem Willen und behördlicher Entscheidungspraxis, ZG 1997, 369.

Berg, Wilfried, Zur Konkurrenz zwischen öffentlichen Spielbanken und privaten Glücksspielvereinen, GewArch 1976, 249.

Bergmann, Lothar, *Der Begehungsort im internationalen Strafrecht* Deutschlands, Englands und der Vereinigten Staaten von Amerika, Berlin, 1966.

Bertossa, Francesco, Der *Beurteilungsspielraum.* Zur richterlichen Kontrolle von Ermessen und unbestimmten Gesetzesbegriffen im Verwaltungsrecht, Berlin 1984.

Beyerlin, Ulrich, Rechtsprobleme der lokalen grenzüberschreitenden Zusammenarbeit, Habil. Heidelberg 1986 (zit.: *Beyerlin,* Grenzüberschreitende Zusammenarbeit).

Bleckmann, Albert, Die Anerkennung der Hoheitsakte eines anderen Landes im Bundesstaat, NVwZ 1986, 1.

— *Allgemeine Staats- und Völkerrechtslehre.* Vom Kompetenz- zum Kooperationsvölkerrecht, Köln (u. a.) 1995.

— Die Rechtsnatur des Europäischen Gemeinschaftsrechts – Zur Anwendbarkeit des Völkerrechts im Europäischen Rechtsraum, DÖV 1978, 391.

Blei, Hermann, Anmerkung zum Urteil des OLG Saarbrücken vom 3.10.1974 – Ss 55/74, JA 1975, 315.

Bleisteiner, Stephan, Rechtliche *Verantwortlichkeit im Internet* – unter besonderer Berücksichtigung des Teledienstgesetzes und des Mediendienste-Staatsvertrags, Köln u. a. 1999.

Boehme-Neßler, Volker, *CyberLaw.* Lehrbuch zum Internet-Recht, München 2001.

Bremer, Karsten, *Strafbare Internet-Inhalte* in internationaler Hinsicht: ist der Nationalstaat wirklich überholt?, Frankfurt a. M. (u. a.) 2001.

— Radikal-politische Inhalte im Internet- ist ein Umdenken erforderlich?, MMR 2002, 147.

Breuer, Barbara, Anwendbarkeit des deutschen Strafrechts auf exterritorial handelnde Internet-Benutzer, MMR 1998, 141.

Büchner, Wolfgang/*Ehmer,* Jörg/*Geppert,* Martin/*Kerkhoff,* Bärbel/*Piepenbrock,* Hermann-Josef/*Schütz,* Raimund/*Schuster,* Fabian (Hrsg.), Beckscher TKG-Kommentar, München 2000 (zit.: *Bearbeiter* in: Büchner/Ehmer u. a., TDK).

Bullinger, Martin, Der überregionale Verwaltungsakt, JuS 1964, 228.

Bullinger, Martin/*Mestmäcker,* Ernst-Joachim, *Multimediadienste.* Struktur und staatliche Aufgaben nach deutschem und europäischem Recht, Baden-Baden 1997.

Burgi, Martin, *Funktionale Privatisierung* und Verwaltungshilfe: Staatsaufgabendogmatik – Phänomenologie – Verfassungsrecht, Tübingen 1999.

Busch, Bernhard, Das Verhältnis des Art. 80 Abs. 1 S. 2 GG zum Gesetzes- und *Parlamentsvorbehalt,* Berlin 1992.

Christiansen, Per, Selbstregulierung, regulatorischer Wettbewerb und staatliche Eingriffe im Internet, MMR 2000, 123.

Clauß, Felix, Anmerkung zu BGH Urteil vom 12.12.2000 – 1 StR 184/00 – (Auschwitzlüge), MMR 2001, 232.

196 Literaturverzeichnis

Collardin, Marcus, Straftaten im Internet. Fragen zum internationalen Strafrecht, CR 1995, 618.

Cornils, Karin, Der Begehungsort von Äußerungsdelikten im Internet, JZ 1999, 394.

— *Die Fremdrechtsanwendung* im Strafrecht, Berlin 1978.

Dahs, Hans/*Dierlamm,* Alfred, Unterhaltungsautomaten ohne Gewinnmöglichkeit mit Ausgabe von Weiterspielmarken – unerlaubtes Glücksspiel?, GewArch 1996, 273.

Demmel, Annette/*Skrobotz,* Jan, Rechtsfragen der Nutzung von Premium Rate Diensten (0190er Nummern), CR 1999, 561.

von Denkowski, Charles, Fernmeldung durch IMSI-Catcher. Der Einsatz von Messgeräten zur Ortsbestimmung von Mobiltelefonen, Kriminalistik 2002, 117

Derksen, Roland, Strafrechtliche Verantwortung für in internationalen Computernetzen verbreitete Daten mit strafbarem Inhalt, NJW 1997, 1878.

Deselaers, Josef, Einführung in das Recht der Sportwette, in: Bernhard Pfister (Hrsg.), *Rechtsprobleme* der Sportwette, Heidelberg 1989, S. 15.

Dicke, Klaus/*Hummer,* Waldemar/*Girsberger,* Daniel/*Boele-Woelki,* Katharina/*Engel,* Christoph/*Frowein* A. Jochen, Völkerrecht und Internationales Privatrecht in einem sich globalisierenden internationalen System – Auswirkungen der Entstaatlichung transnationaler Rechtsbeziehungen, Heidelberg 2000 (zit.: *Bearbeiter* in: Dicke/Hummer u.a., Völkerrecht und Internationales Privatrecht).

Dickersbach, Alfred, Der Geschicklichkeitsautomat als Problem des gewerblichen Spielrechts GewArch 1998, 265.

— Probleme des gewerblichen Spielrechts WiVerw. 1985, 23.

Dietlein, Johannes, Das staatliche Glücksspiel auf dem Prüfstand, BayVBl. 2002, 161.

Dietlein, Johannes/*Thiel,* Markus, Zur Novellierung des nordrhein-westfälischen *Sportwettengesetzes.* Gemeinwohlorientierte Grundrechtsbeschränkung oder verfassungswidriges Staatsmonopol?, NWVBl. 2001, 170.

Dreier, Horst (Hrsg.), Grundgesetz. Kommentar, 3 Bände, 1. Auflage, Tübingen 1996ff., Band 1: 1996; Band 2: 1998; Band 3: 2000 (zit.: *Bearbeiter* in: Dreier, GG).

Drews, Bill/*Wacke,* Gerhard/*Vogel,* Klaus/*Martens,* Wolfgang, *Gefahrenabwehr.* Allgemeines Polizeirecht (Ordnungsrecht) des Bundes und der Länder, 9. Auflage, Köln u.a. 1986.

Drying, Georg, Das Vierte Finanzmarktförderungsgesetz – Überregulierung oder Notwendigkeit?, Bank 2002, 16.

Eichhorn, Bert, *Internet-Recht.* Ein Lehrbuch für das Recht im World Wide Web, 2. Auflage Wien 2001.

Eichmann, Daniel/*Sörup,* Thorsten, Das Telefongewinnspiel – Zwischen Strafbarkeit und Wettbewerbsverstoß MMR 2002, 142.

Engel, Christoph, Inhaltskontrolle im Internet, AfP 1996, 220.

Ennuschat, Jörg, Anmerkung zu BVerwG Urteil vom 29.6.2000 – 1 C 26.99 –, DVBl. 2000, 1627.

— Zur verfassungs- und europarechtlichen Zulässigkeit landesrechtlicher Regelungen für private Glücksspielveranstalter, NVwZ 2001, 771

Epple, Fritz, Das strafbare *Glücksspiel,* Tübingen 1932.

Erichsen, Hans-Uwe, Geltung und Reichweite von Gesetzes- und Parlamentsvorbehalt. Zur Regelungskompetenz im Schulverhältnis. Das Recht auf Bildung, VerwArch 67 (1976) S. 993.

Fastenrath, Ulrich, Inländerdiskriminierung, JZ 1987, 170.

Fechner, Frank, Medienrecht. Lehrbuch des gesamten Medienrechts unter besonderer Berücksichtigung von Presse, Rundfunk und Multimedia, 3. Auflage, Tübingen 2002.

Feldmüller, Christian, Die *Rechtstellung fremder Staaten* und sonstiger juristischer Personen des ausländischen öffentlichen Rechts im deutschen Verwaltungsprozess, Berlin 1999.

Felix, Dagmar, *Einheit der Rechtsordnung*: Zur verfassungsrechtlichen Relevanz einer juristischen Argumentationsfigur, Tübingen 1998.

Fischer, Hans Georg, *Europarecht*. Grundlagen des Europäischen Gemeinschaftsrechts in Verbindung mit deutschem Staats- und Verwaltungsrecht, 3. Auflage, München 2001.

Fischer, Thomas (Hrsg.), Strafgesetzbuch und Nebengesetze. Kommentar, 50. Auflage, München 2001 (zit.: *Fischer* in: Tröndle/Fischer, StGB).

Flechsig, Norbert P./*Gabel*, Detlev, Strafrechtliche Verantwortlichkeit im Netz durch Einrichten und Vorhalten von Hyperlinks, CR 1998, 351.

Forkel, Hans-Walter, *Grenzüberschreitende Umweltbelastungen* und deutsches Strafrecht: zugleich ein Beitrag zur Lehre von der Funktion und Legitimation des Strafrechts, Kiel 1988.

Fortun, Steffen, Die behördliche Genehmigung im strafrechtlichen *Deliktsaufbau*, Berlin, 1998.

Friauf, Karl Heinrich (Hrsg.), Kommentar zur Gewerbeordnung – GewO, begründet von Eberhard Fuhr, Loseblattsammlung, Neuwied, Stand 2000 (zit.: *Bearbeiter* in: Friauf, GewO).

Fricke, Martin, Neues vom Vermögensgerichtsstand?, NJW 1992, 3066.

Frisch, Wolfgang, *Verwaltungsakzessorietät* und Tatbestandsverständnis im Umweltstrafrecht. Zum Verhältnis von Umweltstrafrecht und Strafrecht und zur strafrechtlichen Relevanz behördlicher Genehmigungen, Heidelberg 1993.

Fritzemeyer, Wolfgang/*Rinderle* Regina, Das Glücksspiel im Internet. Straf- und wettbewerbsrechtliche Verantwortlichkeiten sowie vertragsrechtliche Rahmenbedingungen, CR 2003, 599.

Fruhmann, Gabriele, Das Spiel im Spiel – Strafbarkeit gewerblicher Spielgemeinschaften, MDR 1993, 822.

Fuchs, Bärbel, Sitzung des Bund-Länder-Ausschusses „Gewerberecht", GewArch 1998, 60.

Gassner, Ulrich M., Glücksspiel und Berufsfreiheit, NVwZ 1995, 449.

Géczy-Sparwasser, Vanessa, Die *Gesetzgebungsgeschichte des Internet*. Die Reaktion des Gesetzgebers auf das Internet unter Berücksichtigung der Entwicklung in den USA und unter Einbeziehung gemeinschaftsrechtlicher Vorgaben, Berlin 2003.

Geilen, Gerd, Grundfragen der falschen Verdächtigung, Jura 1984, 251.

Gercke, Marco, Die Entwicklung der Rechtsprechung zum Internetstrafrecht in den Jahren 2000 und 2001, ZUM 2002, 283.

Germann, Michael, *Gefahrenabwehr* und Strafverfolgung *im Internet*, Berlin 2000.

Gierschmann, Sibylle, Die E-Commerce-Richtlinie, DB 2000, 1315.

Göhler, Erich, Das Einführungsgesetz zum Strafgesetzbuch, NJW 1974, 833.

Gola, Peter, Die Entwicklung des Datenschutzrechts im Jahre 1995/96, NJW 1996, 3312.

— Die Entwicklung des Datenschutzrechts im Jahre 1993/94, NJW 1994, 3138.

Goldmann, Heinz Gerd, Die behördliche Genehmigung als *Rechtfertigungsgrund,* Freiburg 1967.

Greiner, Arved, Die *Verhinderung verbotener Internetinhalte* im Wege polizeilicher Gefahrenabwehr, Hamburg 2001.

— Sperrverfügung als Mittel der Gefahrenabwehr im Internet. Zu den Verfügungen der Bezirksregierung Düsseldorf, CR 2002, 620.

Groeben, Hans von der/*Thiesing,* Jochen/*Ehlermann,* Claus-Dieter (Hrsg.), Kommentar zum EU-/EG-Vertrag, 5. Auflage, Baden-Baden 1997 (zit.: *Bearbeiter* in: Groeben/Thiesing/Ehlermann, EWGV).

Gromitsaris, Athanasios, Die Unterscheidung zwischen präventivem Verbot mit Erlaubnisvorbehalt und repressivem Verbot mit Befreiungsvorbehalt, DÖV 1997, 401.

Gruber, Joachim, Vertragsschluss im Internet unter kollisionsrechtlichen Aspekten, DB 1999, 1437.

Gülzow, Hagen, Examensklausur: Die Pokerrunde, Jura 1983, 103.

Gundermann, Lukas, E-Commerce trotz oder durch Datenschutz?, K & R 2000, 225.

Hafner, Katie/*Lyon,* Matthew, *Arpa Kadabra* – Die Geschichte des Internet, Heidelberg, 1997.

Hagemeister, Adrian, Die *Privatisierung* öffentlicher Aufgaben: eine verfassungs- und verwaltungsrechtliche Abhandlung unter Zugrundelegung des Verfassungs- und Verwaltungsrechts der Republik Österreich und der Bundesrepublik Deutschland, München 1992.

Hahn, Dittmar, Aktuelle Rechtsprechung des Bundesverwaltungsgerichts zum Gewerberecht und zum Gaststättenrecht, GewArch 1999, 355.

Hamann, Andreas, Der Entwurf einer E-Commerce-Richtlinie unter rundfunkrechtlichen Gesichtspunkten, ZUM 2000, 290.

Hattig, Marianne, Untersuchung der *Vereinbarkeit* von nationalem Glücksspielrecht und dem europäischen Gemeinschaftsrecht am Beispiel Schwedens, Hamburg 1999.

Hegmanns, Michael, *Grundzüge* einer Dogmatik der Straftatbestände zum Schutz von Verwaltungsrecht oder Verwaltungshandeln, Berlin 2000.

Heinrich, Bernd, Anmerkung zum Urteil des KG vom 16.3.1999, 1 Ss 7/98, NStZ 2000, 533.

— Der Erfolgsort beim abstrakten Gefährdungsdelikt, GA 1999, 72.

Heiz, Rudolf, *Das fremde öffentliche Recht* im internationalen Kollisionsrecht, Züricher Studien zum Internationalen Recht, Zürich 1959.

Hempel, Wieland, *Der demokratische Bundesstaat,* Berlin 1969.

Henning-Bodewig, Frauke, E-Commerce und irreführende Werbung. Auswirkungen des Herkunftslandprinzips auf das europäische und deutsche Irreführungsrecht, WRP 2001, 771.

Henssler, Martin, *Risiko* als Vertragsgegenstand, Tübingen 1994.

Herzog, Marco, Rechtliche *Probleme einer Inhaltsbeschränkung im Internet,* Frankfurt a. M. u. a. 2000.

Hesse, Konrad, *Grundzüge* des Verfassungsrechts der Bundesrepublik Deutschland, 20. Auflage, Heidelberg 1995.

Hilgendorf, Eric, Überlegungen zur strafrechtlichen Interpretation des Ubiquitätsprinzips im Zeitalter des Internet, NJW 1997, 1873.

— Zur Anwendbarkeit des § 5 TDG auf das Strafrecht, NStZ 2000, 518.

Von Hippel, Eike, Zur Bekämpfung der Spielsucht, ZRP 2001, 558.

Höchst, Sigrid, Unrechtskontinuität zwischen ost- und bundesdeutschen Strafrechtsnormen?, JR 1992, 360.

Höfling, Wolfram, Gewerbliches Spielrecht und Lotterierecht – Zur Abgrenzungsfunktion des § 33h Nr. 2 GewO, GewArch 1987, 222.

Hoeller, Boris/*Bodemann,* Rüdiger, Das „Gambelli"-Urteil des EuGH und seine Auswirkungen auf Deutschland, NJW 2004, 122.

Hoeren, Thomas, *Grundzüge des Internetrechts*: E-Commerce, Domains, Urheberrecht, 2. Auflage, München 2002.

— Urheberrecht 2000 – Thesen für eine Reform des Urheberrechts, MMR 2000, 3.

— Internet und Recht – Neue Paradigmen des Informationsrechts, NJW 1998, 2849.

— Vorschlag für eine EU-Richtlinie über E-Commerce. Eine erste kritische Analyse, MMR 1999, 192.

Hoeren, Thomas/*Sieber,* Ulrich (Hrsg.), Handbuch Multimediarecht. Rechtsfragen des elektronischen Geschäftsverkehrs, Loseblattsammlung Stand: Dezember 2001, München 2002 (zit.: *Bearbeiter* in: Hoeren/Sieber, Handbuch Multimediarecht).

Hösch, Ulrich, Gewerberechtliche Einordnung von Internetauktionen, GewArch 2002, 257.

Von Hoffmann, Bernd/*Thorn,* Karsten *Internationales Privatrecht.* Einschließlich der Grundzüge des Internationalen Zivilverfahrensrechts, 7. Auflage, München 2002 (zit.: von Hoffmann, IPR).

Hoffmann, Helmut, Die Entwicklung des Internet-Rechts bis Mitte 2003, NJW 2003, 2576ff.

Hohloch, Gerhard (Hrsg.), *Recht und Internet.* Sechstes Deutsch-Schwedisches Juristentreffen vom 31. März bis 2. April 2000 in Lund, Baden-Baden 2001.

Horn, Eckard/*Hoyer,* Andreas, Rechtsprechungsübersicht zum 27. Abschnitt – „Gemeingefährliche Straftaten", JZ 1987, 965.

Hundt, Thomas, Die *Wirkungsweise* der öffentlich-rechtlichen Genehmigung im Strafrecht, Berlin 1994.

Ipsen, Jörn, *Staatsrecht II,* Grundrechte, 5. Auflage, Neuwied 2002.

Ipsen, Knut, *Völkerrecht,* 4. Auflage, München 1999.

Isensee, Josef/*Kirchhof,* Paul (Hrsg.), Handbuch des Staatsrechts der Bundesrepublik Deutschland. Band IV, Finanzverfassung – Bundesstaatliche Ordnung, Heidelberg 1990 (zit.: *Bearbeiter* in: Isensee/Kirchhof, HbdStR Band IV).

Janz, Norbert, Rechtsfragen der Vermittlung von Oddset-Wetten in Deutschland, NJW 2003, 1694.

Jarass, Hans Dieter, Grundrechtliche Vorgaben für die Zulassung von Lotterien gemeinnütziger Einrichtungen, DÖV 2000, 753.

Jarass, Hans Dieter/*Pieroth,* Bodo, Grundgesetz für die Bundesrepublik Deutschland. Kommentar, 5. Auflage, München 2000 (zit.: *Bearbeiter* in: Jarass/Pieroth, GG).

Jayme, Hans/*Hausmann,* Rainer (Hrsg.), Internationales Privat- und Verfahrensrecht, Textausgabe, 11. Auflage, München 2002.

Jellinek, Walter, Zuständigkeit des früheren Reichsinnenministers zur Erlassung von Verwaltungsakten und das Grundgesetz, DVBl. 1955, 47.

Jescheck, Hans-Heinrich/*Weigend,* Thomas, Lehrbuch des Strafrechts. *Allgemeiner Teil,* 5. Auflage, Berlin 1996.

Jofer, Robert, *Strafverfolgung im Internet.* Phänomenologie und Bekämpfung kriminellen Verhaltens in internationalen Computernetzen, Frankfurt a. M. (u. a.) 1999.

Junker, Abbo, Internationales Vertragsrecht im Internet. Im Blickpunkt – Internationale Zuständigkeit und anwendbares Recht, RIW 1999, 809.

Kegel, Gerhard/*Schurig,* Klaus, *Internationales Privatrecht,* 8. Auflage, München 2000.

Keil-Slawig, Reinhard (Hrsg.), *Digitale Medien* und gesellschaftliche Entwicklung. Arbeit, Recht und Gemeinschaft in der Informationsgesellschaft, München 2001.

Kienle, Michael, Internationales Strafrecht und *Straftaten im Internet.* Zum Erfordernis der Einschränkung des Ubiquitätsprinzips des § 9 Abs. 1 Var. 3 StGB, Konstanz 1998.

Kirchhof, Paul, Gleichmaß und Übermaß in: Badura, Peter/Scholz, Rupert (Hrsg.), FS für Lerche, München 1993, S. 133.

Kisker, Gunter, *Kooperation im Bundesstaat.* Eine Untersuchung zum kooperativen Föderalismus in der Bundesrepublik Deutschland, Tübingen 1971.

Klam, Cornelia, *Die rechtliche Problematik* von Glücksspielen im Internet, Berlin 2002.

Kleinstück, Till V., *Due-Process-Beschränkungen* des Vermögensgerichtsstandes durch hinreichenden Inlandsbezug und minimum contact. Eine rechtsvergleichende Untersuchung unter besonderer Berücksichtigung des U.S.-amerikanischen und österreichischen Rechts, München 1994.

Klengel, Jürgen Detlef W./*Heckler,* Andreas, Geltung des deutschen Strafrechts für vom Ausland aus im Internet angebotenes Glücksspiel, CR 2001, 243.

Kloepfer, Michael, *Informationsrecht,* München 2002.

Koch, Arndt, Zur Strafbarkeit der Auschwitzlüge im Internet – BGHSt 46, 212, JuS 2002, 123.

Köhler, Markus/*Arndt,* Hans-Wolfgang, *Recht des Internet,* 3. Auflage, Heidelberg 2001.

Köhler, Helmut, Die Beteiligung an fremden Wettbewerbsverstößen, WRP 1997, 897.

Köhler, Helmut/*Piper,* Henning, Gesetz gegen den unlauteren Wettbewerb: Mit Zugabeverordnung, Rabattgesetz und Preisangabenverordnung, 2. Auflage, München 2001 (zit.: *Bearbeiter* in: Köhler/Piper, UWG).

Köhntopp, Marit/*Köhntopp,* Kristian, Datenspuren im Internet, CR 2000, 248.

Kopp, Ferdinand/*Kopp,* Ferdinand J., Die länderübergreifende Amtshilfe und Verwaltungsvollstreckungshilfe, BayVBl. 1994, 229.

Kostolany, André, Der große Kostolany. *Börsenseminar,* Börsenpsychologie. Die besten Geldgeschichten, 4. Auflage, München 2001.

Kraus, Kristian, Das *Buch der Glücksspiele,* Bonn 1952.

Krebs, Walter, Zum aktuellen Stand der Lehre vom Vorbehalt des Gsetzes, Jura 1979, 304.

Kröger, Detlef/*Gimmy,* Marc André (Hrsg.), *Handbuch zum Internetrecht.* Electronic Commerce-, Informations-, Kommunikations- und Mediendienste, 2. Auflage, Berlin/Heidelberg 2002.

Kropholler, Jan, *Internationales Privatrecht.* Einschließlich der Grundbegriffe des Internationalen Zivilverfahrensrechts, 4. Auflage, Tübingen 2001.

Kuch, Hansjörg, Der Staatsvertrag über Mediendienste, ZUM 1997, 225.

Kudlich, Hans, Altes Strafrecht für Neue Medien?, Jura 2001, 305.

— Anwendung deutschen Strafrechts bei Volksverhetzung im Internet, StV 2001, 397.

Kugelmann, Dieter, Die „Cyber-Crime" Konvention des Europarats, DuD 2001, 215.

Kummer, Heinz, Das *Recht der Glücksspiele* und der Unterhaltungsautomaten mit Gewinnmöglichkeit in der Bundesrepublik Deutschland, Heidelberg 1977.

Kuner, Christopher, Internationale Zuständigkeitskonflikte im Internet, CR 1996, 453.

Kunz, Wolfgang, Schutz der Individualinteressen durch § 170 b StGB auch im Ausland?, NJW 1995, 1519.

Lackner, Karl/*Kühl,* Kristian, Strafgesetzbuch mit Erläuterungen. Kommentar, 23. Auflage, München 1999.

Laitenbacher, Angelika, Die Strafbarkeit der *Verbreitung rassistischer,* rechtsextremer und neonazistischer *Inhalte.* Unter besonderer Berücksichtigung der Verbreitung über Netzwerke, ein Rechtsvergleich, Frankfurt a. M. u. a., 2003.

Lampe, Ernst-Joachim, Strafrechtliche Probleme der progressiven Kundenwerbung, GA 1977, 33.

— Falsches Glück – Anmerkung zu BayObLG, NJW 1993, 2820, JuS 1994, 737.

von Landmann, Robert/*Rohmer,* Gustav, Gewerbeordnung, Bd. I – Kommentar, Loseblattsammlung, München, Stand: Februar 2000 (zit.: *Bearbeiter* in: Landmann/Rohmer, GewO).

Lange, Richard, Das Glücksspielrecht – Ein Stück steckengebliebener Strafrechtsreform, in: Hans-Heinrich Jescheck (Hrsg.), FS für Dreher, Berlin S. 573.

Larenz, Karl/*Wolf,* Manfred, Allgemeiner Teil des Bürgerlichen Rechts, 8. Auflage, München 1997 (zit.: *Larenz/Wolf,* BGB AT).

Lauer, Alfons, *Staat und Spielbanken.* Rechtsfragen des Staatshandelns in einem Spannungsfeld zwischen Erwerbswirtschaft und Gefahrenabwehr, Heidelberg 1993.

Laukemann, Marc/*Junker,* Markus, Neues Spiel, neues Glück? AfP 2000, 254.

Lehle, Thomas, Der Erfolgsbegriff und die deutsche *Strafrechtszuständigkeit im Internet,* Konstanz 1999.

Lehmann, Michael, Elektronic Commerce und Verbraucherschutz in Europa, EuZW 2000, 517.

Lejeune, Mathias, UCITA – Vertragsrecht für geistiges Eigentum im E-Commerce-Zeitalter, CR 2000, 201.

Lenckner, Theodor (u. a.), Strafgesetzbuch Kommentar, 26. Auflage, München 2001 (zit.: *Bearbeiter* in: Schönke/Schröder, StGB).

Lenz, Carl Otto (Hrsg.), EG-Vertrag. Kommentar zu dem Vertrag zur Gründung der Europäischen Gemeinschaften, in der durch den Amsterdamer Vertrag geänderten Fassung (zit.: *Bearbeiter* in: Lenz, EG).

Leupold, Andreas/*Bachmann,* Peter/*Pelz,* Christian, Russisches Roulette im Internet?, MMR 2000, 648.

Liebelt, Klaus Günter, Bigamie als Auslandstat eines Ausländers, GA 1994, 21.

Linke, Christine, Europäisches *Internationales Verwaltungsrecht,* Frankfurt a. M. 2001.

Lukes, Rudolf, Rechtliche Schranken für Glücksspiele, Lotterien und Ausspielungen, in: Wilfried Küper (Hrsg.), Beiträge zur Rechtswissenschaft, FS für Stree/Wessels, Heidelberg 1993, S. 1013.

Lutterbeck, Bernd, Globalisierung des Rechts – am Beginn einer neuen Rechtskultur?, CR 2000, 52.

Maennel, Frithjof A., Elektronischer Geschäftsverkehr ohne Grenzen – der Richtlinienvorschlag der Europäischen Kommission, MMR 1999, 187.

Mand, Elmar, E-Commerce mit Arzneimitteln. Auswirkungen des Herkunftslandprinzips auf das Internationale Wettbewerbsrecht, MMR 2003, 77.

von Mangoldt, Hermann/*Klein,* Friedrich/*Starck,* Christian, Das Bonner Grundgesetz. Kommentar, 3 Bände, 4. Auflage, München 1999 ff., Band 1: 1999; Band 2: 2000; Band 3: 2001 (zit.: *Bearbeiter* in: Mangold/Klein/Starck, GG).

Mankowski, Peter, Vermittlung von Internet-Sportwetten für ausländische Veranstalter, MMR 2002, 552.

— Die Düsseldorfer Sperrverfügung – alles andere als rheinischer Karneval, MMR 2002, 277 (Editorial).

— Das Internet im Internationalen Vertrags- und Deliktsrecht, RabelsZ 1999, 203.

— Internet und besondere Aspekte des Internationalen Vertragsrechts, CR 1999, 512.

Mark, Jürgen/*Ziegenhain,* Hans-Jörg, Der Gerichtsstand des Vermögens im Spannungsfeld zwischen Völkerrecht und deutschem internationalen Prozessrecht, NJW 1992, 3062.

Martell, Jörg-Michael, Änderungen in Sachsen-Anhalts Glücksspielrecht, LKV 2001, 452.

Martin, Jörg, Grenzüberschreitende Umweltbeeinträchtigung im deutschen Strafrecht, ZRP 1992, 19.

Maslaton, Martin/*Sensburg,* Patrick, Lotteriesteuern in den neuen Medien – Ein altes Gesetz mit neuen Steuermöglichkeiten?, DStZ 2002, 24.

Matzky, Ralph, *Zugriff auf EDV* im Strafprozess. Rechtliche und technische Probleme der Beschlagnahme und Durchsuchung beim Zugriff auf das Beweismittel „EDV", Baden-Baden 1999.

Maunz, Theodor/*Zippelius,* Reinhold, *Deutsches Staatsrecht,* 30. Auflage, München 1998.

Mayer, Patrick, Selbstregulierung im Internet – Institutionen und Verfahren zur Setzung technischer Standards, K & R 2000, 13.

Meents, Jan Geert, Verbraucherschutz bei Haustürgeschäften im Internet. Anwendung und Wirkung des HaustürWG auf Verträge im Electronic Commerce, K & R 1999, 53.

Meessen, Karl-Matthias, *Völkerrechtliche Grundsätze* des internationalen Kartellrechts, Baden-Baden 1975.

— Zu den Grundlagen des internationalen Wirtschaftsrechts, AöR 110 (1985) S. 411.

Merx, Oliver/*Tandler,* Ernst/*Hahn,* Heinfried (Hrsg.), *Multimedia-Recht* für die Praxis Berlin u. a. 2002.

Meßerschmidt, Klaus, *Gesetzgebungsermessen,* Baden-Baden 2000.

Meurer, Dieter/*Bergmann,* Alfred, Tatbestandsalternativen beim Glücksspiel – BayObLG NJW 1979, 2258 –, JuS 1983, 668.

Meyer, Andreas H., *Die Gefährlichkeitsdelikte.* Ein Beitrag zur Dogmatik der „abstrakten Gefährdungsdelikte" unter besonderer Berücksichtigung des Verfassungsrechts, Münster 1992.

Meyer, Gerhard, *Spielsucht.* Ursachen und Therapie, Heidelberg 2000.

— Eins zum anderen, Kriminalistik 1986, 212.

Möschel, Wernhard, Kehrtwende in der Rechtsprechung des EuGH zur Warenverkehrsfreiheit, NJW 1994, 429.

Müller-Deku, Tobias, Daytrading zwischen Termin- und Differenzeinwand, WM 2000, 1029.

Müller-Terpitz, Ralf, Regelungsreichweite des § 5 MDStV, MMR 1998, 478.

Neuhaus, Paul Heinrich, Die *Grundbegriffe* des Internationalen Privatrechts, 2. Auflage, Tübingen 1976.

Nevermann, Knut, Lehrplanrevision und Vergesetzlichung, VerwArch 71 (1980) S. 241.

Niestegge, Heinrich, Zur *Kompetenzverteilung* zwischen Bund und Ländern im Spielbankenrecht. Dargestellt am Beispiel des Spielbankgesetzes des Landes Nordrhein-Westfalen, Münster 1983.

Nitschke, Tanja/*Lammel,* Andre, Ausspioniert und zugemüllt. Eingriffe in die Rechte von InternetnutzerInnen von Privaten, FoR 2001, 86.

Nowakowski, Friedrich, Anwendung des inländischen Strafrechts und außerstrafrechtliche Rechtssätze, JZ 1971, 633.

Obermüller, Jens, *Der Schutz ausländischer Rechtsgüter* im deutschen Strafrecht im Rahmen des Territorialitätsprinzips, Tübingen 1999.

Odenthal, Hans-Jörg, Räumliche Verteilung von Geldspielgeräten – eine Bilanz, GewArch 2001, 276.

— TV-Gewinnspiele – unerlaubtes Glücksspiel?, GewArch 2002, 315.

— Die Strafbarkeit der regelwidrigen Veranstaltung gewerberechtlich erlaubter Spiele, GewArch 1989, 222.

— Rechtsfragen der Geeignetheitsbestätigung nach § 33 c Abs. 3 GewO, GewArch 1988, 183.

Oehler, Dietrich, *Internationales Strafrecht,* 2. Auflage, Köln u. a. 1983.

— Die Grenzen des aktiven Personalitätsprinzips im internationalen Strafrecht, in: Karl Engisch/Reinhart Maurach (Hrsg.), FS für Mezger, München/Berlin 1954, S. 83.

— Anmerkung zum Urteil des OLG Saarbrücken vom 3.10.1994, Ss 55/74, JR 1975, 292.

Ohlenburg, Anna, Die neue EU-Datenschutzrichtlinie 2002/58/EG. Auswirkungen und Neuerungen für elektronische Kommunikation, MMR 2003, 82.

Ohlmann, Wolfgang, Lotterien in der Bundesrepublik Deutschland – Der kooperative Lotterieföderalismus und seine praktischen Auswirkungen, WRP 1998, 1043.

— Die deutschen Lotto- und Totounternehmen – Wettbewerbsakteure oder Kompetenzträger im kooperativen Lotterieföderalismus?, WRP 2001, 672.

Oldiges, Martin, Verbandskompetenz, DÖV 1989, 873.

Oppermann, Thomas, *Europarecht.* Ein Studienbuch, 2. Auflage, München 1999.

Ossenbühl, Fritz, Rechtsfragen der Genehmigung der öffentlichen Lotterien, VerwArch. 86 (1995), S. 187.

— Verwaltungsrecht als Vorgabe für Zivil- und Strafrecht. Kongress: Vereinigung der Deutschen Staatsrechtslehrer, Jahrestagung 1990, Zürich, DVBl. 1990, 963.

— Der Entwurf eines Staatsvertrages zum Lotteriewesen in Deutschland – Verfassungs- und europarechtliche Fragen, DVBl. 2003, 881.

Otto, Harro, Gewerbliche Lottospielgemeinschaften als Lotterie. Gesetzeswortlaut und teleologische Auslegung, Jura 1997, 385.

Palandt, Otto, Kommentar zum Bürgerlichen Gesetzbuch, 60. Auflage, München 2001 (zit.: *Bearbeiter* in: Palandt, BGB).

Papier, Hans-Jürgen, Staatliche Monopole und Berufsfreiheit – dargestellt am Beispiel der Spielbanken, in: Joachim Burmeister (Hrsg.), FS für Stern, München 1997, S. 543.

Papier, Hans-Jürgen/*Olschewski,* Bernd-Dietrich, Vollziehung ausländischer Verwaltungsakte – unter besonderer Berücksichtigung der Abgabenbescheide –, DVBl. 1976, 475.

Pelz, Christian, Die strafrechtliche Verantwortlichkeit von Internet-Providern, ZUM 1998, 530.

Pfeiffer, Thomas, *Internationale Zuständigkeit* und prozessuale Gerechtigkeit. Die internationale Zuständigkeit im Zivilprozess zwischen effektivem Rechtsschutz und nationaler Zuständigkeitsproblematik, Frankfurt a. M. 1995.

Pichler, Rufus, Haftung des Host Providers für Persönlichkeitsverletzungen vor und nach dem TDG, MMR 1998, 79.

Pieroth, Bodo/*Schlink,* Bernhard, Staatsrecht II. Grundrechte, 16. Auflage, Heidelberg 2000.

Pieroth, Bodo/*Störmer,* Rainer, Rechtliche Maßstäbe für die normative und administrative Zulassung von Spielbanken, GewArch 1998, 177.

Pieske, Eckart, Der Weg des deutschen Schulrechts nach dem 51. Deutschen Juristentag in Stuttgart im September 1976, DVBl. 1977, 673.

Pietzcker, Jost, Vorrang und Vorbehalt des Gesetzes JuS 1979, 710.

Popp, Martin, *Die strafrechtliche Verantwortung* von Internet-Providern, Berlin 2002.

Raabe, Marius, *Grundrechte* und Erkenntnis. Der Einschätzungsspielraum des Gesetzgebers, Baden-Baden 1998.

Rausch, Jan-Dirk, Die verfassungsrechtliche Unzulässigkeit staatlicher Monopole bei Sportwetten, GewArch 2001, 102.

Rebmann, Kurt/*Säcker,* Franz Jürgen (Hrsg.), Münchner Kommentar zum Bürgerlichen Gesetzbuch, 2. Auflage, München 1986 (zit.: *Bearbeiter* in: MüKo, BGB).

Rehmke, Stephen/*Schiek,* Sebastian/*Leopold,* Nils/*Lippe,* Marcus, Deutsche Terrorbekämpfung. Die innenpolitischen Neuerungen der sogenannten Sicherheitspakte, FoR 2002, 19.

Reschke, Eike, *Der Schutz ausländischer Rechtsgüter* durch das deutsche Strafrecht, Berlin 1962.

Römer, Nicole, *Verbreitungs- und Äußerungsdelikte* im Internet: eine Untersuchung zur strafrechtlichen Bewältigung von Normanwendungs- und Normauslegungsproblemen eines neuen Kriminalitätsfeldes, Frankfurt a. M. 2000.

Roßnagel, Alexander, Recht der Mediendienste, Kommentar zum IuKDG und zum MDStV, Loseblattsammlung, Stand: November 2000, München 2001 (zit.: *Bearbeiter* in: Roßnagel, Recht der Mediendienste).

— Globale Datennetze: Ohnmacht des Staates – Selbstschutz der Bürger. Thesen zur Änderung der Staatsaufgaben in einer „civil information society", ZRP 1997, 26.

Roxin, Claus, Strafrecht – Allgemeiner Teil, Band 1, Grundlagen, der Aufbau der Verbrechenslehre, 3. Auflage, München 1997.

Rudolf, Bernd, Viertes Finanzmarktförderungsgesetz – ist der Name Programm?, BB 2002, 1036.

Rüßmann, Helmut, Verbraucherschutz im Internet, K & R 1998, 129.

Sachs, Michael (Hrsg.), Grundgesetz. Kommentar, 2. Auflage, München 1999 (zit.: *Bearbeiter* in: Sachs, GG).

Sack, Rolf, Das internationale Wettbewerbs- und Immaterialgüterrecht nach der EGBGB-Novelle, WRP 2000, 269.

Samwer, Sigmar-Jürgen, Die Störerhaftung und die Haftung für fremdes Handeln im wettbewerblichen Unterlassungsrecht, WRP 1999, 67.

Satzger, Helmut, Die Anwendung des deutschen Strafrechts auf grenzüberschreitende Gefährdungsdelikte, NStZ 1998, 112.

Schack, Haimo, Internationale Urheber-, Marken- und Wettbewerbsrechtsverletzungen im Internet. Interantionales Zivilprozessrecht, MMR 2000, 135.

— *Internationales Zivilverfahrensrecht.* Ein Studienbuch, 3. Auflage, München 2002.

Schaich, Klaus/*Korioth,* Stefan, Das *Bundesverfassungsgericht.* Stellung, Verfahren, Entscheidungen, 5. Auflage, München 2001.

Scheffler, Hauke/*Dressel,* Christian, Die Insuffizienz des Computerstrafrechts. Schleppende Gesetzgebungsverfahren als Störfaktor für die E-Commerce-Wirtschaft, ZRP 2000, 514.

Schilling, Friedhelm, Zur Abgrenzung von Zufall und Geschicklichkeit bei „anderen Spielen" mit Gewinnmöglichkeit (§ 33 d GewO), GewArch 1995, 318.

Schlag, Martin, *Grenzüberschreitende Verwaltungsbefugnisse* im EG-Binnenmarkt, Baden-Baden 1998.

Schlochauer, Hans-Jürgen, *Die exterritoriale Wirkung* von Hoheitsakten nach dem öffentlichen Recht der BRD und nach internationalem Recht, Frankfurt 1962.

Schlüchter, Ellen, Zur teleologischen Reduktion im Rahmen des Territorialitätsprinzips in: Rolf Dietrich Herzberg (Hrsg.), FS für Oehler, Köln 1985, S. 307.

Schmidt, Reiner, Die *Privatisierung öffentlicher Aufgaben* als Problem des Staats- und Verwaltungsrechts, in: Biernat u. a. (Hrsg.), Grundfragen des Verwaltungsrechts und der Privatisierung. Referate und Diskussionsbeiträge des Achten Deutsch-Polnischen Verwaltungskolloquiums vom 7.–11. September 1992 in Krakau, Stuttgart/Dresden 1994, S. 210.

Schmitt, Rudolf, Strafrechtlicher Schutz des Opfers vor sich selbst? Gleichzeitig ein Beitrag zur Reform des Opiumgesetzes, in: Friedrich-Christian Schroeder (Hrsg.), FS für Maurach, Karlsruhe 1972, S. 113.

Schneider, Uwe, Internationales Kapitalmarktrecht. Regelungsprobleme, Methoden und Aufgaben, AG 2001, 269.

Schoch, Friedrich, Privatisierung von Verwaltungsaufgaben – Zum zweiten Beratungsgegenstand, DVBl. 1994, 962.

Schönke, Adolf/*Schröder,* Horst (Hrsg.), Strafgesetzbuch. Kommentar, 26. Auflage, München 2001 (zit.: *Bearbeiter* in: Schönke/Schröder StGB).

Schröder, Horst, Grundlagen und Grenzen des Personalitätsprinzips im internationalen Strafrecht, JZ 1968, 241.

Schünemann, Wolfgang B., Die wettbewerbsrechtliche „Störer"-Haftung. Ein Konstrukt zwischen „praktischer Notwendigkeit" und dogmatischer Begründetheit, WRP 1998, 120.

Schulzki-Haddouti, Christine, *Datenjagd* im Internet. Eine Anleitung zur Selbstverteidigung, Hamburg 2001.

Schuster, Heinrich M., *Das Spiel*: Seine Entwicklung und Bedeutung im deutschen Recht, Wien, 1978.

Schwartz, Walter/*Wohlfahrt,* Franz, Rechtsfragen der Sportwette, ÖJZ 1998, 601.

— Glücksverträge im Internet, Medien und Recht 2001, 323.

Schwarze, Jürgen, Das allgemeine Völkerrecht in den innergemeinschaftlichen Rechtsbeziehungen, EuR 1983, 1.

Seelig, Ernst, Das *Glücksspielstrafrecht*, Graz 1923.

Seibert, Max-Jürgen, *Die Bindung von Verwaltungsakten*, Baden-Baden 1989.

Sensburg, Patrick Ernst, Die Neuentdeckung der Lotterie? Grenzen der Lotteriesteuerpflichtigkeit bei Gewinnspielen, BB 2002, 126.

Sieber, Ulrich, Informationsrecht und Recht der Informationstechnik. Die Konstruktion eines Rechtsgebiets in Gegenstand, Grundfragen und Zielen, NJW 1989, 2569.

— Verantwortlichkeit im Internet. Technische Kontrollmöglichkeiten und multimediarechtliche Regelungen; zugleich eine Kommentierung von § 5 TDG und § 5 MDStV, München 1999.

— Kontrollmöglichkeiten zur Verhinderung rechtswidriger Inhalte in Computernetzen, CR 1997, 581 sowie CR 1997, 653.

— Die Bekämpfung von Hass im Internet. Technische, rechtliche und strategische Grundlagen für ein Präventionskonzept, ZRP 2001, 97.

— Internationales Strafrecht im Internet. Das Territorialitätsprinzip der §§ 3, 9 StGB im globalen Cyberspace, NJW 1999, 2065.

Siehr, Kurt, Ausländische Eingriffsnormen im inländischen Wirtschaftskollisionsrecht, RabelsZ 52 (1988) S. 41.

Sodan, Helge, Das Prinzip der Widerspruchsfreiheit der Rechtsordnung, JZ 1999, 864.

Spindler, Gerhard, Störerhaftung im Internet, K & R 1998, 177.

— Der neue Vorschlag einer E-Commerce-Richtlinie, ZUM 1999, 775.

— Haftungsrechtliche Grundprobleme der neuen Medien, NJW 1997, 3193.

— Zur Störerhaftung des Betreibers eines Domain-Name-Servers, MMR 2000, 279.

von Staudinger, Julius, Kommentar zum Bürgerlichen Gesetzbuch, 12. Auflage, Berlin 1986 (zit.: *Bearbeiter* in: Staudinger, BGB).

Stein, Torsten, Glücksspiel im Europäischen Binnenmarkt. Kein „Markt" wie jeder andere, RIW 1993, 838.

Stögmüller, Thomas, Glücksspiele und Sportwetten im Internet, K & R 2002, 27.

Stollenwerk, Detlef, Praxishandbuch zum *Gewerberecht*, Heidelberg 1998.

Streinz, Rudolf, *Europarecht*, 3. Auflage, Heidelberg 1996.

Strejcek, Gerhard/*Hoscher*, Dietmar/*Eder*, Markus, *Glücksspiel in der EU* und in Österreich. Recht – Internet – soziale Aspekte, Wien 2001.

Strömer, Tobias H., Online-Recht. Rechtsfragen im Internet und in Mailboxnetzen, 1. Auflage, Heidelberg 1997.

Summerer, Thomas, Zur Zulässigkeit, Verbindlichkeit und Bewerbung von Sportwetten, SpuRt 1999, 117.

Sura, Martin, Die gemeinschaftsrechtliche Beurteilung eines Lotterieverbots, NJW 1995, 1470.

— Die grenzüberschreitende Veranstaltung von Glücksspielen im Europäischen Binnenmarkt, Baden-Baden 1995.

Taupitz, Jochen/*Kritter*, Thomas, Electronic Commerce – Probleme bei Rechtsgeschäften im Internet, JuS 1999, 839.

Tettenborn, Alexander, Europäischer Rechtsrahmen für den elektronischen Geschäftsverkehr, K & R 1999, 252.

Tettinger, Peter J., Lotterien im Schnittfeld von Wirtschaftsrecht und Ordnungsrecht, DVBl. 2000, 868.

Tettinger, Peter J./*Ennuschat*, Jörg, *Grundstrukturen* des deutschen Lotterierechts, München 1999.

Thalmair, Roland, Deutsche Buchmacher – Wettgeschäft ohne Grenzen?, GewArch 1995, 274.

Thiel, Markus, Spielbankenmonopol und Berufsfreiheitsgarantie – Anmerkungen zum Beschluss des BVerfG vom 19.7.2000, 1 BvR 539/96, GewArch 2001, 96.

Thomas, Heinz/*Putzo*, Hans, Zivilprozessordnung. Mit Gerichtsverfassungsgesetz und den Einführungsgesetzen dem Brüsseler EWG-Übereinkommen und dem Luganer Übereinkommen über die gerichtliche Zuständigkeit und die Vollstreckung gerichtlicher Entscheidungen in Zivil- und Handelssachen sowie dem Anhang, 21. Auflage, München 1998 (zit.: *Bearbeiter* in: Thomas/Putzo, ZPO).

Thürmer, Monika, Zeugniszwang durch einen Landesuntersuchungsausschuss gegenüber einem außerhalb der Landesgrenzen – in einem anderen Bundesland – lebenden Zeugen, DÖV 1987, 99.

Tinnefeld, Marie-Theres, Freie Kommunikation im Internet – ein Anachronismus im Zeitalter von Suchmaschinen und Überwachung?, RDV 2002, 166.

Ule, Carl-Hermann, Zur räumlichen Geltung von Verwaltungsakten im Bundesstaat, JZ 1961, 622.

Vassilaki, Irini E., Strafrechtliche Verantwortlichkeit der Diensteanbieter nach dem TDG. Eine Untersuchung unter besonderer Berücksichtigung der Einordnung des § 5 TDG im Strafrechtssystem, MMR 1998, 630.

— Online-Auschwitzlüge und deutsches Strafrecht, CR 2001, 262.

Vec, Milos, Internet, Internationalisierung und nationalstaatlicher Rechtsgüterschutz, NJW 2002, 1535.

Vogel, Horst, Wertungsdifferenzen zwischen Steuerrecht, Zivilrecht und Strafrecht, NJW 1985, 2986.

Vogel, Klaus, *Der räumliche Anwendungsbereich* der Verwaltungsrechtsnorm, Frankfurt/Berlin 1965.

Voßkuhle, Andreas, Rechtsfragen der *Sportwette*, Berlin 2002 (Mitverfasser: *Bumke, Christian*).

— Glücksspiel zwischen Staat und Markt. Eine Bestandsaufnahme vor dem Hintergrund verfassungs- und europarechtlicher Vorgaben, VerwArch. 87 (1996), S. 395.

— Glücksspiel ohne Grenzen. Zur rechtlichen Zulässigkeit der grenzüberschreitenden Vermittlung von Pferdewetten, GewArch 2001, 177.

— Das Kompensationsprinzip. Grundlagen einer prospektiven Ausgleichsordnung für die Folgen privater Freiheitsbetätigung – zur Flexibilisierung des Verwaltungsrechts am Beispiel des Umwelt- und Planungsrechts, Tübingen 1999.

Waldenberger, Arthur, Teledienste, Mediendienste und die „Verantwortlichkeit" ihrer Anbieter, MMR 1998, 124.

— Electronic Commerce: der Richtlinienvorschlag der EG-Kommission, EuZW 1999, 296.

Wassermann, Peter, Grundfälle zum Recht der Haustürgeschäfte, JuS 1990, 723.

Weber, Ulrich, Strafrechtliche Aspekte der Sportwette in: Pfister, Bernhard (Hrsg.), *Rechtsprobleme* der Sportwette, Heidelberg 1989, S. 39.

Weingart, Olaf, Der überregionale Verwaltungsakt, BayVBl. 1960, 174.

Weingärtner, Dieter, Globale Netze und lokale Werte. Möglichkeiten und Grenzen strafrechtlicher Regulierung, AfP 2002, 134.

Wellkamp, Ludger, Inhaltsbeschränkung im Internet – Beschränkungsbedarf und Beschränkungsmöglichkeiten, RDV 2000, 255.

Wessels, Johannes/*Beulke*, Werner, *Strafrecht AT*, 30. Auflage, Heidelberg 2000.

Wilms, Heinrich, *Grenzüberschreitende Lotterietätigkeit* in der Europäischen Gemeinschaft. Die Behinderung des Korrespondenzdienstleistungsverkehrs durch das deutsche Steuer- und Strafrecht, Berlin 2001.

Wilske, Stephan, Conflict of Laws in Cyber Torts, CRi 2001, 68.

Wrage, Nikolaus, Allgemeine Oddset-Sportwetten: Zur Strafbarkeit des Buchmachers gemäß § 284 StGB, JR 2001, 405.

Wülfing, Thomas/*Dieckert*, Ulrich (Hrsg.), Praxishandbuch *Multimediarecht*, Berlin u. a. 2002.

Zacher, Hans F., Grundlagen und Grenzen interföderativer Kooperation, BayVBl. 1971, 321 sowie BayVBl. 1971, 375.

Zieschang, Frank, *Die Gefährdungsdelikte*, Berlin 1998.

Zimmermann, Andreas, Polizeiliche Gefahrenabwehr und das Internet, NJW 1999, 3145.

Zöller, Richard, Zivilprozessordnung. Kommentar, mit Gerichtsverfassungsgesetz und den Einführungsgesetzen, mit Internationalem Zivilprozessrecht, EG Verordnungen, Kostenanmerkungen, 23. Auflage, Köln 2002 (zit.: *Bearbeiter* in: Zöller, ZPO).

Zollinger, Manfred, *Geschichte* des Glücksspiels. Vom 17. Jahrhundert bis zum Zweiten Weltkrieg, Wien/Köln/Weimar 1997.

Sachwortverzeichnis

Die Zahlen beziehen sich auf die Seitenzahlen.

Schriften zum Öffentlichen Recht